SOCIOLOGIE
DE LA LIBERTÉ

Du même auteur:

L'analogie en sciences humaines. Paris, PUF,1978, coll. «Sociologie d'aujourd'hui».

Le loisir en quatre dimensions. De la critique des théories à la formulation d'une sociologie. (En collaboration avec F. Pichault). Bruxelles, Labor, 1985, coll. «Dossiers Media».

Sociologie du travail et gestion des ressources humaines. 2e édition. Bruxelles, Labor, 1993, coll. «Horizon-Humanisme».

Traité de sociologie du travail. (ouvrage collectif sous la direction du même auteur et de F. Pichault). Préface d'A. Touraine. Bruxelles, De Boeck Université, 1994, coll. «Ouvertures sociologiques».

Sociologie de la liberté. Mise en perspective d'un discours voilé. Bruxelles, De Boeck Université, 1996, coll. «Ouvertures sociologiques».

Introduction à la sociologie. 4e édition Bruxelles, De Boeck Université, 1996, coll. «Ouvertures sociologiques».

Printed in Belgium

D 1996/0074/41

ISSN 0777-5253
ISBN 2-8041-2266-2

MICHEL DE COSTER

SOCIOLOGIE DE LA LIBERTÉ

MISE EN PERSPECTIVE D'UN DISCOURS VOILÉ

Publié avec le concours
de la Fondation Universitaire de Belgique
et de la Fondation Francqui

De Boeck Université

OUVERTURES SOCIOLOGIQUES

Collection dirigée par Liliane Voyé

Dans la même collection:

BASTENIER Albert et DASSETTO Felice, *Immigrations et nouveaux pluralismes. Une confrontation de sociétés.*

BAWIN-LEGROS Bernadette, *Sociologie de la famille. Le Lien familial sous questions.*

DE COSTER Michel, *Introduction à la sociologie*, 4e édition, 1996.

DE COSTER Michel, *Sociologie de la liberté. Mise en perspective d'un discours voilé.*

DE COSTER Michel, PICHAULT François et al., *Traité de sociologie du travail.*

DELIÈGE Robert, *Anthropologie sociale et culturelle.*

JAVEAU Claude, *La société au jour le jour. Écrits sur la vie quotidienne.*

PICHAULT François, *Le conflit informatique. Gérer les ressources humaines dans le changement technologique.*

PRONOVOST Gilles, *Sociologie du temps.*

REMY Jean, VOYÉ Liliane, SERVAIS Emile, *Produire ou reproduire. Une sociologie de la vie quotidienne*
Volume 1: *Conflits et transaction sociale.*
Volume 2: *Transaction sociale et dynamique culturelle.*

VAN HAECHT Anne, *L'école à l'épreuve de la sociologie. Questions à la sociologie de l'éducation.*

VOYÉ Liliane, BAWIN-LEGROS Bernadette, DOBBELAERE Karel, KERKHOFS Jan, *Belges, heureux et satisfaits.* (épuisé).

VOYÉ Liliane, *Figures des dieux. Rites et mouvements religieux. Hommage à Jean Remy.*

pour Jacqueline

Introduction générale

N'est-il pas paradoxal voire inopportun de consacrer un ouvrage de sociologie à la liberté, thème qui peut paraître très éloigné sinon tout à fait étranger aux préoccupations de cette discipline et de la science en général ? En effet, dira-t-on, ce thème plus littéraire que scientifique n'appartient-il pas, comme le dit Paul Valéry, au vocabulaire de l'éloquence et de ses fins de phrases qui sollicitent et emportent l'adhésion, un de ces mots qui recèlent plus de valeur que de sens et qui ont fait tous les métiers ? (1938, p. 49)[1]. Et, si tant est qu'il faille le prendre au sérieux, ne concerne-t-il pas plutôt la philosophie et la morale puisque ce thème donne un tour très subjectif à la démarche en enclenchant l'appréciation de la responsabilité de l'acteur social à propos de laquelle la sociologie n'a pas à se prononcer ? Bien au contraire, les progrès de la science et ceux des sciences sociales en particulier mettent à jour des mécanismes sociaux susceptibles de déterminer les actions humaines, et d'en objectiver ainsi les motivations. Dès lors, la démarche scientifique engagée dans la recherche et la découverte de régularités sociales n'exclut-elle pas davantage de son champ d'investigation l'idée d'un libre arbitre pour renvoyer celle-ci au rayon de la métaphysique ou, à tout le moins, pour la considérer comme un élément capricieux et marginal que la loi des grands nombres réduit à l'insignifiance ? Certes, des disciplines plus individualisantes, comme la psychologie et la biologie, pourraient sans doute s'y intéresser en se livrant à des techniques introspectives que l'on ne manquerait pas, cependant, de décrier en raison des risques de manipulation que ces techniques autoriseraient. Les sciences politiques admettent, quant à

1. Dans l'ensemble de l'ouvrage, les références seront indiquées sous cette forme abrégée. On se reportera à la bibliographie pour y trouver la référence complète. Le cas échéant, nous indiquons entre crochets la date de la première édition originale, comme l'usage s'en est judicieusement répandu.

elles, la légitimité d'un discours sur la liberté pour l'inclure toutefois dans le contexte plus général de la démocratie et de la participation des citoyens et de leurs représentants dans les affaires publiques.

Et pourtant, il s'est trouvé des sociologues, et non des moindres, pour s'inquiéter d'une discrétion qui sous-estime, quand elle ne la méconnaît pas, l'importance de ce concept en le confinant, au mieux, dans le statut étriqué d'élément interstitiel du tissu social. « La sociologie est l'étude de la liberté humaine » affirme très sentencieusement Georges Gurvitch, réagissant contre pareille occultation (1957, p. 10). Bien avant lui, Simmel avait abordé le thème de la liberté tantôt très explicitement, à la faveur de ses écrits sur l'individualisme moderne, tantôt implicitement en se demandant ce que devient la condition humaine dans une société industrielle dominée de plus en plus par les appareils technico-bureaucratiques. Aujourd'hui, le succès de paradigmes, où le déterminisme social voit son emprise sur l'action beaucoup moins accentuée, donne, par contrecoup, plus de champ à la liberté : ainsi, par exemple, de l'analyse stratégique qui traite de la latitude ou des marges de liberté de l'acteur social dans les limites de l'organisation. Enfin, sans véritablement exploiter le thème, les sociologues du loisir reconvertis pour la plupart en sociologues du temps libre s'y réfèrent obligatoirement, quoique souvent dans une problématique très discutable, au demeurant, où travail et loisir sont opposés de ce point de vue.

Toutefois, il faut bien conclure, à partir de ce bref constat, que la liberté reste, en sociologie, même dans le contexte des paradigmes les moins déterministes, un thème évité, sous-développé, renvoyé aux confins de la discipline sinon rejeté purement et simplement. A l'heure actuelle, il n'a ni la faveur des dictionnaires de sociologie où le thème est systématiquement éludé ni celle des index des matières qui clôturent les ouvrages généraux de la discipline.

□

La démarche sociologique ne peut faire l'économie d'une analyse de la liberté, quels que soient le paradigme ou la problématique générale qui la guident. En effet, si la discipline s'intéresse aux phénomènes sociaux, que ce soit pour en souligner le poids et les contraintes ou que ce soit, à l'inverse, pour montrer comment l'individu agit et réagit face à ces déterminations, elle met nécessairement en cause la notion de liberté. En nous mettant dans la position la plus inconfortable, c'est-à-dire en nous aidant de l'éclairage d'un déterminisme dur, nous sommes bien obligé d'admettre que la contrainte ou le conditionnement ne sont jamais absolus et postulent, par conséquent, l'étude de ses limites.

Il existe, au surplus, un discours sociologique sur la liberté mais que l'on est encore loin d'avoir découvert ou redécouvert, parce qu'une certaine conception domaniale ou territoriale de la science abandonne trop volontiers ce terrain aux philosophes en tant qu'ils seraient les seuls à tenir un propos pertinent sur la question. C'est pourquoi il nous paraît essentiel d'exhumer ce discours sociologique, même s'il est trop souvent retenu, et de l'analyser dans le cadre des époques et des écoles de pensée qui l'ont produit.

Enfin, du point de vue strictement empirique, il n'est pas exact de prétendre, comme le soutiennent certains sociologues au nombre desquels on trouve Peter Berger, par exemple, que la liberté n'est pas accessible à ce type d'investigation (1977 [1963], p. 173) au motif que ce thème s'inscrit mieux dans une philosophie humaniste qui prolongerait, en quelque sorte, la réflexion purement sociologique. Ce faisant, on se résigne à n'investir la liberté que d'un sens absolu. La liberté, pour le moins, est un fait d'opinion ou de croyance collective donc un fait social et susceptible, dès lors, d'être étudié par référence aux modes d'organisation qui réunit les individus, aux situations particulières qu'ils y vivent et, enfin, aux significations dont ils investissent la notion dans ces contextes divers.

□

En affirmant dans cet ouvrage, non seulement la pertinence d'un discours sociologique sur la liberté mais son intérêt scientifique et pratique, en précisant sa spécificité, notamment par rapport au propos philosophique auquel son analyse est souvent renvoyée trop commodément, on n'entend pas nier le principe ni les bienfaits de la transdisciplinarité, bien au contraire. Distinguer n'est pas nécessairement opposer et le thème de la liberté permet justement de souligner l'appui respectif que ces deux types de réflexion se donnent, tout en précisant leur originalité respective. On peut affirmer à ce propos que la première grande réflexion sociologique se distinguait très peu de la démarche philosophique dans la mesure où l'une et l'autre s'entendaient à questionner scientifiquement le social. Et certains pères fondateurs de la sociologie ne récusaient pas, tant s'en faut, l'étiquette de philosophe : Durkheim était d'ailleurs agrégé de philosophie tout comme Tönnies, titulaire au surplus d'une chaire de philosophie à l'Université de Kiel. Toutefois, la reconnaissance et l'affirmation d'une discipline autonome encourageaient la sociologie à tenter d'expliquer les faits sociaux, moins à la faveur d'une réflexion purement abstraite ou « théorique » qui oblige à remonter aux principes premiers de toute réalité, que d'une prise en compte méthodique des faits sociaux : le positivisme d'Auguste Comte et l'empirisme quantitatif d'Adolphe Quételet, par exemple, illustrent cette orientation. Ce dernier, avant que respectivement Comte et Stuart Mill n'inventassent le mot « sociologie », usait d'ailleurs de la périphrase suivante pour identifier les adeptes de la nouvelle discipline : « philosophes qui se sont occupés de la société sous le rapport physique » (1869 [1835], t. 1, p. 97). Dès lors, dans cette conjoncture, la recherche sociologique, loin de refuser l'héritage de la philosophie, s'efforçait d'en tester les principes et les concepts dans une perspective plus opérationnelle ou plus instrumentale.

C'est dans cet esprit que nous devrons nous référer souvent, et parfois très substantiellement, à la philosophie, pour autant qu'elle ait influencé la pensée sociologique du point de vue qui nous occupe. Un tel éclairage montrera dans quelle mesure celle-ci tantôt avalise tantôt prend ses distances vis-à-vis de celle-là.

□

Pourquoi parler de la liberté au singulier alors que l'on devine facilement la multiplicité de significations que connote la notion ? Si l'on évacue, d'une part, un sens absolu et philosophique – qui renvoie d'ailleurs à la métaphysique, ainsi de la liberté transcendantale dont parle Kant – et, d'autre part, celui qu'il prend d'ordinaire dans les sciences politiques en visant les possibilités de participation des citoyens et de leurs représentants aux affaires publiques, on s'aperçoit que les sociologues, lorsqu'il leur arrive d'en parler, se réfèrent souvent au même concept général renvoyant d'ailleurs au sens commun : celui de l'absence ou encore celui de l'affranchissement de la contrainte et de l'arbitraire, et, positivement, des possibilités de choix qui s'offrent ainsi à l'acteur social. C'est donc, à cette première idée générale, en tant qu'elle contient, bien entendu, des catégories ou des classes de significations plus particulières, données ou construites, au demeurant, que le singulier se réfère et se justifie.

A ce stade, on évitera par conséquent de s'enliser dans la mise au point d'une définition formelle de la liberté, bien que d'aucuns se soient risqués à cet exercice périlleux, mais en s'abritant derrière le paravent de la philosophie. Outre le fait que cette tâche n'incombe pas au sociologue, à notre avis, elle se heurte bien entendu au caractère protéiforme de la notion. Ainsi, notre propos visera plutôt à examiner à quel type de signification les sociologues se réfèrent lorsqu'ils osent aborder ce thème dans les limites de leurs compétences. C'est en fin de course, si l'on peut dire, qu'on tentera non de dégager une définition absolue du concept, mais de préciser les représentations sociales dominantes de l'idée de liberté, ce qui est plus conforme à la démarche sociologique et d'un appoint utile à la sociologie de la connaissance.

Enfin l'ambition de cet ouvrage ne se résume pas à découvrir ou à redécouvrir le discours sociologique sur la liberté. Elle s'inscrit dans une réflexion critique en montrant notamment que la liberté n'est pas nécessairement là où l'on dit la trouver, en raison des définitions contingentes qui tentent de la caractériser, mais qu'elle peut être là où ses manifestations sont ignorées, par référence, bien entendu, à ces mêmes définitions. De plus, la réflexion critique ainsi proposée nous conduit à reconsidérer les grandes orientations théoriques et, dans ce cadre, à relativiser la valeur heuristique des paradigmes qui les sous-tendent.

C'est dans ces perspectives que le présent ouvrage est divisé en trois parties. La première a pour objet de repérer les propos explicites ou implicites tenus sur la liberté dans l'évolution de la pensée sociologique, à la lumière des grands paradigmes ou des écoles de pensée qui en ont orienté le cours. On pourrait ainsi, en quelque sorte, reconstruire les *théories générales* « à l'envers » en faisant de la contrainte, des conditionnements et autres déterminations de ce type les coulisses ou, mieux, la toile de fond d'où se détacheraient en avant-plan la notion de liberté et les multiples expressions sociales qui en traduisent le jeu. Mais notre objectif est beaucoup plus modeste puisque nous nous limiterons à essayer de montrer, dans une deuxième partie, que ce retournement ne relève pas de l'utopie en revoyant à la faveur de ce nouvel éclairage, quelques concepts fondamentaux qui structurent la formalisation de la discipline, à savoir respectivement l'action sociale, les phénomènes de pouvoir et la théorie des rôles. Dans une troisième et dernière partie, on procédera de même en reprenant quelques grands secteurs de l'activité humaine et sociale pour tenter d'y trouver les acquis théoriques dégagés précédemment. Seront ainsi envisagés successivement le travail, le loisir, l'activité culturelle et artistique et la mode, soit autant de domaines où le discours sociologique sur la liberté s'est le plus exprimé. L'importance et l'ampleur de ces secteurs d'activités ne nous permettront pas de les exploiter systématiquement car, bien évidemment, chacun des chapitres de cette dernière partie pourrait constituer un livre en soi. A défaut de ce faire, on s'attachera surtout à relever des pistes, des orientations de recherche, en les comparant dans un esprit critique.

1

Une évolution de la pensée sociologique en regard du problème de la liberté

1

La liberté en perspectives

INTRODUCTION

On résume très souvent l'évolution de la pensée sociologique au XIXe et au début du XXe siècle en une opposition entre une sociologie française très déterministe et une sociologie allemande nettement plus individualiste et actionniste (Aron, 1950 [1936] ; Boudon, 1992, pp. 21-53). Cette vision contrastée dans ce raccourci classificateur ne s'explique pas seulement par la commodité du discours ainsi tenu dans les historiques et par les historiens eux-mêmes ; elle s'appuie également sur l'appartenance des chefs de file de la discipline respectivement à deux modes fondamentaux d'appréhension des phénomènes sociaux : le paradigme déterministe et le paradigme actionniste (ou interactionniste), reflets d'ailleurs d'une solide tradition philosophique qui oppose ces deux façons de considérer la réalité. Le premier modèle définit le fait social à partir des déterminations collectives antérieures et extérieures à l'individu, qui est censé les intérioriser ; le second identifie le même fait social à l'action de l'individu dans la mesure où il l'oriente par rapport à autrui et procède aux nécessaires ajustements dans ce contexte d'interaction. Durkheim et Weber sont respectivement considérés comme les chefs de file de ces deux grands courants d'idées pour avoir fait école dans ces perspectives et exercé en conséquence une influence considérable dans l'évolution de la pensée sociologique.

Cela dit, il n'y a pas plus de sociologie française que de sociologie allemande. Il existe aussi bien une tradition actionniste ou interactionniste dans chacun de ces deux pays comme il y existe également un solide ancrage déterministe. Certes, on peut toujours cultiver les ressemblances entre Le Play, Tarde et Durkheim, d'une part, entre Tönnies, Weber et Simmel, d'autre part. Mais cet exercice, loin d'être toujours facile, occulte des différences et des originalités que ces grandes classifications ne cessent de raboter au détriment de la connaissance. Il est plus judicieux de soutenir qu'il existe des sociologues français et allemands qui ont développé des vues originales dans un contexte général propre à chacune de ces deux cultures et qu'il est intéressant de rappeler dans le cadre de l'objet de ce livre. Il n'est nullement question de refaire ici l'histoire de la sociologie du point de vue de l'idée de liberté mais de fixer des repères importants qui nous aideront, par la suite, à éclairer la formalisation de la « théorie » sociologique, à partir d'une conceptualisation ainsi dégagée. Ce faisant, on nuancera les tableaux paradigmatiques, sans nécessairement les remettre fondamentalement en question, ainsi que le caractère national des écoles de pensée qui sont censées les illustrer.

LE DISCOURS SUR LA LIBERTÉ DANS LA GENÈSE ORGANICISTE DE LA SOCIOLOGIE

La sociologie telle qu'elle s'est développée au XIXe et au début du XXe siècle a été influencée, comme toutes les sciences humaines, particulièrement par le modèle organiciste hérité de la biologie. Celle-ci élargissait les possibilités d'expérimentation reconnues seulement dans l'ordre de la matière inerte au monde des êtres vivants. Le texte suivant, dû à la plume de Claude Bernard dans sa célèbre *Introduction à l'étude de la médecine expérimentale* illustre parfaitement cette conception scientiste :

« Il n'y a dans la nature, rien de troublé ni d'anormal ; tout se passe suivant des lois qui sont absolues, c'est-à-dire toujours normales et déterminées » (1934 [1865], p. 60). Et il ajoute plus loin : « Il faut admettre comme un axiome expérimental que dans les êtres vivants, aussi bien que dans les corps bruts, les conditions d'existence de tout phénomène sont déterminées d'une manière absolue. Ce qui veut dire en d'autres termes que la condition d'un phénomène une fois connue et remplie, le phénomène doit se reproduire toujours et nécessairement à la volonté de l'expérimentateur. La négation de cette proposition ne serait rien autre chose que la négation de la science même. En effet, la science n'étant que le déterminé et le déterminable, on doit forcément admettre comme axiome que dans des conditions identiques tout phénomène est identique et qu'aussitôt que les conditions ne sont plus les mêmes, le phénomène cesse d'être identique » (*op. cit.*, p. 109).

Ce texte ne faisait, en somme, que reprendre dans ses grandes lignes les affirmations bien antérieures du physicien et astronome Laplace selon lesquelles le hasard ne sert qu'à désigner notre ignorance et que, par conséquent, la notion de probabilité partage ce statut.

La référence plus ou moins appuyée aux sciences naturelles et à la biologie, en particulier, et les analogies qu'elle suggérait avec l'ordre social nourrissaient l'espoir d'une possible science sociologique, bien vite traduit en certitude à travers l'affirmation d'une nouvelle discipline autonome. On induisait des expérimentations de l'ordre de la matière inerte élargies à l'ordre des êtres vivants, qu'il serait réalisable de doter la sociologie d'outils méthodologiques semblables ou tout au moins capables d'en attester la scientificité.

Le modèle organiciste, se mêlant à des traditions culturelles différentes, a déterminé chez les premiers sociologues une inégale perméabilité des esprits à cette influence. D'une manière générale, on peut dire qu'il est à la base d'une espèce de commun dénominateur articulé autour de trois grands principes. Le premier exprime une évolution qui va de l'homogène ou de l'unité vers le complexe ou l'hétérogène, et se traduit par des distinctions dichotomiques qui se recouvrent tantôt plus, tantôt moins : le passage de la *société militante* à la *société industrielle* chez Spencer, de la *solidarité mécanique* à la *solidarité organique* chez Durkheim, de la *communauté* à la *société* chez Tönnies, de la *culture subjective* à la *culture objective* chez Simmel, de la *communalisation traditionnelle* à la *socialisation rationnelle* chez Weber. Le second est la liaison des parties à un tout et l'impossibilité de comprendre les parties sans faire référence à cette totalité qui les domine : toute la tradition fonctionnaliste retiendra ce principe pour en faire l'un de ses postulats fondamentaux. Enfin, le troisième vient en conclusion des deux autres, puisqu'il exprime la possibilité de trouver des lois sociales ou des régularités, dont le statut cognitif sera toutefois très diversement interprété selon les écoles. Sur cette toile de fond, des différences très nettes vont se marquer. En effet, l'évolution sociétale évoquée par le premier principe conduit à l'optimisme des uns qui y voient la face positive du progrès, mais au pessimisme des autres qui y décèlent les risques d'un désenchantement et d'une espèce d'aliénation de l'individu. D'où, sans doute, le souci plus évident chez ces derniers de s'inquiéter davantage du problème de la liberté dans cette conjoncture.

Indépendamment de ces états d'âme, et ceci est plus important, l'exploitation analogique qui sera entreprise ne sera pas la même selon les écoles de pensée et les sociologues « isolés », difficilement incorporables aux courants que celles-ci incarnent. Et pour bien saisir la logique des raisonnements, il faut savoir sur quel plan d'analyse on se situe. A notre avis, il y a lieu de distinguer dans l'analogie trois plans d'analyse que nous proposons de qualifier respectivement de *discursif*, de *méthodologique* et de *théorique*. Pour faire bref, l'analogie discursive exploite les rapports de similitude sur le plan du langage à des fins conceptuelles, didactiques ou rhétoriques. Elle s'identifie, en ce cas, à la métaphore puisque celle-ci condense, en fait, une analogie en recourant à la fiction du « comme si ». L'analogie méthodologique ne se cantonne pas sur le plan langagier mais prend l'allure d'un modèle ou d'une procédure d'explication. Enfin, l'analogie théorique tire un parti nouveau des ressemblances en montrant que celles-ci, au demeurant apparentes ou cachées, ne sont pas le fruit du hasard, mais révèlent au contraire une étroite parenté qui les unit (De Coster, 1978, pp. 23-46 ; *id.*, 1986, pp. 41-46). Le raisonnement analogique est dangereux parce que, *nolens volens*, on risque de glisser subrepticement d'un plan vers un autre, ce qui en rend caduc la validité : d'où résulte l'intérêt heuristique de bien distinguer les trois plans d'analyse. Ainsi, par exemple, qualifier des sociologues de « biologistes » n'a pas beaucoup de sens en raison du parti très différent que l'on peut tirer des ressemblances entre l'ordre biologique et la réalité sociale.

La position la plus déterministe raisonne dans le cadre de l'analogie théorique en concluant de ses analyses à des affinités ou des liens de parenté entre l'ordre biologique et l'ordre social : cela conduit à penser qu'il faut aller chercher dans celui-là les principes régulateurs de celui-ci. Herbert Spencer (1820-1903) en Grande-Bretagne, Paul von Lilienfeld (1829-1903) en Allemagne, Guillaume De Greef (1842-1924) en Belgique et Alfred Espinas (1844-1922) en France partagent plus ou moins ce point de vue. Ces sociologues ne s'inquiètent pas du problème de la liberté, peu pertinent dans le cadre d'une conception qui considère la société, non comme une réalité abstraite, mais ainsi qu'un organisme (doté, comme diraient les philosophes, d'un statut ontologique) enveloppant ou dépassant l'organisme humain et justiciable par conséquent de méthodes adaptées de la biologie. Ainsi la citation de Claude Bernard trouve son pendant sociologique dans le texte de De Greef, cofondateur d'un des tout premiers instituts de sociologie (l'Institut de Sociologie Solvay à Bruxelles) :

« Aucun phénomène n'apparaît au hasard ; ce que nous appelons de ce nom n'est que la mesure de notre ignorance ; le jeu même a ses lois ; il y a une théorie et un calcul des probabilités ; les sociétés ont leurs lois. Parmi ces dernières, les lois de la nature inorganique et organique ont été, sont encore et resteront toujours la première Providence de l'humanité, le génie élémentaire, la fée généreuse ou non, peu importe, qui la dota de ses propriétés nocives et bienfaisantes. Ces lois, les plus générales et les plus simples, sont aussi les moins modifiables par notre propre intervention ; elles nous dominent par leur généralité et leur simplicité mêmes ; elles ont imposé aux sociétés l'uniformité de leur irrésistible empreinte ; s'adapter à ces lois fut la première et la plus urgente de toutes les nécessités ; là où cette adaptation fit défaut, la mort sociale fut inévitable » (1893, p. 97). Evoquant le thème de la liberté, il ajoute plus loin : « Au point de vue social, le plus important de tous, le libre arbitre, qui fait l'objet de tant de controverses stériles dans le champ clos de la psychologie et de la morale individuelles, est une quantité tellement petite qu'elle peut être négligée sans grave inconvénient. Socialement, notre libre arbitre est limité à un point pour ainsi dire idéal, non susceptible de mensuration, noyé au milieu du rythme régulier des flots du déterminisme complexe et immense » (*op. cit.*, p. 125).

C'est aussi dans le contexte de la même exploitation analogique que Lilienfeld raisonne dans un ouvrage au titre significatif *Die soziale physiologie*, usant de la même appellation que celle utilisée par Saint-Simon pour nommer la nouvelle discipline. Pour le sociologue allemand, toute approche scientifique de la société n'est possible qu'à condition de posséder une base aussi réelle que celle qui supporte les sciences de la nature, en raison de sa perméabilité à l'analyse positive. Et Lilienfeld d'inventorier quasi systématiquement les similitudes entre la société et l'organisme humain et d'en exploiter les analogies dans cet esprit (1879, pp. 126-127). Mais à l'inverse de la tradition scientiste qui cherche à exclure de ses analyses le problème de la liberté, comme l'illustrait idéalement, par exemple, la position de De Greef, Lilienfeld considère que l'évolution sociétale, parce qu'elle assume le passage de l'indifférencié vers l'hétérogénéité, accroît la liberté des individus, notamment à la faveur du développement et de la complexification des institutions éducatives (*op. cit.*, p. 266) et, plus généralement parce qu'il appelle « l'interaction organique des forces sociales » que ce développement multiplie (*op. cit.*, pp. 154 et 266).

En revanche, d'autres courants de pensée qualifiés également d'« organicistes » se contentent d'exploiter l'analogie au seul plan méthodologique dans la mesure où la biologie et la physiologie surtout peuvent offrir des modes d'accès heuristiquement valables à l'analyse des faits sociaux considérés d'abord en eux-mêmes. Durkheim, comme on l'a vu, se rallie à ce point de vue. Suivant en cela les idées de Comte mais sans partager son déterminisme absolu, il ne manque pas de critiquer l'organicisme exagéré de Spencer, De Greef et Lilienfeld. C'est dans cette même perspective d'un déterminisme plus tempéré que s'insèrent les travaux d'Albert Schäffle (1831-1903) et notamment son ouvrage intitulé « Structure et vie du corps social » (*Bau und Leben des sozialen Körpers,* 1875). Si la société peut être analysée ainsi qu'un corps social, comme le titre de son principal ouvrage y invite, il ne reconnaît cependant comme naturel que l'institution familiale compte tenu des liens de sang qui la fondent, alors que les organisations sociales, nonobstant la similitude qu'elles présentent avec l'ordre naturel, sont des créations conscientes et réfléchies de l'homme. Cependant, comme le fonctionnement de l'organe ne peut être saisi que dans le contexte général de l'organisme du corps dont il fait partie, de la même manière, on peut essayer de saisir l'intégration et la coopération sociales dans le cadre d'une totalité sociétale, économique, sociale ou politique, beaucoup plus large. Comme le rappelle très opportunément Durkheim, il prend bien soin de distinguer réalité sociale et réalité organique (1975, t. 1, [1885], pp. 355-383).

Pour que la sociologie puisse se constituer en science, il faudra bien qu'elle se débarrasse du « fantôme de la liberté humaine, qui paraît avoir la prétention de donner la vie sociale et de la régler à son gré ». Ainsi s'exprimait très péremptoirement dans son *Grundriss der Soziologie* (*Fondement de la sociologie*, 1885) le sociologue polonais Ludwik Gumplowicz (1838-1909) que le même Durkheim rattache à la sociologie allemande[1]. Renversant le postulat évolutionniste du passage progressif du simple vers le complexe, Gumplowicz substitue au *monogénisme* un *polygénisme* selon lequel, au fur et à mesure que l'on remonte dans le temps, l'hétérogénéité des races et des cultures ne fait que croître au lieu de diminuer. Thèse courageuse, en vérité, reconnaît Durkheim qui la présente et la critique longuement, parce qu'elle prend le contre-pied d'un principe fondamental de la théorie organiciste. Elle s'y enferre néanmoins en sacrifiant au déterminisme radical d'une quête incessante de lois naturelles où le thème de la liberté se trouve tout à fait exclu. Des idées analogues sont partagées par son disciple médecin et sociologue, mieux connu sans doute, Franz Oppenheimer (1864-1943), auteur d'un volumineux *System der Soziologie* (1923-1933) où prévaut l'affirmation d'une sociologie positiviste et nomologique.

Des considérations d'ordre biologique et physiologique, très contestables au demeurant, sous-tendent la démarche de Ferdinand Tönnies (1855-1936), auteur du célèbre ouvrage *Gemeinschaft und Gesellschaft* (Communauté et société, 1887). Cependant, si son explication générale s'appuie sur des bases de ce type et même si son vocabulaire s'encombre parfois d'une terminologie organique, elle ne cherche pas dans ces disciplines des lois extensibles au domaine social, si ce n'est l'emprunt du vague principe de l'évolution de l'unité vers la complexité. La pensée de Tönnies se rattache bien, à notre avis – et nous nous en expliquerons dans le chapitre suivant – à la tradition déterministe, comme le suggère le rapport entre les deux grands types de sociétés qu'il met en cause : la communauté et la société. Ce que l'on oublie, en revanche, trop souvent, c'est la théorie volontariste qu'il en déduit et le discours sur la liberté qui l'accompagne, en sorte que la position de ce sociologue est un cas limite en considération des deux grands paradigmes évoqués.

Enfin, la référence biologique et le modèle organiciste qu'il a induit n'ont guère eu beaucoup d'emprise sur Simmel (1858-1918) ni sur Weber (1864-1920) si ce n'est, en ce qui concerne surtout le premier nommé sur le plan de l'analyse discursive. En effet, sa conception dite formelle de la sociologie qui renvoie à la figure abstraite de la géométrie n'hésite pas non plus à emprunter les voies de la métaphore organique dans la dialectique des formes et des contenus de la vie. Mais même dans ce cas, les rapprochements ne dépassent pas le statut cognitif de la métaphore. Contestant une application trop généreuse des acquis des sciences naturelles à la sociologie, Weber et Simmel participent à ce

1. La plupart des ouvrages de cet auteur polonais ont été traduits en allemand et publiés en Autriche (*cf.* à ce sujet : Leclercq (1963 [1948], pp. 48 et 65) et Durkheim, *op. cit.*, pp. 344-354).

mouvement de pensée qui cherche à forger un contre-modèle ménageant au thème de la liberté une place que les théories trop radicalement organicistes refusaient très logiquement à cette idée. Toutefois, si, comme nous le verrons à point nommé, le premier est plus discret que le second sur le chapitre de la liberté, c'est qu'il estimait, à juste titre d'ailleurs, qu'une théorie de l'action postule nécessairement le principe de la liberté notamment par les possibilités de choix qu'elle ménage à l'acteur social, même si ces choix n'échappent pas à l'empreinte de la socialité. En revanche, Simmel fait de ce thème un leitmotiv qui traverse toutes les sociologies particulières issues de sa conception formelle de la discipline.

Si Tönnies, Simmel et Weber admettent le principe général d'un transformisme social hérité du postulat biologiste selon lequel l'évolution se dessine en faveur d'une hétérogénéité ou d'une complexité croissantes, la conclusion qu'ils en tirent tranche avec l'optimisme scientiste du courant organiciste. En effet, pour un Lilienfeld ou un Spencer, le transformisme social va dans le sens du progrès : il est marqué par le passage d'une société indifférenciée et primitive où la coopération, très rudimentaire au demeurant, répond surtout à la nécessité ; alors que cette coopération devient volontaire et de plus en plus spécialisée dans la société moderne. Tel est le sens, par exemple, du passage d'un type de société militante à celui d'une société industrielle chez Spencer (1891 [1874], t. 2, pp. 134-169). Même Durkheim, qui prend pourtant ses distances vis-à-vis d'une telle problématique, avalise cet optimisme d'une marche de l'humanité vers le progrès, comme le suggérait d'ailleurs la célèbre loi des trois états d'Auguste Comte. En effet, le progrès s'inscrit inéluctablement dans la transition entre une société où prévaut la solidarité mécanique basée sur les ressemblances et une société où prévaut la solidarité organique, caractérisée essentiellement par une division du travail de plus en plus poussée. Celle-ci engendre une intégration sociale faisant de chaque individu un échangiste et créant « tout un système de droits et de devoirs qui les lient les uns aux autres d'une manière durable » (1967 [1893], pp. 402-403). Au contraire, pour Tönnies, Simmel et Weber, le processus de rationalisation qui accompagne celui du changement, que ce soit dans les termes du passage de la communauté à la société ou dans ceux de la communalisation à la socialisation, révèle un pessimisme où, notamment, la liberté humaine devient de plus en plus formelle ou « idéelle » que réelle. Tel est le sens profond d'un désenchantement influencé d'ailleurs par toute une philosophie allemande qui succéda à celle des Lumières et notamment par Arthur Schopenhauer, auteur précisément d'un *Essai sur le libre arbitre* (1992 [1841]) dont nous reparlerons.

Ces considérations conduisent à une autre conclusion. La distinction entre deux paradigmes fondamentaux, héritée de la philosophie, pour être non seulement commode mais pertinente, n'en présente pas moins les inconvénients de l'arbitraire inhérents à tout effort de classification. On a relevé, au passage, le problème que posait la démarche de Tönnies de ce point de vue. Et pour faire bonne mesure, on ne peut s'empêcher de penser à celle tout aussi dérangeante de Gabriel Tarde. S'installant dans le déterminisme des lois de l'imitation (ou de la contre-imitation) et du conformisme social ainsi engendré, celui-ci dégage même de l'individualisme et de la liberté du génie inventif de l'homme, des « causes sociales extérieures » susceptibles d'en conditionner les créations (1913 [1895]), pp. 166-167). Cependant ce déterminisme ne doit pas faire oublier « les agents cachés, individuels et originaux » et la liberté que Tarde exprime en contrepoint de ces uniformités sociales :

« Ce luxe de variations, écrit-il, cette exubérance de fantaisies pittoresques et de capricieuses broderies, que la nature déploie magnifiquement sous son austère appareil de lois, de répétitions, de rythmes séculaires, ne peut avoir qu'une source : l'originalité tumultueuse des éléments mal domptés par ces jougs, la diversité profonde et innée qui, à travers toutes ces uniformités législatives, réapparaît jaillissante et transfigurée à la belle surface des choses » (1921 [1882], p. 78).

On retire également de cet aperçu la conviction que le déterminisme, même dans ses aspects les plus dogmatiques, se retrouve aussi bien en France qu'en Allemagne. Ceci nous démontre, outre la nécessité de nuancer la classification paradigmatique, qu'il n'existe pas de sociologie allemande non plus qu'une école allemande au sens où, comme le souligne Berthelot (1991, pp. 36-45), il existe une école française dominante qui, loin d'absorber tous les courants de pensée, a trouvé sa consistance dans l'influence considérable que Durkheim a exercée en France, éclipsant d'autres écoles comme celle de *Science sociale* créée à l'initiative de Le Play.

VERS UNE FORMALISATION TYPOLOGIQUE DU THÈME DE LA LIBERTÉ

L'évolution de la pensée sociologique en regard du thème de la liberté entre progressivement, après le premier quart du XXe siècle dans une phase de formalisation où l'on ne parle plus de *la liberté* mais *des libertés* dans un souci de clarification et de classification pour lever l'ambiguïté. Avant d'en arriver à ce stade de mise en ordre, il faut bien faire une place à Vilfredo Pareto (1848-1923) dans cet exposé des idées : opération délicate, non que, comme le rappelle après Aron, Jean-Claude Passeron, il fasse figure d'isolé dans l'histoire de la sociologie à cause d'un « audimat catastrophique chez les intellectuels » qui ne lui pardonnent guère ni son humeur caustique ni ses démystifications (1995, p. 41), mais en raison des difficultés à le situer dans la perspective qui est la nôtre. En effet, la notoire distinction que Pareto propose entre les actions logiques et les actions non logiques renvoie les premières nommées à la science économique et les secondes à la sociologie. Les actions logiques ainsi référées s'entendent des comportements issus d'un calcul ou d'un raisonnement sur l'adéquation et l'agencement entre des moyens et une finalité objective, ce qui nous reporte à une théorie de l'action sociale que nous examinerons plus loin. Les actions non logiques, à ne pas confondre avec les actions illogiques ou aberrantes, rendent compte de toutes les actions humaines qui ne présentent pas cette liaison rationnelle, ainsi des actions traditionnelles, des actes déclenchés par simple réflexe, des actes émotionnels, etc. (1968 [1917], pp. 69-149 et 1966 [1907], pp. 40-43). Or nous verrons que l'action calculée ou raisonnée s'inscrit dans la thématique de la liberté dans la mesure où celle-ci est identifiée, à partir de la tradition rationaliste en philosophie, à la raison même ; d'ailleurs, comme le souligne Passeron, l'action logique n'est pas sans rappeler l'action rationnelle en finalité propre à Weber, bien que chacune se meuve dans une perspective épistémologique bien différente (*ibid.*). Il arrive cependant à Pareto de s'exprimer sur la liberté dans le cadre des actions non logiques et plus précisément dans la catégorie des « dérivations », c'est-à-dire des tendances qu'ont les hommes à camoufler leurs mobiles véritables en donnant à leurs actions un vernis de logique. Dans cet esprit, la liberté lui paraît être le parfait exemple de rationalisation idéologique. Il développe et critique dans cette direction la « libre pensée » :

« Si l'on s'en tient au sens propre des mots, écrit-il notamment, il semblerait qu'un *libre penseur* devrait être un homme qui ne veut que peu ou point de liens à la pensée, ou mieux à la manifestation de la pensée, car la pensée intérieure est libre, tout à fait libre, et l'on ne peut vouloir ôter des liens qui n'existent pas. Au contraire, en fait, le libre penseur est un croyant qui veut faire dominer sa religion et imposer des liens à la pensée de ceux qui n'ont pas ses opinions. Celui qui veut la liberté, dans le sens d'ôter les liens, devrait vouloir que, sans liens, on puisse parler aussi bien pour que contre la religion catholique. Au contraire, les libres penseurs admettent qu'on attaque la religion chrétienne, ou mieux la religion catholique, et refusent la faculté de la défendre » (1968 [1917], p. 894). Et d'ajouter plus loin : « Les mots *libre pensée* suscitent les sentiments d'une pensée liée à une foi humanitaire et anticatholique ; c'est pourquoi ils servent d'étiquette aux théories de cette religion » (*ibid.* ; *cf.* aussi : *id.*, 1966 [1907], p. 81).

Les travaux de Pareto et surtout ceux de Simmel et ceux de Weber, compte tenu de leur influence, ont encouragé à desserrer l'étau d'un déterminisme organiciste trop radical, avec pour conséquence une ouverture plus franche au thème de la liberté, qui entre officiellement, peut-on dire, dans la conceptualisation de la sociologie, à la faveur d'une formalisation de ses contenus. La liberté s'y entend dans une acception plurielle selon des typologies qui tentent d'en débusquer les ambiguïtés en élargissant le cadre des typologies dichotomiques : telle que celle évoquée à propos de Tönnies qui opposait la liberté réelle ou organique à la liberté idéelle, ou encore celle que proposait l'un de ses principaux contradicteurs, Othmar Spann (1878-1950) qui opposait une liberté individualiste pouvant conduire à la licence à une liberté universaliste s'enracinant dans les valeurs spirituelles de la société (1930 [1923], p. 158).

Plus élaborées et moins tributaires des idéologies de la philosophie morale ou du droit naturel, s'annoncent ainsi les classifications de Sturzo, de Gurvitch et d'Aron.

Luigi Sturzo distingue et développe dans un substantiel chapitre de son *Essai de sociologie* intitulé « Autorité et liberté », les trois types suivants : la liberté originelle (ou naturelle), la liberté organique (ou liberté d'association, de groupements) et la liberté formelle (ou juridique) (1935, pp. 141-170)[2]. Mais c'est surtout à Georges Gurvitch, dont on connaît le penchant pour les définitions formelles, que l'on doit la typologie la plus riche, à partir d'une conception très générale de la notion : « liberté située, encadrée dans le réel, liberté sous condition, liberté relative » (1955, p. 81). De là découle une cascade de formes dont l'inventaire est censé en épuiser le sens : *liberté arbitrant selon les préférences subjectives, liberté-réalisation novatrice, liberté-choix, liberté-invention, liberté-décision, liberté-création* (*op. cit.*, pp. 81-95). On devine tout d'abord chez lui le souci de briser le monopole philosophique de la liberté en affirmant très péremptivement que la sociologie est la science de la liberté dans un article intitulé « Philosophie et Sociologie » (1957, p. 10). On sent cependant surtout dans son ouvrage intitulé de façon très significative *Déterminismes sociaux et liberté humaine* (1955), qui s'inscrit en marge de sa théorie générale, le souci apologétique de justifier son déterminisme face à ce qu'il appelle l'entreprise wébérienne de « destruction de la réalité sociale par un nominalisme probabiliste et individualiste qui le [Weber] rend incapable de saisir la société, les groupes, les classes [...] » (1962 [1958], p. 15). Il retire de sa typologie des définitions très sociologiques de la liberté dans la mesure où il considère celle-ci comme inhérente à la socialité, mais non exempte d'ambiguïtés. Il hésite, en effet, entre une conception très durkheimienne où la liberté est encadrée et soumise à l'ordre des forces sociales car, après tout « c'est la société qui fait l'homme » (1955, p. 80) et une conception rejoignant assez paradoxalement celle de Simmel – dont il dénonce, par ailleurs, l'individualisme – lorsqu'il soutient que la liberté, loin de se soumettre à ces formes sociales, « se confronte, lutte et pactise avec les déterminismes sociaux multiples [...] » (*op. cit.*, p. 3).

Le souci de formaliser le thème de la liberté dans la mise au point de typologies, établies *a priori*, c'est-à-dire en dehors de tout support théorique sérieux, de toute problématique précise, bref de tout objectif heuristique se révèle très insatisfaisant parce qu'il s'enferme dans la seule description et échappe, par là, à toute possibilité d'infirmation. Selon le mot de Hempel, analyses et classifications sont aveugles à ce niveau parce que dépourvues de toute vertu

2. Pour la petite histoire, qui n'est d'ailleurs pas sans rapport avec le thème en cause, ce sociologue, écclésiastique et homme politique sicilien, pour échapper à la censure fasciste, publie son *Essai de sociologie* en français à Paris, La seconde édition paraît en italien sous le titre *La societá. Sua natura e leggi* (1949). Le chapitre d'où est issue la distinction précitée *Autorité et liberté* y a été reproduit tel quel (pp. 189-229).

explicative (1972 [1966], p. 20). C'est, sans doute, pour éviter de donner dans ce travers que Raymond Aron, dans son *Essai sur les libertés* (1965) s'attache à préciser les multiples sens du concept à la faveur d'une lecture comparative de Tocqueville et de Marx. Dans cet essai, qui relève au moins autant des sciences politiques que de la sociologie, se dégagent en cours d'analyse, à partir de la distinction classique entre liberté formelle et liberté réelle, des sens dérivés : liberté formelle, liberté politique, liberté réelle, liberté-participation, liberté-capacité, etc.

Le caractère protéiforme de cette notion, qui rejoint le parti des concepts les plus équivoques qui soient, nonobstant la préoccupation évidente d'y lever les ambiguïtés, ainsi qu'en témoignent les classifications évoquées, a incité dans la suite les sociologues à beaucoup de prudence dans l'usage du terme. Aussi, depuis les années soixante, les sociologues ont-ils renoncé, non pas à se désintéresser de la question, mais à développer un thème aussi encombrant soit dans le cadre d'une théorie ou d'une conception générale de la discipline, soit dans la direction d'un affinement de la notion à partir ou en dehors d'une recherche empirique. Délaissant le terrain aux philosophes dans ces perspectives, ils ont préféré généralement le rencontrer et l'inclure dans le cadre d'investigations plus particulières, en évitant souvent d'employer le mot lui-même, sans doute pour exorciser les multiples formes dans lesquelles ce thème s'incarne.

Ce trop bref aperçu de la question prouve, néanmoins, à suffisance, que loin d'être étrangère à la pensée sociologique, elle n'a cessé de l'interpeller. On pourrait cependant, et à juste titre, lui reprocher non seulement un caractère artificiel, quoique difficilement évitable dans ce genre d'exercice, mais surtout une valeur incidente et marginale dans l'évolution de la pensée sociologique. C'est précisément pour apprécier la portée de l'objection que nous allons nous attarder, à présent, davantage sur ce thème, en l'explicitant dans la problématique générale de ceux qui ont marqué, dès l'origine, cette évolution, à travers les deux paradigmes fondamentaux : Comte, Quételet, Durkheim et Tönnies, d'une part, Simmel et Weber, d'autre part, les représenteront dans cette perspective.

2

Déterminisme et liberté

COMTE ET QUÉTELET : DE LA FATALITÉ MODIFIABLE À LA FATALITÉ TRANSFORMABLE

La conception nomologique d'Auguste Comte

« Il y a des lois aussi déterminées pour le développement de l'espèce humaine que pour la chute d'une pierre » écrit Auguste Comte (1798-1857) dans une lettre adressée à un certain Valat. Une affirmation aussi sentencieuse, traduisant un rigoureux déterminisme qui exclut, en principe, toute idée de liberté dans le devenir humain et social, s'explique notamment par le climat scientiste de l'époque.

La nouvelle science sociale qui prendra le nom de sociologie, est incontestablement influencée par la physiologie, parce que celle-ci concerne, à l'instar de celle-là, les êtres humains et, qu'au surplus, son caractère scientifique est bien reconnu. D'où résulte l'inclination à tirer de la physiologie et, plus largement d'ailleurs, de la biologie, des lois qui seraient applicables à la nouvelle discipline que Saint-Simon baptise de façon très significative du nom de « physiologie sociale ». Disciple de Condillac et auteur d'un ouvrage qui eut quelque retentissement à la fin du XVIIIe siècle, intitulé *Rapports du physique et du moral de l'homme*, Georges Cabanis avait déjà tenté d'y prouver la sujétion de la science sociale à la physiologie en sollicitant les coïncidences entre les deux domaines. C'est à ce dernier que Comte s'en prend pour contester une telle filiation. Renonçant très logiquement à l'appellation suspecte de « physiologie sociale » – pourtant forgée par Saint-Simon dont il était le secrétaire particulier – il la remplace par celle de « physique sociale ». A la faveur de cette bataille terminologique qui est loin d'être terminée, comme on sait, Comte reconnaît cependant que celle-ci est bien une branche de la physiologie et doit être, par conséquent, fondée sur ses principes « si l'on entend par là que ses principes ne doivent pas être en contradiction, et même qu'ils doivent être conformes aux connaissances acquises en physiologie » (1970 [1819], p. 477 ; *cf.* aussi : 1970 [1822], pp. 155-162). En revanche, cette harmonisation qui illustre les secours mutuels que les sciences doivent se prêter ne contredit nullement leur autonomie respective de sorte que, pour garder la métaphore généalogique, il s'établit entre elles des rapports de collatéraux plutôt que des rapports de filiation (1970 [1819], pp. 473-489 ; *id.,* 1970 [1833], p. 160-168)[1]. Dans ces conditions, la future sociologie doit s'appliquer principalement à mettre en évidence les lois dites naturelles de l'évolution de la société qualifiée de « lois des trois états » et caractérisée par le passage d'un état théologique vers un état positif en passant par un état métaphysique.

« Il ne saurait donc être douteux, écrit Comte en substance (...), que la marche de la civilisation, considérée dans ses éléments, ne soit assujettie à une loi naturelle et constante, qui domine toutes les divergences humaines particulières » (1970 [1822], pp. 112-113).

On n'a pas manqué d'objecter à un tel schéma de nécessité, l'exclusion de toute liberté humaine, notamment sous le couvert de la négation du hasard. Rencontrant l'argument, Comte ne nie pas le rôle de la liberté dans l'évolution sociale. Elle a d'abord un rôle critique à jouer pour hâter l'avènement, en quelque sorte, de la société scientifique et industrielle : le principe de la liberté illimitée est un puissant ferment anti-théologique et anti-féodal, né sans doute pour détruire mais impropre, cependant, à fonder l'ordre naturel et positif. A ceux qui estimeraient que son importance en fait un facteur essentiel et permanent d'innovation, ainsi que l'atteste son rôle dans les découvertes scientifiques et dans les beaux-arts, Comte leur répond en minimisant cette importance dans ces domaines privilégiés de l'expression libre. Si le rôle du hasard peut être essentiel dans les découvertes dénuées d'importance, il devient pour ainsi dire insignifiant dans les actions humaines à l'origine des inventions en sorte que celles-ci, déjà préparées par la génération précédente, préparent à leur tour celles des générations futures.

1. Ce débat contient déjà les germes d'une controverse qui opposera plus tard Durkheim et Spencer, partisan de la filiation sociologique à la physiologie, le premier nommé partageant sur ce chapitre des idées bien différentes.

« En un mot, conclut-il, l'esprit humain suit, dans le développement des sciences et de l'art, une marche déterminée, supérieure aux plus grandes forces intellectuelles, qui n'apparaissent, pour ainsi dire, que comme des instruments destinés à produire à temps nommé les découvertes successives » (1970 [1822], p. 112).

Cependant, en outre de ce rôle critique assigné dans la loi naturelle d'évolution sociale, Comte attribue à la liberté et aux vertus d'imagination que celle-ci sous-entend, un rôle nouveau qui s'articule sur un projet réformateur ou, pour reprendre ses propres termes, sur un système de politique positive. Or, tout projet politique suppose nécessairement une action sociale, soit une ou plusieurs possibilités d'agir sur le cours des événements. Aussi l'idée de liberté intervient dans ce contexte selon les termes d'une « fatalité modifiable ». Les limites de variations des lois dites sociologiques étant reconnues plus larges que celles des lois biologiques, et a fortiori des lois chimiques, elles laissent entrevoir des possibilités d'action nécessairement subordonnées à ces lois puisque celles-ci sont réputées naturelles. En sorte que la modifiabilité ne peut s'entendre ainsi qu'une action politique visant à réduire le coût de l'évolution, entendu nécessairement comme un progrès dans la loi des trois états évoquée précédemment, et en accélérer la marche :

« En un mot, ainsi que je l'indiquai dans mon écrit de 1822, la marche de la civilisation ne s'exécute pas, à proprement parler, suivant une ligne droite, mais selon une série d'oscillations, inégales et variables, comme dans la locomotion animale, autour d'un mouvement moyen, qui tend toujours à prédominer, et dont l'exacte connaissance permet de régulariser d'avance la prépondérance naturelle, en diminuant ces oscillations et la tâtonnements plus ou moins funestes qui leur correspondent. Ce serait, toutefois, exagérer, sans doute, la portée réelle d'un tel art, cultivé même aussi rationnellement que possible, et appliqué avec toute l'extension convenable que de lui attribuer la propriété d'empêcher, en tous les cas, les révolutions violentes qui naissent des entraves qu'éprouve le cours spontané de l'évolution humaine. Dans l'organisme social, en vertu de sa complication supérieure, les maladies et les crises sont nécessairement encore plus inévitables, à beaucoup d'égards, que dans l'organisme individuel. Mais, alors même que la science réelle est forcée de reconnaître essentiellement son impuissance momentanée devant de profonds désordres ou d'irrésistibles entraînements, elle peut encore utilement concourir à adoucir et surtout à abréger les crises, d'après l'exacte appréciation de leur principal caractère, et la prévision rationnelle de leur issue finale, sans renoncer jamais à une sage intervention, à moins d'une impossibilité convenablement constatée. Ici, comme ailleurs, et même plus qu'ailleurs, il ne s'agit point de gouverner les phénomènes, mais seulement d'en modifier le développement spontané ; ce qui exige évidemment qu'on en connaisse préalablement les lois réelles » (Comte, 1839, pp. 407-497 ; *cf.* aussi : *id.*, 1928 [1854], p. 95).

Dans ce contexte, la liberté et l'imagination devraient contribuer à assumer le remplacement du gouvernement des hommes par celui des choses. Il s'agirait non d'inventer le système à constituer mais de faciliter son adoption. Au rôle négatif mais nécessaire qu'elle assume dans l'état théologique et métaphysique, la liberté en revêt un tout nouveau, quoique subalterne dans l'état positif, puisqu'elle doit s'exercer dans la direction établie par les travaux scientifiques. Ce déterminisme qui confine à un fatalisme tempéré par une liberté entendue essentiellement comme une modifiabilité contrôlée, éveille chez son contemporain Adolphe Quételet (1796-1874) des résonances bien différentes.

La conception nomologique d'Adolphe Quételet

Autre père fondateur – souvent oublié[2] – de la sociologie qu'il nomme aussi « physique sociale » à la vive indignation de Comte d'ailleurs, Quételet retire de cette analogie une conception moins naturaliste et, par conséquent, moins fataliste et plus moderne, que celle de son futur contradicteur, comme on va le constater.

« L'homme naît, se développe et meurt d'après certaines lois qui n'ont jamais été étudiées dans leur ensemble ni dans le mode de leurs réactions mutuelles » (1869 [1835], p. 91). Telle est l'une des affirmations péremptoires qui inaugure son traité de physique sociale et qui pourrait rappeler singulièrement la citation de Comte rappelée en début de chapitre. Tout semble, en effet, rapprocher ces deux esprits qui partagent ainsi la même conception « nomologique » ou « nomothétique » de la nouvelle science[3]. Or ce qui dérange tout d'abord Comte dans l'initiative du célèbre statisticien, c'est ce qu'il appelle « sa vicieuse tentative d'appropriation de la physique sociale » pour désigner la nouvelle science sociale, ce qui l'engagera à la lui abandonner au profit du terme « sociologie », comme on sait. Mais au-delà de cette querelle de mots, c'est la crainte d'une mise en question de sa hiérarchie des sciences et l'investissement de l'outil mathématique dans la sociologie qui l'inquiète le plus. La problématique de Quételet, qui sera d'ailleurs à l'origine des grandes enquêtes quantitatives ultérieures, a pour effet d'attiédir le caractère quasi absolu des lois de société en y introduisant le doute probabiliste. On devine déjà que cette conjecture ménage à l'idée de liberté un certain statut, fut-il très marginal, comme on va le constater à la lecture de deux passages particulièrement significatifs en l'occurrence.

2. Raymond Boudon rappelle à diverses reprises et très opportunément le rôle important de ce célèbre démographe et statisticien belge dans la genèse de la sociologie (*cf.* par ex. : 1970, p. 26 et 1992, p. 9). On sait par exemple que Paul Lazarsfeld intitula la chaire de sociologie dont il hérita à l'Université de Columbia : « Chaire Quételet de sociologie ». Sur l'apport de Quételet dans la genèse des sciences sociales, *cf.* également : Thévenot, 1995, pp. 157-158.
3. Ces termes, comme le laissait supposer la sociologie de Comte, se réfèrent à l'existence de lois et à leur nature aussi bien dans les sciences humaines que dans les sciences physico-chimiques.

Le premier texte est tiré du *Traité de physique sociale* : « Dans le cours des derniers siècles, les sciences politiques prirent un sensible développement ; on commença à soupçonner qu'en perdant de vue les individus, on peut démêler, à travers les phénomènes sociaux qui dominent les masses, des lois qu'on détermine de la manière la plus précise. Ce qui arrêta d'abord, ce fut la conviction du libre arbitre de l'homme : l'on savait que sa volonté est une cause insaisissable, placée en dehors de toutes les lois ; on en concluait qu'il devenait dès lors impossible d'en déterminer les effets. Mais l'on perdait de vue que cette volonté n'a plus d'action au-delà de certaines limites où commence la science, et que les effets, si grands en apparence, comme ceux qu'on a toujours cru voir à la naissance des choses, pouvaient être estimés comme sensiblement nuls, s'ils sont considérés d'une manière collective. L'expérience, en effet, prouva bientôt aux plus clairvoyants que les volontés individuelles se neutralisent au milieu des volontés générales » (1869, t. 1 [1835], p. 10).

Le second extrait est tiré du livre *Du système social et des lois qui le régissent*, auquel Durkheim fera explicitement référence pour avaliser ce point de vue (1975 [1903], t. 1, p. 153). Le passage en cause explicite le précédent en l'illustrant par l'exemple des statistiques relatives au mariage : « Ce qui distingue surtout les phénomènes moraux des phénomènes purement physiques, c'est l'intervention du libre arbitre de l'homme. Cet élément capricieux et désordonné, en mêlant son action à celle des causes qui dominent le système social, semble devoir déranger à jamais toutes nos prévisions » (1848, p. 65). Il n'en est cependant rien comme il entend le prouver en prenant à dessein l'exemple du mariage, c'est-à-dire un acte solennel où la libre volonté devrait intervenir puissamment et venir bousculer ainsi les régularités sociales puisque, observe notamment l'auteur, « cet acte est l'un des plus importants de la vie, et l'homme ne s'y détermine en général qu'avec la plus grande circonspection » (1848, p. 66). Or les documents statistiques de l'époque révèlent à cet égard un navrant conformisme. C'est comme si, à la limite, les dispositions légales réglaient un contingentement du nombre des unions selon les âges, la qualité de célibataire ou de veuf, l'origine sociale, etc. (*op. cit.*, pp. 67-68).

On devine à la lecture de ces considérations le souci d'affirmer la scientificité de la nouvelle discipline en souscrivant notamment au credo scientiste de l'époque. Quételet ajoute d'ailleurs dans cet esprit que « le hasard est un mot vide de sens, dont le vulgaire voile son ignorance et qui tend à nous faire envisager les choses d'une manière étroite » (1829, p. 111) et caresse, pour sa part, le projet de trouver dans l'évolution sociale « des lois tout aussi admirables que la mécanique des corps bruts » (1831, p. 2). Toutefois, il est conduit à en relativiser l'avènement, à l'épreuve de la statistique sociale et du calcul probabiliste. Il n'est donc plus question de faire de la physique sociale une science exacte car les rapports qu'il établit avec les lois des sciences physico-chimiques sont d'analogie (ou de similitude) et non d'identité. Loin de nier l'existence du libre arbitre, il le qualifie, certes, d'élément capricieux que la loi des grands nombres finit par ignorer. Il est, toutefois, bien obligé de concéder que cet élément perturbateur du point de vue strictement scientifique, ne disparaît pas pour autant puisqu'il épouse au moins les limites de la marge d'incertitude des comportements sociaux attendus.

Mais l'idée de la liberté chez Quételet – et ceci est beaucoup plus important – ne se réduit pas à ces caprices individuels étroitement contenus dans les marges d'incertitudes des comportements qui finissent par se noyer dans la loi des grands nombres, ni, comme il le dira encore par ailleurs, à ces quelques individus doués d'une puissance de génie supérieure et capables d'imprimer une action sensible au système social (1832, p. 2). L'idée de liberté trouve mieux à s'exprimer dans les possibilités humaines de changer le cours des choses et de remettre, ainsi, en question, le contenu de la notion de « loi naturelle ». En effet, si les observations relatives au mariage révèlent l'existence d'une loi « naturelle », compte tenu des régularités observées, il faudrait se résigner à admettre également le prescrit des régularités tout aussi significatives qui concernent la criminalité. Or, dans un morceau d'anthologie déterministe reproduit ci-dessous, Quételet élargit la conception d'une sorte de fatalité modifiable en suggérant la possibilité voire la nécessité d'agir sur les causes pour enrayer le cours des lois de société :

« La société renferme en elle les germes de tous les crimes qui vont se commettre. C'est elle, en quelque sorte, qui les prépare, et le coupable n'est que l'instrument qui les exécute. Tout état social suppose donc un certain nombre et un certain ordre de crimes qui résultent, comme conséquence nécessaire, de son organisation. Cette observation, qui peut paraître décourageante au premier abord, devient consolante au contraire quand on l'examine de près, puisqu'elle montre la possibilité d'améliorer les hommes, en modifiant leurs institutions, leurs habitudes, l'état de leurs lumières et, en général, tout ce qui influe sur leur manière d'être. Elle ne nous présente au fond que l'extension d'une loi déjà bien connue de tous les philosophes qui se sont occupés de la société sous le rapport physique : c'est que tant que les mêmes causes subsistent, on doit s'attendre au retour des mêmes effets » (1869 [1835], t. 1, p. 97).

Voilà qui nous écarte de l'arbitraire d'une fatalité seulement modifiable, au sens où Comte n'y voyait qu'une simple possibilité d'endiguer les débordements éventuels des effets d'une loi naturelle, donc inéluctable, et bonne pour l'humanité : « il ne s'agit point de gouverner les phénomènes, mais seulement d'en modifier le développement spontané » (Comte, 1839, p. 497). Il s'agit, au contraire, pour Quételet de gouverner les phénomènes en agissant sur les causes au besoin :

« Vouloir que le torrent régularise lui-même sa marche par ce seul motif qu'on lui a donné une digue, ou qu'il s'établisse subitement un nouvel ordre de choses, en laissant subsister les mêmes causes, c'est attendre un prodige qui ne se réalisera pas » (1827, p. 44). Et encore : « Je suis loin de conclure cependant que l'homme ne puisse rien pour l'amélioration des masses sociales ; je crois [...] qu'il possède une force morale capable de modifier les lois qui le concernent » (1831, p. 81).

DURKHEIM : LA CONTRAINTE LIBREMENT CONSENTIE

Introduction

Durkheim est sans doute le premier sociologue à aborder le plus franchement le problème de la liberté en essayant de résoudre la vieille antinomie entre la liberté ou le sentiment que l'on en a et les contraintes sociales. Sa façon de définir le fait social l'y oblige en quelque sorte. En effet, sa problématique très déterministe, héritée de Comte, lui fait considérer le fait social comme une contrainte antérieure et extérieure aux individus, laquelle se reconnaît au pouvoir de coercition susceptible de s'exercer sur eux par la sanction, juridique ou morale au demeurant, qui l'assortit en l'occurrence (1973 [1895], p. 4). L'objection d'une liberté perdue ou ignorée dans une telle conjecture vient vite à l'esprit. Durkheim semble, au départ résoudre la question en la décrétant étrangère à la science et donc à la sociologie :

« ... Alléguera-t-on que la liberté humaine exclut toute idée de loi et rend impossible toute prévision scientifique ? L'objection doit nous laisser indifférents et nous pouvons la négliger non par dédain mais par méthode. La question de savoir si l'homme est libre ou non a sans doute son intérêt, mais c'est en métaphysique qu'elle a sa place et les sciences positives peuvent et doivent s'en désintéresser. Il est des philosophes qui ont retrouvé dans les organismes et jusque dans les choses inanimées une sorte de libre arbitre et de contingence. Mais ni le physicien ni le biologiste n'ont pour cela changé leur méthode : ils ont paisiblement continué leur chemin sans se préoccuper de ces subtiles discussions. De même la psychologie et la sociologie n'ont pas à attendre pour se constituer que cette question du libre arbitre de l'homme, pendante depuis des siècles, ait enfin reçu une solution qui d'ailleurs, tout le monde le reconnaît, ne semble guère prochaine. La métaphysique et la science ont toutes deux intérêts à rester indépendantes l'une de l'autre. Nous pouvons donc conclure en disant : il faut choisir entre ces deux termes, ou reconnaître que les phénomènes sociaux sont accessibles à l'investigation scientifique ou bien admettre sans raison et contrairement à toutes les inductions de la science qu'il y a deux mondes dans le monde : l'un où règne la loi de causalité, l'autre où règnent l'arbitraire et la contingence » (Durkheim, 1987 [1888], p. 83).

Cette précaution étant prise, il faut bien prouver que la sociologie ne nie pas l'exercice de la liberté humaine, même si celle-ci laisse à d'autres disciplines le soin de débattre essentiellement de la question. Dès lors, Durkheim va s'attacher à montrer que le déterminisme sociologique n'est pas incompatible avec l'existence de la liberté. Si l'on admettait la proposition selon laquelle celle-ci implique la négation de toute loi déterminée, elle engendrerait un obstacle insurmontable aussi bien dans les sciences sociales que dans les sciences physiques et naturelles et y empêcherait toute investigation scientifique (*op. cit.*, p. 143). Se laissant prendre au jeu, Durkheim est progressivement amené à introduire la question de liberté dans sa conception de la sociologie au point de la déclarer fondamentale, notamment dans *La division du travail social*, où elle est posée d'emblée (1967 [1893], *passim* et notamment : pp. III-V et 380-381 ; *cf.* aussi : 1963 [1902-1903], pp. 94-106).

Influences philosophiques : Kant et Rousseau

Pour résoudre la difficulté, il ne peut s'empêcher d'aller voir chez les philosophes la façon dont ils ont affronté la question. C'est principalement Jean-Jacques Rousseau et Emmanuel Kant qui retiennent son attention de ce point de vue. Commençons par Kant pour mieux saisir la filiation des idées. On sait que le philosophe allemand en faisait un problème majeur, cherchant à y concilier sa foi chrétienne et les exigences éthiques qu'elle impose avec une liberté inscrite au plus profond de la nature humaine. Ce détour par la philosophie kantienne est opportun, non seulement pour mieux saisir la pensée de Durkheim, mais pour comprendre celle des grands sociologues allemands comme Tönnies et Simmel qui s'en inspireront également, comme nous le verrons ultérieurement.

Kant était pessimiste quant à l'appréciation de la nature humaine, trop encline à se laisser entraîner, selon lui, à ses passions et à la déraison[4] :

« L'homme doit se soumettre à des lois de contrainte : c'est une preuve qu'il est mauvais par nature. Même ce qui est bon en lui dans l'état civilisé est l'effet de la contrainte qui lui ôte, sans qu'il s'en aperçoive, sa sauvagerie et qui développe les mobiles moraux en inhibant son amour-propre » (1994 [1794-1797], pp. 158-159).

Ce qui intéresse Durkheim, bien entendu, c'est de savoir comment le philosophe allemand va résoudre le dilemme de la liberté dans la contrainte. Celui-ci attaque la difficulté dans *La critique de la raison pratique* en tentant de montrer les liens qui unissent les concepts fondamentaux suivants : liberté, raison et morale. Très paradoxalement, il n'hésite pas à soutenir que l'idée de liberté se manifeste par la loi morale dont elle est la condition essentielle, la *ratio essendi* (1965 [1788], pp. 15-16). Or, pour Kant, nous sommes d'abord des êtres rationnels dans la mesure où la liberté nous détermine à agir par la raison

4. « Le bois dont est fait l'homme est si tordu, aurait-il dit, qu'on ne peut en équarrir quelque chose de droit ». Nous n'avons pas retrouvé cette citation que lui prête Isaiah Berlin.

plutôt que par des causes extérieures, c'est-à-dire en complète indépendance par rapport à tout élément empirique.

« La liberté, écrit-il, et la conscience de la liberté, en tant que conscience d'un pouvoir que nous avons d'agir avec l'intention prépondérante d'obéir à la loi morale, c'est l'*indépendance* à l'égard des inclinations, du moins comme causes déterminantes (sinon comme causes affectives) de notre désir » (*op. cit.*, p. 132).

La liberté qu'il qualifie de « transcendantale » est ainsi érigée en un absolu universel. Mais, toujours selon lui, nous sommes également des êtres sensibles et notre sensibilité, au contraire, n'est pas universelle, elle dépend de notre personnalité, de notre tempérament ; elle nous incline à agir vers des fins égoïstes et irrationnelles. La liberté *en est exclue* car « si la liberté de notre volonté n'était autre que cette dernière (liberté psychologique et comparative, et donc non absolue), elle ne vaudrait guère mieux au fond que la liberté d'un tourne-broche qui, une fois remonté, exécute de lui-même ses mouvements » (*op. cit.*, p. 110).

Il en résulte un antagonisme entre la raison et la nature sensible de l'homme que seule la loi morale peut résoudre en l'affranchissant « de la violente importunité des passions ». L'homme sera d'autant plus libre qu'il sera ouvert à la contrainte morale. Mais la loi morale ne peut imposer pareille libération que par la contrainte, ce qui crée inévitablement le sentiment d'obligation. Cette idée d'obligation nécessaire à l'exercice de la liberté est inspirée par celle d'un contrat social héritée des conceptions de Hobbes, Locke et Rousseau et qui suggère à Kant une réflexion cent fois répétée après lui et résumée dans les termes selon lesquels la liberté de tout un chacun est nécessairement limitée par celle des autres :

« Personne ne peut me contraindre à être heureux à sa manière (c'est-à-dire à la manière dont il conçoit le bien-être des autres hommes) ; par contre, chacun peut chercher son bonheur de la manière qui lui paraît bonne, à condition de ne pas porter préjudice à la liberté qu'a autrui de poursuivre une fin semblable (c'est-à-dire de ne pas porter préjudice au droit d'autrui), liberté qui peut coexister avec la liberté de chacun grâce à une possible loi universelle » (Kant, 1994 [1794-1797), p. 65).

Durkheim est séduit par l'idée d'une possible résolution du dilemme, d'autant que la contrainte sociale se situe au centre de sa problématique en tant que définition du fait social lui-même. Il appuie, en effet, son raisonnement sur le postulat kantien d'une implication de la liberté dans la loi morale elle-même pour justifier la légitimité du principe de la réglementation sociale et de la contrainte qu'elle suppose. Il ne peut toutefois se résoudre à suivre le philosophe allemand lorsque celui-ci exclut la liberté de la réalité empirique pour la situer dans l'ordre idéal du transcendantal et sur lequel le monde n'agit pas. C'est précisément dans l'ordre des nécessités pratiques de la solidarité sociale que Durkheim va l'y loger en s'inspirant davantage de la philosophie consensualiste développée par Rousseau. Voici, par exemple, ce que ce dernier écrit notamment à ce sujet :

« Afin donc que le pacte social ne soit pas un vain formulaire, il renferme tacitement cet engagement qui seul peut donner de la force aux autres, que quiconque refusera d'obéir à la volonté générale y sera contraint par tout le corps : ce qui ne signifie autre chose sinon qu'on le forcera à être libre, car telle est la condition qui donnant chaque Citoyen à la Patrie le garantit de toute dépendance personnelle ; condition qui fait l'artifice et le jeu de la machine politique, et qui seule rend légitimes les engagements civils, lesquels sans cela seraient absurdes, tyranniques, et sujets aux plus énormes abus » (1947 [1762], p. 197).

La synthèse durkheimienne

Voyons, à présent, le profit que Durkheim retire de ce nouvel apport :

« Il y a longtemps que Rousseau l'a démontré : si l'on retire de l'homme tout ce qui lui vient de la société, il ne reste qu'un être réduit à la sensation, et plus ou moins indistinct de l'animal. Sans le langage, chose sociale au premier chef, les idées générales ou abstraites sont pratiquement impossibles, et c'en est fait, par conséquent, de toutes les fonctions mentales supérieures. Abandonné à lui-même, l'individu tomberait sous la dépendance des forces physiques ; s'il a pu y échapper, s'il a pu s'affranchir, se faire une personnalité, c'est qu'il a pu se mettre à l'abri d'une force *sui generis*, force intense, puisqu'elle résulte de la coalition de toutes les forces individuelles, mais force intelligente et morale, capable, par conséquent, de neutraliser les énergies inintelligentes et amorales de la nature : c'est la force collective. Permis au théoricien de démontrer que l'homme a droit à la liberté ; mais quelle que soit la valeur de ces démonstrations, ce qui est certain, c'est que cette liberté n'est devenue une réalité que dans et par la société » (1967 [1906], pp. 62-63).

La vie en société que postule la nature intrinsèquement sociale de l'homme et la solidarité du même type qui en découle nécessairement ont pour conséquence que toute action de l'individu intéresse autrui et peut, le cas échéant, lui nuire. Il s'ensuit que la liberté de tout un chacun doit être nécessairement limitée pour pouvoir s'exercer, à défaut de quoi l'arbitraire individuel empêcherait cette faculté en permettant à quiconque de mettre à profit sa supériorité physique, économique ou autre. Dès lors, la contrainte sociale et la menace de sanction qu'elle fait peser en garantit l'existence et l'exercice (1987 [1888], p. 96). Dans la ligne de ce raisonnement, l'antagonisme entre l'autorité de la règle et la liberté de l'individu s'évanouit puisque celle-ci est elle-même le produit de la réglementation (1967 [1893], pp. III-IV). Certes, dira-t-on, une telle soumission à la règle est forcée, créant par là même un sentiment d'obligation, une passivité, bref une servitude qui violente le goût de liberté.

« Une telle soumission, répond Durkheim, n'est pas une résignation passive, c'est une adhésion éclairée. Se conformer à un ordre de choses, parce qu'on a la certitude qu'il est tout ce qu'il doit être, ce n'est pas subir une contrainte, c'est vouloir cet ordre librement, c'est y acquiescer en connaissance de cause. Car vouloir librement, ce n'est pas vouloir ce qui est absurde ; au contraire, c'est vouloir ce qui est rationnel, c'est-à-dire, c'est vouloir agir conformément à la nature des choses ». Et de conclure : « Nous pouvons très bien comprendre qu'il est dans notre nature d'être limité par des forces qui nous sont extérieures ; par suite, accepter librement cette limitation, parce qu'elle est naturelle et bonne, sans qu'elle cesse d'être réelle. Seulement par la fait de notre consentement éclairé, elle cesse d'être pour nous une humiliation et une servitude » (1963 [1902-1903], pp. 97-99).

Dans ce texte, Durkheim reprend le vieil argument kantien d'une identification de la liberté à la raison et dont useront aussi très largement les sociologues actionnistes. Toutefois, par le recours à l'artifice du contrat pour résoudre notamment l'antinomie entre l'idée de liberté et le sentiment d'obligation, Durkheim croit échapper aux considérations de type métaphysique qu'il reproche à Kant. Il y retombe en quelque sorte en faisant appel à la notion de nature, comme le faisaient d'ailleurs trop commodément ses contemporains économistes, pour justifier le bien fondé et la nécessité de la contrainte sociale. Partant d'une analogie entre la nature et la société, c'est-à-dire un rapport de similitude entre ces deux réalités essentielles, il en arrive à conclure à leur identité, en essayant de concilier l'idée d'une société conçue à la fois comme une réalité spécifique, d'une part, et comme partie intégrante de la nature dont elle serait la manifestation la plus élevée, d'autre part. Ce discours souvent répété (1963 [1902-1903], p. 98 ; 1973 [1895], p. 19, 1967 [1893], pp. 12-25) laisse entendre que la contrainte sociale ainsi considérée d'un point de vue conventionnaliste, ne relève nullement d'une symbolique artificielle, mais hérite de la nécessité et des déterminations d'une réalité immuable nantie de toutes les qualités : bonne, morale et rationnelle. Dans ces conditions, Durkheim imite par analogie Kant qui avait, lui, l'excuse d'être philosophe et moraliste. « Entre Dieu et la société, il faut choisir. Je n'examinerai pas ici les raisons qui peuvent militer en faveur de l'une ou de l'autre solution, qui sont toutes deux cohérentes » (Durkheim, 1967 [1906], p. 59). Car comme le souligne Aron, Kant postule Dieu car à défaut de ce faire, la morale est inintelligible. Durkheim postule une société naturelle et transcendantale pour la même raison (Aron, 1967, p. 393).

En dernière analyse, Durkheim retient de Kant l'idée d'une conciliation entre la contrainte et la liberté dans les termes desquels l'homme a à choisir entre l'empire des forces inintelligentes et aveugles du monde physique et des passions, d'une part, et celui de la raison qui impose la contrainte morale, seule issue à l'exercice d'une liberté réelle, d'autre part :

« L'individu se soumet à la société et cette soumission est la condition de sa libération. Se libérer, pour l'homme, c'est s'affranchir des forces physiques, aveugles, inintelligentes » (1967 [1906], p. 82).

Toutefois, il prend soin d'ajouter sur une note plus rousseauiste :

« Mais il n'y peut arriver qu'en opposant à ces forces une grande puissance intelligente, à l'abri de laquelle il se place : c'est la société. En se mettant à son ombre, il se met, dans une certaine mesure, sous sa dépendance ; mais cette dépendance est libératrice. Il n'y a pas là de contradiction » (*ibid.*).

Tout n'est pas résolu pour autant, à suivre cette logique, si l'on ne perd pas de vue l'attachement de Durkheim à la notion de nature. Celle-ci renvoie au courant de pensée organiciste et à des thèses négatrices de la liberté par le fatalisme qu'elles suggèrent. La liberté n'est-elle pas complètement illusoire lorsqu'elle est entièrement soumise à la contrainte morale, condition d'une société prise elle-même dans l'engrenage d'une évolution naturelle et inéluctable, qui dicte impérativement le sens de la marche de l'humanité, indépendamment de la volonté collective ou sociale ? Durkheim attaque la difficulté en précisant sa position par rapport à l'héritage comtiste.

Il admet, en principe, la position nomologique de Comte, qui postule l'existence de lois naturelles dans les sciences sociales et réduit, par conséquent, à l'effet du hasard ou des accidents de l'histoire, les inventions et autres singularités individuelles qui seraient à la racine de phénomènes sociaux (1987 [1888], pp. 131-132). En revanche, il rejette tout à fait la loi des trois états, qui relève selon lui, de la philosophie de l'histoire. Que la sociologie parte de cette philosophie n'est pas dérangeant et constitue même une étape nécessaire de son développement dans la mesure où cette origine l'affranchit de la métaphysique et la destine à la découverte de lois naturelles et au déterminisme que cette quête implique. Mais cela dit, Durkheim critique « l'intellectualisme outré » de Comte et dans le même élan, les spéculations biologistes de Spencer en qui il voit le successeur immédiat de Comte, parce qu'ils s'en tiennent à la recherche d'une loi susceptible de dominer l'évolution sociale dans son ensemble, « une sorte de clef qui ouvre toutes les serrures » et qui rappelle selon lui la démarche des alchimistes d'autrefois en quête de la pierre philosophale (1975 [1903], t. 1, p. 129). Par conséquent, le déterminisme sociologique auquel il se rallie exclut toute idée de fatalisme et, partant, d'incompatibilité avec le libre arbitre. En effet, la découverte de lois physico-chimiques n'a-t-elle pas permis de mieux maîtriser la nature des choses ? Pourquoi en irait-il autrement dans les sciences sociales :

« Au contraire, c'est la sociologie qui, en découvrant les lois de la réalité sociale, nous permettra de diriger avec plus de réflexion que par le passé l'évolution historique ; car nous ne pouvons changer la nature, morale ou physique, qu'en nous conformant à ses lois. Les progrès de l'art politique suivront ceux de la science sociale, comme les découvertes de la physiologie et de l'anatomie ont aidé au perfectionnement de l'art médical, comme la puissance de l'industrie s'est centuplée depuis que la mécanique et les sciences physico-chimiques ont pris leur essor. Les sciences, en même temps qu'elles proclament la nécessité des choses, nous mettent entre les mains les moyens de la dominer » (...).

« La sociologie n'impose donc nullement à l'homme une attitude passivement conservatrice ; au contraire, elle étend le champ de notre action par cela seul qu'elle étend le champ de notre science. Elle nous détourne seulement des entreprises irréfléchies et stériles, inspirées par la croyance qu'il nous est possible de changer, comme nous voulons, l'ordre social, sans tenir compte des habitudes, des traditions, de la constitution mentale de l'homme et des sociétés » (1987 [1909], pp. 142-143).

On peut comprendre que le chemin de la liberté s'ouvre par une prise de conscience des déterminismes sociaux qui conditionnent l'activité humaine. Cependant, en assimilant ces déterminismes à des phénomènes naturels, on indique par là un empêchement majeur de toute remise en question fondamentale des conditionnements ainsi réputés. N'est-ce pas d'ailleurs un siècle auparavant qu'Adam Smith et, un peu plus tard, son continuateur Jean-Baptiste Say donnaient dans le même travers – comme nous le verrons plus loin – pour justifier la division manufacturière et la division technique du travail ? Bien qu'émiettant le travail de façon inhumaine, ces divisions s'inscrivaient dans une prétendue loi naturelle du progrès de la spécialisation qui en prolonge la division sociale ou professionnelle...

TÖNNIES : LA VOLONTÉ LIBÉRATRICE

Volonté organique et volonté réfléchie

Tönnies mûrit sa réflexion sur la liberté dans son célèbre ouvrage *Communauté et société* (*Gemeinschaft und Gesellschaft*, 1887) dont il reprendra la trame, en quelque sorte plus tard en publiant son *Introduction à la sociologie* (*Einführung in die Soziologie*, 1931)[5]. Il est surtout connu pour les deux grandes formes de sociabilité qu'il oppose dans l'optique d'une loi d'évolution favorisant le passage de l'une vers l'autre, c'est-à-dire de la communauté vers la société. Ces deux notions rappellent analogiquement celles de nation et d'Etat, lesquelles étaient déjà bien ancrées dans la tradition historique et

5. Il reprendra également certains aspects de son explication générale dans son ouvrage intitulé *Kritik der öffentlichen Meinung*(1922) non encore traduit à l'heure actuelle, comme son *Introduction* d'ailleurs, (*cf.*notamment : pp. 18-19 : *Wesenwille und Kürville* et : pp. 117-130 : *Kampf und Freiheit*).

politique allemande. Par contre, on connaît moins bien les deux formes de volonté qu'il retire de cette opposition, c'est-à-dire la volonté organique (*Wesenville*) et la volonté réfléchie (*Kürwille*)[6], ainsi que les deux types de liberté qu'il y fait correspondre.

La volonté organique est réputée naturelle en ce qu'elle exprime des inclinations instinctives comme celles du plaisir et de la spontanéité. Elle est aussi liée aux habitudes et à la mémoire. La résultante de l'hérédité et de la manière dont se développe le potentiel instinctif et les expériences de la vie sociale confère à l'individu sa personnalité. La volonté réfléchie est un produit de la pensée. Selon les termes de l'auteur :

« Elle précède l'activité par rapport à laquelle elle s'exerce, et lui reste extérieure. Alors qu'elle ne possède qu'une existence conceptuelle l'activité se comporte vis-à-vis d'elle comme une réalisation [...]. C'est le *moi* humain dans la mesure où il est dépouillé de toutes ses autres propriétés et considéré comme substance pensante, représentant les suites (vraisemblables ou certaines) d'actions possibles émanant de lui-même et les appréciant dans un résultat final dont l'idée est conservée comme moyen d'estimation... (1977 [1887], pp. 126-127).

L'articulation de l'une à l'autre consiste en la possibilité de la volonté réfléchie d'orienter et de diriger les impulsions de la volonté organique dont elle est cependant issue.

L'idée d'associer volonté et liberté vient immédiatement à l'esprit puisque la notion même de « libre arbitre » nous y conduit directement. On pourrait croire que la liberté envisagée par Tönnies s'accommode uniquement de la volonté réfléchie, comme y fait penser la vieille idée philosophique empruntée à Spinoza et développée par Kant selon laquelle la liberté est raison. La dichotomie entre l'ordre de l'instinct et celui de la réflexion rappelant les catégories kantiennes semble y inviter. Raymond Aron dans l'évocation de la « sociologie allemande » qu'il propose, se rallie à cette façon de voir (1950, p. 21). Or, hésitant ici entre une logique de similitudes qui est proprement analogique et une logique d'identité, Tönnies fait correspondre analogiquement la liberté aux deux catégories de la volonté – et non à la seule volonté réfléchie – pour en distinguer, par conséquent, deux modalités essentielles et conclure finalement à l'équivalence des deux notions, comme on va le constater.

« La volonté humaine ou liberté est tout simplement la nature psychique par laquelle se réalisent les formes de la volonté organique. Ici la liberté n'est rien

6. Littéralement : volonté existentielle et volonté de choix. En ce qui concerne la première expression, le traducteur français a préféré, à juste titre, parler de « volonté organique » plutôt que de « volonté existentielle, essentielle, ou naturelle », pour mieux souligner les racines biologiques de cette forme de volonté conformément à l'intention de l'auteur.

d'autre que la possibilité réelle de la vie et de l'action individuelles en tant qu'elles sont senties et conscientes ; elle est une tendance générale et indéterminée (une activité, une force) qui se précise et se particularise dans ses formes, une possibilité de probabilités déterminées » (*op. cit.*, p. 162). Voilà pour le premier type de liberté. Pour le second : « La substance de la volonté réfléchie est liberté dans la mesure où celle-ci existe dans la pensée du sujet comme une somme de possibilités ou de forces de vouloir et de non-vouloir, de l'action ou de l'inaction. Il s'agit ici de possibilités et de substance idéelle » (*op. cit.*, p. 163).

Liberté réelle, d'un côté, correspondant à la volonté organique pour s'y identifier, liberté idéelle, de l'autre, correspondant à la volonté réfléchie et s'y confondre de même. A partir de ce cadre catégoriel, Tönnies esquisse une théorie de l'action sociale que l'on peut résumer comme suit. En agissant, l'acteur social imite en fait des modèles de comportement que son éducation, ses expériences de la vie et les informations stockées dans sa mémoire lui auront inspirés. Mais s'il imite ou répète l'activité de ses prédécesseurs, il le fait d'une manière qui lui est propre. Toutefois, la liberté qu'il éprouve sur le plan idéel par la gamme de possibilités socialement offertes, pour agir ou s'en abstenir, se réduit dans l'action et s'y épuise. En marquant, en effet, sa préférence pour explorer telle possibilité, il diminue ou se ferme les autres facultés d'agir en sorte que la liberté, qu'elle relève de la volonté organique ou de la volonté réfléchie, devient sa propre négation. Ayant choisi, l'acteur est déterminé par l'objectif qu'il s'est fixé, c'est-à-dire par une volonté de décision qui canalise sa volonté organique : « Par ailleurs son propre maître, il devient en se liant son propre débiteur et son propre domestique » (*op. cit.*, p. 150). D'où le paradoxe de l'affirmation d'un acteur libre qui perd sa liberté, en quelque sorte, en l'objectivant dans l'action, mais qui peut trouver des compensations, le cas échéant, dans le succès de ses entreprises, les profits imprévus et le réveil de potentialités assoupies.

L'articulation des deux types de volonté aux grandes formes de sociabilités

C'est par le recours à une analogie théorique que Tönnies élargit le cadre de son raisonnement en intégrant par le lien des similitudes les types de volonté et, par conséquent, de liberté, dans les deux grands types de sociabilité qu'il propose : la communauté (*Gemeinschaft*) et la société (*Gesellschaft*).

La communauté représente une sociabilité basée sur l'affectivité, la convivialité, les usages, la religion, qui trouvent à s'exprimer dans la famille, les villages, les bourgades, les quartiers des villes. Au contraire, la société représente une sociabilité conventionnelle où chacun est étranger à l'autre, bien que vivant, le cas échéant, dans le cadre d'une densité physique ou géographique très forte, telle que la ville ou la mégapole l'expriment. La régulation n'est plus de type statutaire et convivial mais contractuel et économique. Il en résulte une intellectualisation des rapports sociaux dans le sens de l'abstraction que traduit l'évolution de l'échange par la fiction monétaire du métal ou du papier[7].

On devine ainsi l'analogie qui relie en l'occurrence les types de volonté ou de liberté, d'une part et les types de sociabilité, d'autre part. A la volonté organique articulée autour du plaisir, de l'habitude et de la mémoire et exprimée autrement en termes de liberté réelle, correspond une communauté définie par des rapports sociaux de spontanéité et de convivialité. A la volonté réfléchie articulée autour de la connaissance, la maîtrise ou la domination et la spéculation, autrement exprimée par une liberté idéelle, correspond une société froide et abstraite régie par le calcul économique, le cosmopolitisme et la politique. Le rapprochement ainsi fait relève de l'analogie théorique dans la mesure où dépassant le cadre d'un simple *modus operandi*, il dévoile une communauté et une société fondées sur des rapports sociaux où prévalent respectivement un type de volonté organique ou de liberté réelle et un type de volonté réfléchie ou de liberté idéelle.

Replaçant son schéma dans la dynamique de l'évolution sociale, Tönnies fait succéder à l'accommodement des deux types de liberté dans la communauté, une antinomie dans la perspective historique de l'affaiblissement de la communauté au profit de la société. Il en résulte logiquement une atrophie de la liberté réelle qui s'efface devant une liberté artificielle consacrée par l'égalité abstraite des citoyens et l'exploitation de la classe ouvrière par la classe possédante. En effet, la structure essentielle de la société dominée par l'idéologie capitaliste, se ramène selon lui aux trois actes suivants : achat des forces de travail, emploi de ces forces et, enfin, leur vente sous formes de produits. Selon cette tripartition, le travailleur participe au premier acte d'une manière purement formelle, dans le cadre juridiquement libre du contrat de travail ; au second, il n'y prend part que comme objet ; au troisième, il disparaît puisqu'il n'existe plus « que sous la forme de sa valeur pour ainsi dire » (*op. cit.*, pp. 118-119).

Si l'échange, tel qu'il est pratiqué dans les communautés (ou les sociétés traditionnelles) est la manifestation d'une volonté libre, il contribue à ôter la liberté réelle au travailleur devenu ouvrier dans l'économie monétaire de la société industrielle. N'y subsiste, dès lors, qu'une liberté idéelle de domination et de spéculation, apanage de la classe possédante.

7. Weber, se référant explicitement à Tönnies, s'inspirera de ces sociabilités, quoique dans un sens moins spécifique, en distinguant la *Vergemeinschaftung* de la *Vergesellschaftung* (1971 [1922], t. 1, pp. 41-43).

CONCLUSION

Publié une vingtaine d'années après *Le Capital*, l'ouvrage fondamental de Tönnies évoque, entre autres, les thèmes marxistes de la réification et de l'aliénation du travailleur, que nous rencontrerons plus loin, à point nommé. Ce n'est pas dans ces considérations qu'il faut voir l'aspect le plus original de la pensée tönissienne qui débouche d'ailleurs sur la dénonciation d'une société froide et quasi inhumaine. Dans des termes moins chargés de valeur et plus nuancés, Simmel et Weber rejoignent en quelque sorte des considérations qui perçoivent l'évolution sociétale dans le sens d'une intellectualisation et donc d'une abstraction croissante des mécanismes sociaux et économiques, notamment à travers une institutionnalisation bureaucratique de plus en plus envahissante, protégeant certes contre l'arbitraire mais génératrice d'un « désenchantement ». La rationalisation bureaucratique wébérienne rappelle singulièrement la volonté réfléchie et la société conventionnelle. La régulation des échanges dans l'abstraction monétaire rappelle la *Philosophie de l'argent* (1987 [1900] de Simmel et l'anonymat collectif issu du gigantisme urbain évoque le même auteur dans les analyses qu'il développe dans *Die Gross-städte und das Geistesleben* (1903)[8].

L'apport le plus original de Tönnies, nous semble-t-il, vient de sa conception de l'action sociale à travers des réflexions sur la volonté et la liberté. On critiquera, certes, son évolutionnisme reposant sur des bases biologiques et psychologiques très contestables à la faveur duquel il cultive l'analogie entre les types de volonté et de liberté, d'une part, et les formes de sociabilité, d'autre part. Réserves faites de ces faiblesses, on y trouve l'esquisse d'une théorie de l'action sociale intéressante à laquelle Weber donnera une forme plus élaborée. Au surplus, Tönnies dévoile, ce faisant, la possibilité d'un engagement de la démarche sociologique dans une perspective individualiste qui ne nie pas l'existence de déterminations sociales comme le rappelle sa métaphore de la goutte d'eau :

« Liberté et volonté sont la même chose. Mais chaque volition, comme chaque mouvement, est nécessaire dans la mesure où elle est contenue dans la nature des choses, libre dans la mesure où elle a pour sujet un corps particulier ou un organisme individuel. C'est ainsi que le mouvement de la goutte d'eau, qui tombant sur la pierre semble chercher son chemin sur la pente, et le trouve dans la ligne de moindre résistance ou dans le courant le plus fort, est à la fois un mouvement libre et nécessaire : libre en tant que chacune de ses positions et

8. Traduit sous des titres différents dans les éditions françaises : « Les grandes villes et la vie de l'esprit » ou encore « Métropoles et mentalité » dans l'édition que nous retiendrons.

directions est déterminée par sa force propre et chacun de ses moments, nécessaire en tant qu'il est déterminé par des forces et des moments étrangers. De même les mouvements hautement intellectuels et raisonnables des hommes sont explicables en partie par leur propre volonté, en partie par la pression des circonstances ; et, dans la mesure où elle est subordonnée à celles-ci, la volonté n'est pas libre, elle est contrainte. On suppose ici comme une vérité logique et *a priori*, que, dans ce sens, rien, ni un objet ou sa constitution, ni aucune forme de la volonté organique ou réfléchie, ni aucun mouvement ou acte volontaire, ne puisse être dit libre comme s'il était entièrement indépendant à chaque instant de la perfection de ses conditions intérieures et extérieures » (*op. cit.*, p. 179).

Cette façon d'envisager le jeu entre la liberté et les déterminations sociales annonce le paradigme actionniste.

3

Actionnisme et liberté

SIMMEL : LA LIBERTÉ DANS L'ACTION RÉCIPROQUE

Introduction

« Les problèmes les plus profonds de la vie moderne prennent leur source dans la prétention de l'individu à affirmer l'autonomie et la spécificité de son existence face aux excès de pouvoir de la société, de l'héritage historique, de la culture et de la technique venue de l'extérieur de la vie, figure ultime du combat contre la nature que l'homme primitif doit mener pour son existence physique » (1989 [1903], p. 233).

Cette citation liminaire qui introduit le remarquable essai de Simmel sur la ville résume bien l'idée centrale qui sous-tend sa conception de la sociologie : c'est-à-dire la lutte incessante entre l'individu, soucieux de préserver sa liberté en face des forces sociales de plus en plus écrasantes qui morcellent sa personnalité, à la faveur d'une institutionnalisation croissante des rapports sociaux. Son propos fondamental s'exprime à travers une diversité de textes qui traduit, certes, une vaste culture, tout en donnant aussi l'impression d'un certain dilettantisme. Qu'on en juge : ce touche-à-tout abordait aussi bien des sujets consistants tels que la philosophie de l'histoire, l'argent, les religions, les conflits, la ville moderne, que des thèmes beaucoup plus anodins ou inattendus tels que la mode, la coquetterie, la parure, l'échange épistolaire, l'aventure, l'étranger. Cette dispersion thématique et la richesse des approches qu'elle engendrait contribuent à expliquer que tout sociologue, à quelque courant d'idées qu'il appartienne, peut prétendre être de son bord. On voit en Simmel l'un des pères fondateurs de la psychologie sociale ; on l'associe également au courant de la théorie critique de l'école de Francfort ; les sociologues de la vie quotidienne se réclament de sa pensée.

Le dilettantisme supposé de Simmel n'est pas sans rappeler l'éclectisme d'un de ses lecteurs les plus attentifs, Max Weber, qui embrasse des questions touchant à la sociologie des religions, du droit, de la science, de la politique, de l'histoire, mais aussi de l'art et de la musique en particulier. Derrière une telle diversité se cache la cohérence du thème unificateur de la rationalisation. De même, on peut raisonnablement soutenir, à propos de Simmel, d'une part, que la liberté individuelle et les types de réponses de l'acteur social aux systèmes de contraintes et d'obligations, s'inscrit au coeur de sa problématique et, d'autre part, qu'il s'en dégage jusque dans le détour des digressions où il semble s'égarer, une unité et une cohérence dans la conduite de sa réflexion. C'est, du moins, ce que nous allons tenter de démontrer en nous aidant non seulement des textes que cet auteur consacre exclusivement au thème de la liberté, mais aussi en revoyant sa conception fondamentale de la sociologie dans la perspective de ce nouvel éclairage.

L'ambiguïté de la sociologie « formelle »

Le nom de Simmel est notamment attaché à une sociologie qualifiée de « formelle ». Il la définit dans ses *Questions fondamentales de la sociologie* (*Grundfragen der Soziologie*) dans les termes que voici :

« (...) Pour avoir un sens défini, la sociologie doit chercher ses problèmes, non dans la matière de la vie sociale, mais dans sa forme ; et c'est cette forme qui donne leur caractère social à tous ces faits dont s'occupent les sciences particulières. C'est sur cette considération abstraite des formes sociales que repose tout le droit que la sociologie a d'exister ; c'est ainsi que la géométrie doit son existence à la possibilité d'abstraire, des choses matérielles, leurs formes spatiales, et la linguistique la sienne, à la possibilité d'isoler, des pensées qu'expriment les hommes, la forme même de l'expression. Les formes qu'affectent les groupes d'hommes unis pour vivre les uns à côté des autres, ou les uns pour les autres, ou les uns avec les autres, voilà donc le domaine de la sociologie. Quant aux fins économiques, religieuses, politiques, etc., en vue desquelles ces associations prennent naissance, c'est à d'autres sciences qu'il appartient d'en parler » (1981 [1896-1897], p. 172).

Durkheim appréciait particulièrement « cet effort remarquable par son excès, pour tracer les limites du domaine de la sociologie » et, poursuivant son commentaire, il ajoute : « Dans cet ensemble qu'on appelle ordinairement une société, il existe deux sortes d'éléments qui demandent à être distingués avec soin : il y a le contenu, c'est-à-dire les différents phénomènes qui se produisent entre les individus associés, et il y a le contenant, c'est-à-dire l'association même au sein de laquelle on observe ces phénomènes. L'association est la seule chose véritablement sociale, et la sociologie est la science de l'association *in abstracto* » (1975 [1900], t. 1, p. 15).

Ainsi interprétée, la sociologie formelle s'installe dans la problématique d'un déterminisme social très prononcé à l'intérieur duquel l'individu s'efface devant les formes de sociabilité. Or une telle appropriation ne correspond guère à la volonté du sociologue allemand, d'autant qu'ainsi enfermée, la thématique de la liberté y serait moins à l'aise que dans une perspective actionniste. Il faut bien reconnaître cependant que l'analogie qu'il propose pour comparer sa discipline à la géométrie est susceptible d'induire en erreur. Pour bien saisir la portée de cette analogie, il nous faut revenir sur le sens de la distinction entre la forme et le contenu.

Les faits sociaux sont constitués au départ, par des « actions réciproques » (*Weckselwirkung*), qu'elles soient, au demeurant, conflictuelles ou collaborantes. Ces actions elles-mêmes s'inscrivent dans un cadre social prédéterminé ou nouveau, durable ou éphémère : famille, club, entreprise, excursion, voyage, etc. Les actions réciproques qui s'y déroulent peuvent être impulsées par des sentiments ou des états d'âme très divers : la haine, l'envie, la jalousie, l'amitié, la compassion, la sympathie, l'humeur, les irritations, « la lumière ou l'obscurité de sa vie privée ». Les formes visées par Simmel ne concernent pas seulement le cadre des actions réciproques mais ces actions elles-mêmes en tant qu'elles les génèrent, indépendamment des contenus qui visent les mobiles et les impulsions profondes des individus. Il est donc possible, par un effort d'abstraction méthodologique, de séparer les formes, d'une part, des contenus, d'autre part, qui peuvent, en dernière analyse, en expliquer les soubassements instinctifs ou affectifs. Il revient, par conséquent, à la sociologie, de s'intéresser aux formes sociales, c'est-à-dire, répétons-le, aux actions et aux cadres sociaux préexistants ou créés à leurs initiatives ; tandis qu'il revient à d'autres sciences humaines, telle la psychologie, de s'intéresser aux contenus, qui, bien entendu, dans la réalité concrète, ne font qu'un avec les formes Il en résulte que la sociologie ne limite pas ses investigations aux seuls cadres de sociabilité, tels les types d'organisation comme la famille, les clubs, les entreprises, les partis politiques, mais elle les étend aux types de divisions du travail, de communication, de valeurs, de conflits que les actions réciproques suscitent. Ayant ainsi étudié le conflit comme tel dans le contexte des relations susceptibles de se nouer dans n'importe quel type d'organisation, il en dégage les possibilités d'action selon lesquelles on cherche à créer des difficultés ou des dommages, à se neutraliser, à s'éliminer, à liquider des tensions, quelles que soient leurs origines (à moins que celles-ci ne trouvent leur source dans la structure organisationnelle elle-même), à se concilier à la faveur du compromis, etc. (Simmel, 1903-1904). En définitive, la forme est donc dotée d'une plasticité à la faveur de laquelle l'action réciproque qui la fonde ne cesse de la modifier par le jeu de forces sociales associatives ou conflictuelles.

Il faut dire que les difficultés de traduction conjuguées à la méprise sur la portée d'une analogie ont contribué à obscurcir l'intelligence du texte simmélien. En effet, l'expression de « sociologie formelle », traduction littérale de « formale soziologie » tendrait à faire prévaloir la conception d'une sociologie formaliste se désintéressant des acteurs sociaux eux-mêmes. Mais le vocabulaire allemand possède trois termes à connotations différentes pour désigner le mot français : *formal, formell* et *förmlich*. D'où le souci de certains sociologues *interprètes* de Simmel, de recourir à des néologismes (« formiste » chez Maffesoli (1985, pp. 19-20) et « formale » chez Freund (1981, p. 49). Au surplus, le recours à l'analogie n'est pas exempt de pièges dans la mesure où celle-ci engendre des confusions de niveaux d'interprétation. Dans une très substantielle présentation de textes de Simmel, Freund dénonce le malentendu que la comparaison induit en la qualifiant tantôt de paradigme (1981, p. 51), tantôt d'illustration (*op. cit.*, p. 52). C'est plutôt cette dernière interprétation qui nous semble la plus adéquate. Dans notre terminologie, la comparaison géométrique ressortit, non pas à l'analogie méthodologique, mais à l'analogie discursive ou, si l'on préfère, à la simple métaphore. En effet, comme le démontre Freund, la sociologie n'est pas une géométrie sociale parce que la discipline mathématique n'est pas soumise aux variations historiques des formes et obéit, par conséquent, à une logique étrangère à celle des formes de sociabilité (1981, p. 51).

On comprend, dès lors, la distance que Durkheim a prise à l'égard d'une sociologie trop individualiste à son gré et suspectée de psychologisme. Au surplus, contrairement à Durkheim et à une solide tradition fonctionnaliste qui considérait le conflit comme une manifestation exogène et nuisible à l'intégration sociale, Simmel le réintroduit en tant que partie intégrante de l'action réciproque et annonce ainsi la problématique du *conflit intégrateur* que Coser développera à partir de ce nouveau statut (1982 [1965]).

Cette mise au point sur le sens des formes et des contenus nous permet, à présent, d'aborder celui de la liberté humaine dans une conception de l'analyse sociologique ainsi comprise.

La liberté dans l'action sociale réciproque

On a vu que les actions réciproques ne relèvent pas des contenus mais des formes de sociabilité. L'action réciproque ou, si l'on préfère, l'interaction n'est possible qu'en admettant, selon la maxime kantienne avalisée par Simmel qu'« il revient à chacun une quantité de liberté susceptible de cohabiter avec la liberté de tout autre être » (1991 [1894], p. 127). Autrement dit, le droit à la liberté de quiconque est nécessairement limité par le droit égal des autres à pouvoir en bénéficier. La cohabitation dans l'action réciproque peut aussi bien s'exprimer en termes de collaboration qu'en termes de conflit. Celui-ci, partie intégrante de l'interaction, se révèle comme une expression de la liberté dans la mesure où chacun s'efforce de s'affirmer dans la relation sociale (*cf.* Mironesco, 1982, p. 39).

Toutefois, l'action réciproque, chez Simmel, qu'elle soit de type conflictuel ou de type coopératif, est bien une condition indispensable de la forme mais ne suffit pas à épuiser cette réalité. Elle contribue à lui donner une configuration sociale susceptible de persister indépendamment d'elle-même. Il en résulte que la forme finit par s'objectiver en devenant extérieure à l'action réciproque qui la fonde, tout comme l'oeuvre artistique qui, une fois créée, échappe à son auteur pour mener sa propre vie. La forme traduit ainsi la liberté en tendant le miroir des potentialités créatrices de l'acteur social, mais devient en même temps la négation de cette liberté par l'extériorité et l'indépendance qu'elle acquiert par rapport à l'action réciproque qui la génère.

En imaginant de nouvelles formes de sociabilité mieux accordées aux nouvelles valeurs ou aux modifications de l'environnement, l'acteur social prétend à la liberté grâce au registre de ses possibilités innovatrices. Mais en s'inscrivant nécessairement dans la forme, puisque l'action réciproque a besoin de ce support pour s'y exercer, l'individu se soumet à des obligations ou à des règles du jeu qui limitent sa liberté quand elles ne la contredisent pas. Néanmoins, la liberté ne réside pas seulement dans la faculté de créer de nouvelles formes qui aboutit, en fin de compte, à la nier ; dans le contexte contraignant de la forme, l'action a la possibilité au moins théorique de pouvoir s'évader ou de changer de cadre pour trouver à nouveau, bien entendu, un autre système d'obligations. Lisons à ce sujet un extrait très psychologisant de Simmel :

« On peut présenter l'évolution de toute destinée humaine telle une alternance régulière d'attachements et de détachements, d'obligations et de libérations. Cette première approximation dessine toutefois une coupure nette, qui s'atténue dès qu'on y regarde de plus près. En effet, ce que nous éprouvons comme de la liberté n'est souvent en réalité qu'un changement d'obligation ; au moment où, à la place de celle qu'on assumait jusqu'alors, vient s'en glisser une nouvelle, nous ressentons, avant tout, la disparition de la pression antérieure ; et parce que nous en sommes libérés, nous nous sentons en premier lieu absolument libres ; mais la nouvelle obligation – que nous assumons d'abord avec une musculature jusqu'alors épargnée, donc particulièrement vigoureuse – commence à faire sentir son poids à mesure que vient la fatigue, et désormais le processus de libération s'applique à elle comme il avait précédemment débouché sur elle. Ce schéma ne se vérifie pas quantitativement de la même façon avec tous nos attachements : il en est qui font alliance plus longue, plus intense, plus consciente que d'autres avec cet air de liberté » (1987 [1900], p. 345).

La liberté ou plutôt le sentiment que nous en éprouvons ne tient pas à cette seule possibilité théorique de changement ; elle tient aussi à l'action qui vise à multiplier ses réseaux d'appartenance. Ce faisant, l'acteur social multiple certes ses allégeances mais du même coup, affirme son individualité et donc sa liberté dans la mesure où cette opération diminue les possibilités des autres acteurs de présenter une combinaison d'appartenance du même type (Simmel, 1903-1904 ; Mironesco, 1982, pp. 37-39).

Les sociologies particulières de Simmel rendent compte également de la dialectique fondamentale de la liberté et de l'obligation. L'exemple de la ville et de son évolution sont significatifs à plus d'un égard parce que l'analyse qu'il y consacre est l'un des textes fondateurs de la sociologie urbaine et, qu'au surplus, viennent s'y greffer des considérations intéressantes, qu'il a développées par ailleurs, sur l'argent et sur la mode, par exemple.

Les effets de l'objectivation de la culture dans la ville

L'évolution urbaine vers le gigantisme des mégapoles fournit à Simmel l'occasion de développer un raisonnement sur l'antinomie permanente entre les forces sociales de plus en plus écrasantes qui se cristallisent dans les formes, d'une part, et la vie des actions sociales qui, tout en participant à la création de ces formes, réagissent à leur emprise en cherchant des types de réponses originales pour y préserver un espace d'autonomie, d'autre part.

La grande ville moderne se caractérise par une intellectualisation qui se traduit notamment par l'abstraction des moyens monétaires (nous y reviendrons), par une division du travail poussée à l'extrême à travers de nombreuses spécialisations professionnelles et, d'une manière plus générale, par l'anonymat des relations sociales qui s'y nouent. Ce vaste courant est favorisé par la multiplication des instances bureaucratiques censées aider l'individu, non seulement dans le cadre des démarches que sa qualité de citoyen oblige à accomplir, mais aussi dans le cadre des occupations visant à meubler ses loisirs et à enrichir sa culture. En sorte que cette intellectualisation aboutit à transformer ce que Simmel appelle la culture subjective de l'individu en une culture objective :

« L'individu est de moins en moins apte à se mesurer à l'envahissement de la culture objective. Peut-être moins consciemment que dans la pratique et dans les sentiments collectifs obscurs qui s'y enracinent, il est réduit à être *quantité négligeable*, un grain de poussière face à une organisation démesurée de choses et de forces qui lui ravissent totalement tous les progrès, toutes les valeurs spirituelles et les valeurs morales, et le conduisent de la forme de la vie subjective à celle d'une vie purement objective. Il suffit d'indiquer que les grandes villes sont en propre le théâtre de cette culture qui dépasse tout ce qui est personnel. Les bâtiments et les établissements d'enseignement, le miracle et le confort de la technique qui dominent l'espace, les formes de la vie sociale et les institutions visibles de l'Etat présentent une richesse si proliférante d'un esprit cristallisé et devenu impersonnel que la personnalité ne peut pour ainsi dire plus lui faire face. D'un côté la vie lui est rendue infiniment facile : sollicitations, intérêts et moyens d'occuper son temps et sa conscience s'offrent à elle de tous côtés et la portent comme dans un courant dans lequel il n'y a même pas besoin de faire des mouvements pour nager. Mais de l'autre côté, la vie se compose pourtant de plus en plus de ces contenus et de ces sollicitations impersonnels qui veulent refouler la coloration et le caractère incomparable de personnes spécifiques... » (1989 [1900], p. 250).

Des textes aussi significatifs que l'extrait précédent ont conduit certains de ses lecteurs à y voir une sociologie de l'aliénation. C'est précisément dans un chapitre intitulé *L'aliénation* que Nisbet, par exemple, rencontre Simmel dans son ouvrage intitulé *La tradition sociologique* (1984 [1966]) en y développant le thème de la tyrannie de l'objectivisme à partir précisément du même texte sur la ville. C'est faire bon marché, à notre avis, du thème de la liberté qui intervient dans la mise en oeuvre d'une dialectique mettant en jeu l'objectivation des rapports sociaux et les types de réponses ou d'adaptation forgés dans un tel climat, à savoir notamment : la *réserve*, la *singularité* et les *allégeances croisées*.

L'attitude de *réserve* des habitants de la grande ville permettant à tout un chacun de garder ses distances vis-à-vis d'autrui peut exprimer une indifférence qui serait une contre-nature pour l'animal social que nous sommes. Indifférence qui nous conduit à ignorer jusqu'à notre voisin de palier des années durant. Mais, au fond, il faut bien admettre que si la rencontre permanente d'un nombre incalculable d'individus dans l'espace urbain devait entraîner des réactions identiques à celles qui ont cours dans le village ou le bourg, où tout le monde se connaît pour ainsi dire, elle engendrerait une espèce d'atomisation intérieure de l'individu qui le rendrait aliéné. Au contraire, la réserve peut constituer très paradoxalement une des formes élémentaires de la socialisation génératrice d'un espace de liberté :

« Elle accorde effectivement à l'individu, écrit Simmel, une liberté personnelle d'une espèce et d'une quantité dont il n'y a pas du tout d'analogues dans les autres rapports sociaux » (1989 [1903], p. 243). Et plus loin : « Comme à l'époque féodale l'homme "libre" était celui qui était soumis au droit commun, c'est-à-dire au droit du cercle social le plus grand, tandis que n'était pas libre celui qui ne tirait son droit que du cercle étroit d'une union féodale, à l'exclusion du droit commun – ainsi, aujourd'hui, en un sens spiritualisé et affiné, l'habitant de la grande ville est "libre" par opposition aux mesquineries et aux préjugés qui mettent à l'étroit l'habitant de la petite ville. Car la réserve et l'indifférence réciproques, conditions de la vie spirituelle dans les grands cercles, sont ressenties dans leur succès pour l'indépendance de l'individu avec plus de force dans la foule la plus dense de la grande ville, parce que la proximité corporelle et l'exiguïté rendent justement visible la distance spirituelle » (*op. cit.*, p. 245).

Dans ses *Digressions sur l'étranger* (1984 [1908], qui prolongent, en quelque sorte, ses considérations sur la ville, Simmel ne va pas jusqu'à nier le caractère solitaire et aliénant de la condition urbaine mais ce caractère est le revers de la liberté, et la tyrannie de l'objectivisme qui résonne dans l'interprétation de Nisbet ne fait pas tout à fait justice à la pensée de Simmel, lequel dit encore à ce sujet :

« On peut tout aussi bien définir l'objectivisme comme liberté. L'homme objectif n'est retenu par aucune espèce d'engagement susceptible de le faire préjuger de ce qu'il perçoit, de ce qu'il comprend ou de son évaluation du donné » (1984 [1908], p. 56).

Dans l'analyse des réseaux sociaux qu'ils proposent, Degenne et Forsé reprennent et soulignent cet aspect d'une possible liberté dans l'impersonnalisation des rapports :

« La ville procure donc de la liberté. Chacun, libre de *passer* "d'un milieu moral à un autre", peut arbitrer entre différents codes normatifs et y trouver le fondement de son autonomie. Le caractère formel et superficiel des relations interpersonnelles est aussi un facteur d'autonomie. L'interdépendance étroite entre les personnes est remplacée par l'usage de relations codifiées, formelles, qui n'engagent pas la personne » (1994, p. 64).

Outre la "réserve", Simmel évoque la "singularité" comme manière de réagir à l'anonymat que l'objectivisme engendre par l'urbanisation et, partant, comme expression libre du comportement. Contraint, en effet, de ne pas perdre son identité dans une vie déshumanisante, l'individu a la ressource d'extérioriser de la singularité non seulement pour se faire entendre des autres mais aussi de soi-même :

« Là où la progression quantitative de l'importance et de l'énergie atteint sa limite, on a recours à la particularisation qualitative pour obtenir à son avantage, par l'excitation de la sensibilité aux différences, la conscience du cercle social d'une façon ou d'une autre : ce qui conduit finalement aux bizarreries les plus systématiques, aux extravagances spécifiques de la grande ville, excentricité, caprice, préciosité, dont le sens ne se trouve pas dans les contenus d'un tel comportement, mais seulement dans la forme qui consiste à être autrement, à se distinguer, et par là à se faire remarquer – unique moyen finalement pour beaucoup de natures de gagner en passant dans la conscience des autres une certaine estime de soi-même et la conscience d'occuper une place » (1989 [1903], pp. 248-249). C'est à partir de ces considérations que Simmel publiera en 1911 un texte intéressant sur la mode considérée dans la dialectique de la singularité et de la conformité sociale »[1].

Il n'y a pas lieu de s'étendre sur le thème des « allégeances croisées » et les entre-croisements de statuts que ces relations autorisent (*cf.* Mironesco, 1982, pp. 37-42), puisque ce thème a déjà été examiné dans le contexte de la

1. *Cf. infra*, chap. 10.

sociologie formelle. Ajoutons seulement que la ville moderne favorise bien entendu la multiplication des cercles sociaux et des affiliations diverses qui en découlent. Ces appartenances plurielles, loin de nier la liberté, permettent à l'individu de devenir membre d'autant de cercles qu'il choisit, quoique ces choix ne soient pas nécessairement le fruit du hasard.

En conclusion des deux points qui précèdent, tout individu, par la singularité qu'il peut signifier et les appartenances multiples auxquelles il adhère, exprime sa liberté en niant son interchangeabilité :

« Que nous suivions notre nature propre – et c'est là la liberté – devient tout à fait évident et convaincant pour nous et pour les autres dès que les expressions de cette nature se distinguent de celles des autres ; c'est seulement le fait de ne pas être interchangeable avec autrui qui prouve que notre manière de vivre n'est pas contrainte par autrui » (Simmel, 1989 [1903], p. 247).

Enfin, les grandes villes ont été de tous temps le siège de l'économie monétaire. A partir de cette constatation, Simmel reprend en synthèse dans son texte sur la ville des considérations qu'il a développées par ailleurs dans un gros volume consacré à *La philosophie de l'argent* (1987 [1900]), et plus précisément au chapitre IV dudit ouvrage intitulé *La liberté individuelle*. L'impersonnalité des échanges que traduit l'abstraction monétaire du métal et du papier – que Tönnies avait déjà soulignée dans la sociabilité froide de la *Gesellschaft* – débouche chez Simmel sur une vision moins pessimiste de l'évolution sociale. La modernité a bien pour effet de transformer une culture subjective où les rapports sociaux se traduisent en liens personnels d'allégeance, en une culture objective où ces relations deviennent plus impersonnelles, notamment par la médiatisation de l'argent.

« Si la liberté c'est avant tout l'indépendance par rapport à la volonté d'autres personnes, écrit-il, elle commence par l'indépendance par rapport à la volonté d'autres personnes bien *déterminées* (...). Indépendant, au sens positif du terme, est l'homme des grandes villes modernes : ayant besoin, certes, d'innombrables fournisseurs, travailleurs et collaborateurs, sans lesquels il serait tout à fait désemparé, il est avec eux cependant uniquement dans un lien absolument objectif et médiatisé par l'argent, de sorte qu'il ne dépend pas d'un quelconque particulier en tant que personne déterminée, mais seulement de la prestation objective, exprimée en valeur monétaire, qui, en tant que telle, peut être fournie par telle ou telle personnalité, quelle qu'elle soit (1987 [1900], p. 369 ; *cf.* aussi : 1984 [1903], pp. 63-64).

Il en résulte que cette libération de liens personnels et, par conséquent, de dépendance, a permis à l'individu de diversifier ses relations, dans le cadre des appartenances multiples à des cercles sociaux auxquels nous faisions allusion. Il n'en demeure pas moins que si l'argent représente un pouvoir libérateur, il contribue également au nivellement sociétal par l'objectivation de l'échange qu'il favorise et l'équivalence des objets ou des valeurs les plus divers qu'il permet de mesurer à son aune. D'où résulte le refus de l'individu de se laisser noyer dans l'uniformité de cette médiocrité par les « réserves de subjectivité » qu'il se ménage, ce qui nous renvoie au thème fondamental de la lutte et de la résistance de l'homme contre des appareils sociaux de plus en plus accaparants et contraignants.

Conclusion

La liberté apparaît jusqu'ici, à travers la sociologie de Simmel, comme la traduction sociale d'une aspiration fondamentale de la nature humaine et, par là, chargée de connotations positives. Les considérations que nous avons évoquées n'épuisent pas tous les textes que le sociologue allemand consacre exclusivement à ce thème capital, pour en montrer parfois les côtés négatifs. Dans une étude intitulée *L'individu et la liberté* (*Das Individuum und die Freiheit*, 1989 [*op. posth.* 1957]), il souligne toute l'ambiguïté de cette faculté. Rejoignant la problématique de Tocqueville, davantage dans un cadre de sciences politiques que de sociologie, il rend compte de la difficile cohabitation de la liberté et de l'égalité sociale. D'une part, l'affranchissement d'une ancienne domination peut conduire à une nouvelle situation rappelant l'ancienne. L'histoire regorge d'exemples où l'adage « il n'est de pire maître que l'ancien esclave » trouve à s'appliquer. Par ailleurs, l'égalité théorique des citoyens, corollaire de la liberté, encourage tout un chacun à ne pas se satisfaire de sa position sociale et, au nom de cette même liberté, ambitionne de devenir d'abord l'égal du pouvoir dominant pour le dépasser ensuite (*cf.* à ce sujet : Nisbet, 1984 [1966], p. 217 ; Aron, 1967, p. 227). C'est bien là une autre façon de rendre compte de la lutte incessante de l'homme pour la liberté, face aux forces sociales écrasantes et qui renvoie, en dernière analyse, à la philosophie.

On peut se demander, en effet, si cette antinomie constante entre les formes et la vie, entre la contrainte et la liberté ne traduirait pas l'influence contrastée de deux philosophes souvent cités par Simmel, à savoir Hegel et Kant. Le premier considérait en effet l'aliénation de l'homme comme inscrite dans sa nature agissante : « dans le penser, Je *suis libre*, parce que je ne suis pas dans un autre mais demeure purement et simplement près de moi-même » (Hegel, 1993 [1807], p. 229) ; mais du seul fait de l'*effectivité* de la pensée ou – dit plus simplement – de sa traduction en acte, l'esprit s'aliène nécessairement puisqu'il en perd la maîtrise (*op. cit.*, p. 443). Le second, moins pessimiste, voyait, comme on l'a vu, la liberté inscrite dans cette même nature humaine par la raison qui peut en maîtriser les impulsions (Kant, 1965 [1788], pp. 132-159). Or, si Simmel enregistre incontestablement le thème de l'aliénation, il retient davantage le rationalisme hégélien dans la mesure où toutes ses sociologies particulières et tous les domaines d'apparence anodine comme la parure, la coquetterie, l'échange épistolaire sont pour lui autant de sujets justiciables d'une analyse rationnelle. Quant à l'influence incontestable de Kant, elle mérite d'être nuancée. En effet, la liberté pour Kant, est définie, rappelons-le, comme l'indépendance de l'esprit à l'endroit des inclinations de nos désirs. Pour Simmel, c'est là un cas particulier de l'idéal de cette valeur :

« La sensibilité, écrit-il, elle aussi est "libre" lorsqu'elle ne se trouve plus reliée aux normes de la raison, ni donc ligotée par celle-ci ; et de même la pensée, lorsqu'elle obéit à ses seules motivations intérieures et rompt avec les sentiments et volitions qui tentent de l'entraîner sur une autre voie. Ainsi pourra-t-on définir la liberté, en ce sens, comme une division interne du travail, comme une émancipation et une différenciation réciproques des pulsions, des intérêts, des facultés. L'homme est libre en tant que tout, au sein duquel chaque énergie particulière se développe et s'accomplit en conformité exclusive avec ses buts et ses normes propres » (1987 [1900], p. 386).

Cette façon de considérer la liberté s'affranchit d'une certaine philosophie rationaliste et, en particulier, de l'idéalisme kantien. Elle débouche sur une conception plus sociologique de la notion en nous renvoyant au paradigme de la sociologie formelle et plus précisément au concept d'action réciproque, en ce qu'elle constitue l'acte générateur de la *forme* sociale et lui donne toute sa plasticité. La liberté individuelle n'est pas, pour Simmel, « la pure disposition interne d'un sujet isolé, mais un phénomène de corrélation, qui perd son sens s'il n'y a pas de partenaire » (*op. cit.*, p. 366). Ainsi, lorsque l'individu a non seulement la possibilité théorique de changer de système d'obligations mais entreprend effectivement de le faire, « la même forme relationnelle entre engagement et liberté se continue à l'intérieur de l'engagement particulier » (*op. cit.*, p. 367). Ce n'est pas l'obligation comme telle qui s'oppose à la liberté mais l'engagement envers une personne déterminée.

Dès lors, si la pensée de Simmel ne rompt pas avec la philosophie, elle s'en éloigne tout d'abord lorsqu'on y réduit la liberté à un sentiment purement illusoire ou lorsqu'on n'y voit que de simples possibilités théoriques d'agir. Mais ensuite et surtout, Simmel va chercher dans la socialité les ressorts de la liberté et des sentiments qui l'expriment tout en la rapportant, même à travers les méandres des sujets les plus anodins, à une vision du monde.

« La dialectique fondamentale de la détermination sociale, qui n'est pas nécessairement négative mais qui peut revêtir des formes très contraignantes, d'une part, et la réponse de l'individu exploitant dans des sens les plus divers les possibilités de choix que l'action réciproque lui ménage, d'autre part, tisse la trame de l'existence humaine et fait de nous les aventuriers de la terre » (1989 [1922], p. 325).

WEBER : LA LIBERTÉ RATIONNELLE

Introduction

Weber, comme Simmel d'ailleurs, se forge une conception de la sociologie détachée de l'organicisme, et des perspectives déterministes que ce modèle de pensée, emprunté aux sciences naturelles, a dégagées, en plaçant l'individu au coeur de sa problématique. Si Simmel insiste davantage sur l'interaction comme fait social fondamental, lorsqu'il considère l'action réciproque en tant qu'acte fondateur de la forme sociale, Weber s'intéresse à l'acteur lui-même et aux significations dont celui-ci investit son action. Sociologie *formelle*, d'une part, sociologie *compréhensive*, d'autre part. Cette différence ne justifie pas, à notre avis, qu'il faille opposer radicalement un paradigme interactionniste à un paradigme actionniste. Dans le cas wébérien, en effet, l'action – et c'est ce qui fait sa dimension sociale – suppose que la signification que l'individu y attache tient nécessairement compte des attentes et des actions d'autrui lesquelles sont toujours susceptibles d'en affecter le cours. En sorte que dans la sociologie compréhensive définie par Weber, la subjectivité de l'acteur finit toujours par s'interpréter en une intersubjectivité, compte tenu des intentions des acteurs, de leur jeu et des ajustements ou réajustements de l'action dans cette conjoncture de socialité.

Par contre – et ceci nous amène plus directement à notre sujet – si Simmel est très disert sur le chapitre de la liberté, Weber, qui était pourtant l'un de ses lecteurs les plus attentifs, n'y consacre explicitement que de rares réflexions. Le principal développement qu'il s'autorise en la matière est consigné dans des considérations incidentes qu'il formule à propos de la philosophie de l'histoire. Cependant, celles-ci se révèlent particulièrement pertinentes pour notre propos dans la mesure où elles renvoient à la définition de l'action et de la relation sociale qui se trouve être à la base de la sociologie telle qu'il la conçoit. Ce rapport donne, par conséquent, à cette réflexion un statut privilégié que nous allons exploiter. Si Weber est très discret sur le chapitre de liberté, c'est sans doute parce qu'il jugeait comme allant de soi le postulat qui la fonde en raison de son point de vue individualiste et plus particulièrement d'une conception de l'action sociale ménageant à l'individu de multiples possibilités d'agir.

Pour la commodité de l'exposé, nous partons de la réflexion la plus explicite et la plus importante sur le thème qui nous occupe, pour en tirer dans la suite les conséquences du point de vue de l'action sociale telle qu'elle est définie dans la célèbre typologie inaugurant son traité *Economie et Société* (1971 [1922]).

Liberté et rationalité

« Ce qu'il y a d'erroné, écrit en substance Weber, dans la supposition qui laisse croire que la *liberté du vouloir*, peu importe comment on l'entend, serait identique à l'*irrationalité* de l'activité ou bien que cette dernière serait déterminée par la première, saute aux yeux. La capacité spécifique de dérouter toute prévision, qui est aussi grande, mais pas davantage à propos *des forces aveugles* de la nature, est le privilège du fou. En effet, ce sont les actions que nous avons conscience d'avoir exécutées rationnellement que nous accompagnons d'ordinaire du plus haut degré de sentiment empirique de la *liberté*, ce qui veut dire celles que nous avons accomplies en l'absence d'une contrainte physique ou psychique, d'affections personnelles et de perturbations *accidentelles* troublant la clarté du jugement, bref celles par lesquelles nous poursuivons un *but* clairement conscient par le recours aux *moyens* qui sont les plus adéquats d'après notre connaissance » (1965 [1906], p. 233).

Cet extrait condense en réalité les considérations que Weber consacre au problème de la liberté à l'occasion d'une critique de l'ouvrage – célèbre à l'époque – de l'historien Edouard Meyer intitulé *Zur Theorie und Methodik der Geschichte* (1902). L'auteur de ce livre tendait à montrer qu'il existe, selon les termes de Weber « une affinité particulièrement étroite entre le *hasard* et la *libre volonté* et qu'elle déterminerait une irrationalité spécifique du devenir historique » (*op. cit.*, p. 225). Il en résulterait que la liberté ainsi rapprochée de l'irrationalité échapperait à toute investigation scientifique. Or Weber réfute cette thèse en associant la notion de liberté à celle de rationalité. Et cette liberté est d'autant plus grande qu'elle accompagne une activité consciente à la faveur de laquelle l'individu ajuste des moyens en vue de l'accomplissement d'un objectif. Cette action, Weber la qualifie de *rationnelle en finalité*, ce qui nous renvoie effectivement à la typologie qu'il propose pour rendre compte des orientations possibles de l'activité humaine d'un point de vue sociologique, s'entend.

Pour Weber, les actions sociales, y compris les conduites d'omission ou de simple tolérance, sont celles qui sont susceptibles de s'orienter d'après le comportement – passé, présent ou attendu éventuellement – d'autrui (1971 [1922], p. 19). Il distingue à cet effet : l'*action rationnelle en finalité*, l'*action rationnelle en valeur*, l'*action affective* et l'*action traditionnelle*.

L'action rationnelle en finalité (*zweckrational*) suppose une réflexion sur le choix et l'adaptation de moyens en vue de l'objectif à réaliser. L'individu agissant de la sorte s'inspire d'une *éthique de la responsabilité* dans la mesure où il apprécie et se préoccupe des conséquences prévisibles de ses actes.

L'action rationnelle en valeur (*wertrational*) est celle à la faveur de laquelle l'individu agit sur la base d'une éthique de la conviction, que celle-ci soit au demeurant religieuse, morale, esthétique ou politique. Mais en faisant de la valeur un absolu, en spéculant de moins en moins sur les conséquences possibles de son action, l'individu, tout en restant tout à fait logique dans sa démarche, fait de celle-ci un cas limite de la rationalité.

L'action affective (*affektuell)* est conditionnée par une logique émotionnelle, instinctive ou passionnelle qui, selon le niveau de conscience de l'agent, relève tantôt de la sociologie, tantôt de la psychologie. Elle se rapproche des deux types précédents lorsque l'activité affective est, en quelque sorte, *sublimée* et apparaît ainsi qu'un effort tout à fait conscient pour soulager un affect.

L'action traditionnelle (*traditional*) s'entend des activités machinales ou coutumières qui entrent dans l'ordinaire de la vie quotidienne. Lorsque la coutume est sacralisée et s'impose à l'agent tel un impératif catégorique, elle s'apparente en ce cas à l'action rationnelle en valeur.

Comme le souligne Boudon dans l'analyse qu'il propose de la notion de rationalité, Weber préfère éviter le piège de la définition formelle pour s'en tenir à une typologie qui n'en épuise pas tous les sens (Boudon, 1992, pp. 36-37). La distinction abstraite ainsi classifiée n'offre pas des types purs de possibilités d'agir. Outre le fait que celles-ci soient susceptibles d'être affectées d'irrationalité, elles peuvent se mélanger ou s'alterner en permettant ainsi à l'agent de passer d'un registre à un autre.

La typologie ainsi exposée se présente donc selon un ordre de rationalité – et par conséquent, de liberté – décroissant. A suivre cette logique, la rationalité ne déserte tout à fait ni la conduite émotionnelle ni même la conduite traditionnelle. En ce qui concerne cette dernière, représentée comme la moins rationnelle, on doit bien admettre que l'acteur peut se servir de la coutume en tant que moyen pour parvenir à un objectif délibérément et mûrement choisi, auquel cas on rejoint la catégorie des actions rationnelles en finalité. De plus, à la considérer en elle-même, la coutume s'identifie, selon les termes de Weber à « une règle sans garantie extérieure que l'agent observe librement, que ce soit d'une façon simplement *machinale,* par *commodité* ou pour toutes sortes d'autres raisons, en même temps qu'il peut s'attendre pour ces raisons à ce que les autres membres qui appartiennent au groupe la respectent vraisemblablement » (1971 [1922], p. 27).

Doit-on conclure, ainsi qu'y engage une solide tradition philosophique[2], que la liberté de l'acteur se réduit à une possibilité toute théorique de choix ? En effet, s'étant engagé dans un type d'action, l'agent ne s'est-il pas rendu, en quelque sorte, prisonnier de son cours ? Nous avons vu que Tönnies répondait affirmativement à la question dans la mesure où une liberté éprouvée sur le plan idéel s'épuise dans la réalité concrète de l'action, puisque l'agent se ferme

2. *Cf. infra,* pp. 74-75.

d'autres possibilités d'agir : choisir, c'est aussi renoncer. Il ne semble pas que Weber partage cet avis dans la mesure où l'acteur garde la possibilité de changer de registre dans le cours de son action, comme on l'a indiqué précédemment. Cette importante question gagne, bien entendu, à être davantage débattue. C'est, précisément, en abordant la théorie de l'action sociale que nous reviendrons plus opportunément sur ce point.

La liberté dans le contexte d'une rationalité ambiguë

On a vu jusqu'ici l'importance que revêt le concept de rationalité dans la définition de l'action sociale, qui se trouve être à la base de toute la sociologie wébérienne. D'autre part, ce même terme revient tel un leitmotiv dans les sociologies particulières ainsi qu'un thème unificateur qui, en apparence, réunit des domaines aussi divers que la religion, le droit, l'économie, la politique, la science et l'art. Or, d'un côté, la rationalité est assimilée à la liberté ; de l'autre, elle en est, pour ainsi dire la négation ou, à tout le moins, l'agent destructeur. En effet, le nom de Weber est souvent associé à celui de la bureaucratie en laquelle il voyait l'un des processus les plus fondamentaux et inéluctables d'une société moderne occidentale, acculée à rationaliser ses procédures dans les multiples institutions qu'elle suscite. Cette rationalisation, il la voyait comme une conséquence nécessaire du progrès de la science et des techniques. Cependant, tout à fait conscient de l'ambiguïté du progrès (concept qu'il prend soin de guillemeter), il constate que ce processus s'accompagne d'une réduction de la liberté et, partant, de l'initiative individuelle qui se voit bridée, puisqu'un système de normes de plus en plus précis, envahissant et contraignant, définit à l'avance la marche à suivre dans le cadre de l'institutionnalisation des activités économiques, sociales, culturelles, etc. C'est une telle évolution qui nourrit ce qu'il appelle le désenchantement du monde (*die Entzauberung der Welt*, *cf.* par ex. 1992 [1919], p. 70).

Nous sommes donc bien en présence d'une contradiction souvent mal discriminée dans les études consacrées au sociologue allemand, et qu'il est difficile de résoudre sur le plan du vocabulaire et de la traduction : Weber emploie aussi bien les termes rationnel (*rational*), rationalité (*rationalität*) et rationalisation (*rationalisierung*) dans le sens qui assimile la rationalité à la liberté que dans celui qui la contredit (*cf.* notamment : 1956 [1922], pp. 28, 55, 59, 69, 71 et 87 ; 1956 [1914], pp. 18-20). Toutefois, dans cette seconde hypothèse, la notion de rationalité est parfois associée à celle d'*intellectualisation*(1922 [1919], p. 70) ou de *formalisation* (1956 [1914], p. 20), ce qui donne un sens bien différent de celui qui connote la première.

En réalité, la contradiction se résout dans la distinction de deux plans d'analyse : celui de l'acteur social et celui de la société globale. Les analyses microsociologiques de Weber qui assimile la rationalité à la liberté débouche sur une vision du monde dominée par l'intellectualisation et l'objectivation des rapports sociaux et des institutions qui les formalisent : abstraction des échanges économiques, formalisation du droit, bureaucratisation des organisations et de la société en général. Cette vision du monde rejoint tout à fait celle que développait Simmel une vingtaine d'années auparavant dans les termes que l'on sait. Est-ce à dire que la liberté n'a plus sa place dans le contexte de cette « rationalisation » sociétale ? Pour Weber, elle trouvera toujours refuge, sur le plan collectif, dans des militantismes de tous bords qui contestent des institutions de plus en plus détachées de la réalité concrète de la vie. Sur le plan individuel, elle aura tendance à s'identifier davantage à la liberté de conscience pour s'inscrire dans l'éthique de la conviction de l'acteur social, ce qui nous renvoie à l'action rationnelle en valeur.

Conclusion

En inscrivant l'action sociale au centre de sa sociologie compréhensive, Weber ne nie pas l'existence de régularités sociales susceptibles d'émerger à partir des quatres types d'action qui constituent, en quelque sorte, les assiettes des contenus très divers qui les animent. Ces régularités se traduisent en termes de *chances typiques,* c'est-à-dire en un scénario de l'activité sociale auquel on peut s'attendre dans des conditions objectives données (1971 [1922], p. 16). Les lois sociologiques ne sont pas autre chose que ces régularités ou ces chances typiques, ce qui leur donne une valeur prédictive limitée et éloigne cette conception très probabiliste de la conception nomologique des paradigmes déterministes. D'autant que Weber ne faisait pas de la recherche de ces lois un objectif prioritaire de la sociologie ; il accueillait plutôt ces régularités à titre de moyens heuristiques (1965 [1904], p. 159).

Il est clair, cependant, qu'en orientant davantage sa démarche vers l'acteur et le sens dont celui-ci investit son action, Weber donne au postulat de la liberté humaine une consistance que les analyses en termes de structures ou d'institutions sociales ne soulignent pas assez.

L'analyse de l'action sociale envisagée du point de vue de la liberté de l'agent ou de l'acteur ne s'arrête évidemment pas là. Nous allons la retrouver et la développer bien davantage dans une plus large et plus actuelle confrontation des idées.

2

La notion de liberté dans quelques aspects fondamentaux de la théorie sociologique

4

La liberté dans la théorie de l'action sociale

INTRODUCTION

On a vu jusqu'ici, essentiellement à la faveur de la genèse de la sociologie, dans quelle mesure la discipline envisageait une problématique de la liberté en intégrant des acquis philosophiques dans une conception plus ou moins originale de la dynamique des rapports sociaux et de la société en général. Il en ressort que la notion est souvent associée à celle de rationalité et de volition, à retenir surtout les apports de Durkheim, Tönnies, Simmel et Weber. En résumé, la liberté se définit dans le pôle déterministe comme la contrainte volontairement acceptée parce qu'elle est raisonnable et, dans le pôle actionniste, comme un choix rationnel dans un éventail de possibilités d'agir, en regard des contraintes de la vie sociale.

Nous allons voir, à présent, de quelle manière l'idée de liberté s'inscrit au coeur d'une théorie de l'action sociale dans des perspectives très diverses qu'il nous faudra préciser. Toutefois, comme on l'a vu précédemment, s'interroger sur la liberté revient nécessairement à préciser l'idée de rationalité qui lui est, pour ainsi dire, toujours associée. A cet effet, on examinera d'abord les fondements de l'action en tant qu'elle est une somme de virtualités à disposition de l'agent, en tentant de montrer notamment dans quelle mesure les facteurs sociaux ou culturels qui précèdent l'action effective et l'influencent ne contredisent pas nécessairement l'idée de liberté, pour envisager ensuite l'action dans le cours de sa réalisation, en reprenant la même thèse.

LES FONDEMENTS DE L'ACTION SOCIALE

L'ambiguïté de la notion de rationalité qui se trouve être au centre de l'action en puissance oblige, bien entendu, à s'y arrêter avant d'évoquer les cadres sociaux susceptibles d'influer sur son cours.

Raison, rationalité et rationalisation

Les théories ou les essais de théorisation de l'action considèrent généralement le sujet social, ainsi que le résume Boudon, « comme un agent intentionnel doté d'une autonomie variable en fonction du contexte dans lequel il se trouve » (1979, p. 246). Cet agent peut être individuel ou collectif au demeurant, mais c'est par abstraction de méthode ou par métaphore que l'on parle du comportement, des besoins ou des intentions d'un groupe ou d'une organisation. Aussi, pour la commodité de l'exposé et, surtout, parce que l'agent (ou l'acteur) individuel représente l'unité de base dans l'analyse sociologique, on s'en tiendra à ce dernier.

Dire que l'agent est un être intentionnel signifie qu'il est en état au mieux de mûrir des projets d'action et de choisir entre les possibilités que son entendement et la situation offerte lui suggèrent. Agir librement revient donc à user de cette faculté pour atteindre un objectif. Point de liberté si l'agent n'a pas le choix ou si celui-ci équivaut à un choix forcé. Or choisir entre plusieurs possibilités dans une perspective dite téléologique, c'est-à-dire en vue d'un but ou d'un dessein à réaliser, suppose la raison.

Toute action du sujet dont s'occupe le sociologue, écrit Boudon, a nécessairement une raison ou si l'on préfère, tout comportement est producteur de sens, ce qui exclut de son champ d'analyse les conduites erratiques, c'est-à-dire celles qui témoignent d'un dérangement mental relevant de la psychiatrie. S'intéresser au pourquoi d'une action ou à la raison qui la motive ou la fonde ne signifie pas que toute conduite signifiante ou compréhensible soit nécessairement rationnelle (Boudon, 1992, pp. 34-36 ; *id.*, 1995, pp. 527-563). Toutefois, bon nombre d'actions réputées ou répertoriées dans la catégorie des conduites non rationnelles (ou non logiques dans la terminologie de Pareto) et irrationnelles révèlent le contraire à l'analyse, ce qui étend le champ de l'acte libre dans la perspective d'une identification de la liberté à la rationalité.

En effet, en premier lieu, les actions coutumières ou machinales, réputées généralement non réfléchies, ont pu avoir à l'origine une réflexion qui a favorisé leur adoption et qui explique la faculté que possède l'agent d'y déroger ou de changer ses habitudes selon les contingences de la vie quotidienne[1]. Ainsi

1. Rappelons, par ailleurs, que certaines coutumes ou pratiques inexplicables et souvent ravalées au rang de bizarreries ou de superstitions en ce que leur perpétuation ne s'appuie sur aucune

évoquant l'exemple de la dactylo, Herbert Simon remarque que celle-ci s'est entraînée à appuyer sur la touche adéquate en réponse à chaque stimulus reçu, en l'occurrence la lettre qu'elle lit. Une fois le réflexe acquis, si l'acte devient automatique, inconscient, il n'en reste pas moins intentionnel et réfléchi (Simon, 1983 [1945], p. 69). Au surplus, comme nous l'avons vu à propos de la typologie wébérienne de l'action, l'agent peut se servir, au titre de moyen, d'une coutume ou d'un usage existant ou encore réveiller une tradition pour parvenir à ses fins, auquel cas son action devient rationnelle en finalité.

En second lieu, les conduites généralement qualifiées de déviantes et, à ce titre, rangées dans la catégorie des actes irrationnels, peuvent révéler, au contraire, une rationalité sous-tendue par une adaptation réfléchie entre des moyens et des objectifs préalablement définis. Ainsi, s'interrogeant sur le sens d'actes de délinquance qualifiés de gratuits, en ce que leurs jeunes auteurs se désintéressaient de l'objet de leur vol, l'Ecole de Chicago, à la faveur des études de Trasher et de Schaw et Mac Kay notamment, en a dégagé la rationalité et proposé une typologie des fondements de ces actes. Dans cette optique, le vol devient par exemple une activité ludique ou sportive au risque calculé et destinée à attester la réussite d'un exploit. Ou encore, par le vol et autres actions délictueuses, l'agent accomplit une « action rationnelle en valeur », celle-ci étant comprise dans le milieu marginal et contestataire comme une contre-valeur dans le contexte d'une conformité sociale à rebours. Les travaux ultérieurs de Cusson soulignent cet éclairage (1992, pp. 389-422). Toujours sur le chapitre de la déviance, les études de Baechler ont montré que même les comportements suicidaires ne sont pas nécessairement spontanés ou irréfléchis mais peuvent relever d'une action calculée et rationnelle (1975).

En troisième lieu, des actions ayant pour auteurs des malades mentaux cachent derrière une apparence d'égarement ou d'incohérence une rationalité. C'est du moins l'une des thèses principales d'Erving Goffman. Analysant ce qu'il appelle les institutions totales ou « totalitaires » (*total institutions*), il a montré que dans des univers clos comme l'asile ou l'hôpital psychiatrique, là où la liberté est censée être complètement bridée, les comportements réputés erratiques par un certain monde médical sont empreints de rationalité, non si l'on se réfère à la culture savante de celui-ci, mais si l'on se donne la peine d'entrer dans la culture du malade et de rapporter son action à son système de valeurs.

« Je pensais, et je pense encore, écrit-il dans son propos liminaire préfaçant *Asiles*, qu'il n'est pas de groupe – qu'il s'agisse de prisonniers, de primitifs, d'équipages de navires ou de malades – où ne se développe une vie propre, qui devient signifiante, sensée et normale dès qu'on la connaît de l'intérieur ; c'est

---

raison d'être, trouvent une explication dans un temps révolu. C'est à partir de cette hypothèse que s'est construite, par exemple, la théorie fonctionnaliste des *survivances* de l'ethnologue Edward B. Tylor.

même un excellent moyen de pénétrer ces univers que de se soumettre au cycle des contingences qui marquent l'existence quotidienne de ceux qui y vivent » (1968 [1961], p. 37).

Nous venons de montrer que, les choses n'étant pas nécessairement ce qu'elles paraissent, des actions réputées non rationnelles voire irrationnelles pouvaient avoir un fondement tout à fait rationnel dès que l'on adopte un point de vue subjectif, c'est-à-dire en se plaçant du point de vue de l'agent lui-même, pour essayer de comprendre le sens dont il compte investir son action. Ainsi Goffman ne fait rien d'autre que d'appliquer le principe wébérien de la sociologie compréhensive pour donner un sens à des actions réputées non ou peu signifiantes. Cette démarche, on le devine, n'est pas exempte de difficultés. Et ce qui ajoute encore à la complexité du problème visant à régler la question du sens ou de la raison qui fonde l'action, c'est la survenance du phénomène inverse à celui traité jusqu'ici : à savoir une action apparemment rationnelle déguisant un fondement qui ne l'est pas. Les psychologues parlent souvent en cas de « rationalisation » – par conséquent dans une acception bien différente de celle que nous avons rencontrée jusqu'ici – en ce sens que l'explication d'ordre affectif ou instinctuel est refoulée au profit d'une explication logique ou rationnelle. Pareto, comme on l'a vu précédemment, est sans doute le sociologue qui s'est le plus attaché à démontrer que les actions humaines découlent rarement du raisonnement et que l'agent s'illusionne lui-même ou donne le change quant aux raisons qui déterminent son action.

Dans un ordre d'idée quelque peu différent mais qui rencontre bien la problématique d'une dialectique entre les fondements rationnels et irrationnels de l'action, la « théorie de la classe de loisir » (1970 [1912]) de Veblen met en lumière le jeu de ces doubles significations. « Acheter cher parce que c'est cher » et non parce que la cherté est un gage de qualité n'apparaît pas comme un acte rationnel ou logique. Il en va tout autrement si, sans renier pour autant la valeur utilitaire de son achat, l'acheteur veut surtout affirmer ou asseoir son standing, sur la base des significations socialement valorisées et valorisantes de la chose ainsi acquise. Cependant la rationalité de cette consommation ostentatoire peut choquer par son côté dispendieux des milieux sociaux autres que les classes nanties visées par Veblen. D'où le côté utilitaire de la chose et sa prétendue qualité pourront servir de justification à un achat à la faveur duquel le propriétaire n'entend pas renoncer au prestige qu'il lui procure, auquel cas on en revient à l'hypothèse de la rationalisation.

En conclusion, on voit qu'il est bien difficile de discriminer les aspects rationnels, non rationnels et même irrationnels dans les fondements de l'action, compte tenu non seulement d'un entremêlement toujours possible à la base d'un même type d'action, mais aussi des éventuels déguisements plus ou moins conscients des uns par les autres. Nous verrons, dans la suite, que dans le cours d'une action bien typée, des conséquences imprévisibles ne simplifieront pas le problème.

Le propos n'était cependant pas de tracer une telle ligne de démarcation mais de s'entendre sur les notions de raisons, rationalité et rationalisation dans le cadre des fondements de l'action.

Il nous faut à présent prolonger l'analyse de la rationalité par celle de la *réflexion* nécessairement impliquée dans cette idée. On a vu, en effet, qu'une solide tradition philosophique qui remonte à Spinoza et à Kant et trouve à s'exprimer de la manière que l'on sait en sociologie, identifie la rationalité à la liberté. Rappelons brièvement les termes de cette équivalence annoncée en début de paragraphe. La rationalité suppose une réflexion et celle-ci, à son tour, n'est pensable que s'il y a, bien évidemment, matière à réfléchir. Cette occurrence est donnée dans l'hypothèse d'un choix possible dans une ou plusieurs alternatives. A défaut d'un choix possible ou dans le cas du choix forcé, la liberté n'existe pas. Voyons, dès lors, comment se pose le problème de la réflexion dans un contexte nécessairement optionnel.

Liberté et réflexion

Il n'est pas sans intérêt de rappeler préalablement aux perceptions sociologiques de la réflexion, l'objection que formule un philosophe comme Schopenhauer à ce stade préliminaire de l'action : non seulement parce que son scepticisme n'a pas été sans influencer les sociologues allemands[2] – ce qui peut expliquer une grande prudence dans l'usage du concept de liberté – mais aussi parce que la négation de cette réalité se situe à l'antipode du sens sociologique.

Dans son *Essai sur le libre arbitre* (1992 [1841], Schopenhauer affirme que la liberté n'existe pas, sinon à titre d'illusion. Entre autres démonstrations particulièrement illustratives, après avoir renoncé à l'exemple célèbre de l'âne de Buridan qu'il a vainement cherché d'ailleurs dans le *Sophistama* de ce scolastique du XIVe siècle, il invoque Aristote et Dante qui, bien auparavant, citaient le cas d'un homme, cette fois, qui doit nécessairement mourir devant l'alternative bien connue, si tant est qu'il soit réellement libre ; car des déterminations extérieures à sa raison pure peuvent exclusivement l'incliner à opérer un choix (*op. cit.*, pp. 104-105) :

« Il en est comme d'un homme ayant très faim et très soif, mais se trouvant à une distance égale d'un aliment et d'une boisson : nécessairement, il restera immobile » (Aristote, *De coelo,* II, 13).

« Entre deux mets placés à pareille distance,
Tous deux d'égal attrait, l'homme libre balance
Mourant de faim avant de mordre à l'un des deux » (Dante, *Paradiso*, 4e livre).

2. Simmel a d'ailleurs écrit un ouvrage publié à Leipzig en 1907 et intitulé *Schopenhauer und Nietzsche : ein Vortragzyclus.*

Dès lors, conclut le philosophe allemand, « tout ce qui arrive, les plus petites choses comme les plus grandes, arrive nécessairement » et tout ce qui nous est donné de connaître à ce point de vue, c'est « d'apprendre seulement ce que nous sommes par ce que nous faisons » (*op. cit.*, p. 106).

On devine que les sociologues, même parmi les plus imbus de philosophie, n'ont guère admis un point de vue aussi fataliste qui absolutise la notion de liberté et se réfère à la conception d'une raison pure s'auto-déterminant. En liant la liberté à la réflexion, ceux-ci ont plutôt dégagé l'idée d'une liberté qui en émerge, tout en reconnaissant la valeur et le poids de la socialité dans la formation de la pensée.

Pour en rendre compte, envisageons la réflexion dans un premier temps, en dehors de tout cadre social, par abstraction méthodologique bien entendu, pour l'y resituer dans la suite.

L'acte libre ou rationnel pourrait se décomposer en trois *moments*, comme le rappelle dans son *Introduction à la sociologie*, le philosophe et sociologue Jacques Leclercq à la faveur d'une dissertation sur la liberté qui a valeur de synthèse pour notre propos : l'attention, la réflexion et la capacité de juger (1963 [1948], pp. 152-158).

L'attention requiert que l'agent soit capable de se concentrer ; or l'ordinaire de la vie courante est fait de réflexes, d'automatismes, bref de distractions. Il s'ensuit que seraient exclus de la rationalité et, par conséquent, de la liberté, toutes les actions accomplies par la force de l'habitude ou sous l'emprise de l'émotion. L'acte libre ou rationnel postule au surplus l'exigence d'une réflexion car il peut y avoir attention sans réflexion mais non l'inverse. En effet, la liberté suppose un choix réel entre diverses possibilités d'agir. « L'acte libre suppose donc que l'esprit voie un problème au moins de façon très élémentaire » (Leclercq, *op. cit.*, p. 157). Attention et réflexion déterminent ainsi l'acte d'une conscience éveillée. Enfin, l'acte libre suppose une capacité de juger après réflexion pour prendre attitude. Il s'agit en l'occurrence – non d'une capacité théorique ou fondamentale – mais d'une capacité pratique en raison des éléments que notre esprit est susceptible d'appréhender dans une situation donnée (*op. cit.*, pp. 159-160). En effet, comme le soulignent James March et Herbert Simon, la rationalité humaine est nécessairement limitée parce qu'il n'est pratiquement pas possible à l'agent de connaître toutes les alternatives pertinentes pour le décider à l'action. Et quand bien même il les connaîtrait, il serait bien incapable d'anticiper toutes les conséquences qu'entraînerait chacune des options possibles (March et Simon, 1969 [1958], p. 138). Cette limitation de type cognitif est traduite par Crozier en termes plus sociologiques précisément dans la préface qui ouvre ce dernier ouvrage. La rationalité n'est pas seulement limitée pour des raisons psychologiques ; elle l'est également parce que les « acteurs » ne perçoivent la situation qu'à travers les enjeux d'une situation, les intérêts qu'ils y défendent et les stratégies qu'ils développent à cet effet (1969, pp. XIII-XIV).

Il ressort de ces considérations que la possibilité d'agir librement est singulièrement limitée. D'une part, l'agent doit se contenter de ne retenir, à suivre le modèle de la rationalité limitée, qu'une solution jugée satisfaisante, plutôt que celle qui émergerait d'une alternative *optimale*. D'autre part, à considérer ce choix satisfaisant, il n'est pas possible à l'agent de réfléchir à propos de tous les actes qu'il pose, la plupart de ceux-ci étant marqués du sceau de l'habitude et des automatismes. Ajoutons enfin, qu'au stade de la réflexion précédant l'action, les possibilités de choix et les inclinations de l'agent à préférer agir d'une façon plutôt que d'une autre ne sont pas nées de rien. Resituons, en effet, le problème de son contexte social.

Les ethnologues ont bien montré que la pensée elle-même et ses modes opératoires sont, au moins partiellement, tributaires de facteurs sociaux. « Un homme au secret, écrit Edward Sapir, fait toujours partie de la société, car il pense et ses pensées, même pathologiques, se sont formées avec l'appui de la société » (1967 [1949], t. 1, p. 58). Et Gilbert Durand, dans un ouvrage au titre très suggestif – *La structure anthropologique de l'imaginaire* – ajoute que la représentation imaginaire ou fantastique n'échappe pas aux cadres sociaux de la mémoire (1963 [1960], pp. 434-437). « N'avoir que des idées suggérées et les croire spontanées : telle est l'illusion propre au somnambule, et aussi bien à l'homme social » disait aussi Gabriel Tarde (1921, p. 83). Les sociologues ont bien mis en évidence, au surplus, à partir notamment des travaux de Durkheim sur les catégories de l'entendement (1968 [1912][3] – et ceux de Halbwachs sur la mémoire collective (1968 [1949], les facteurs sociaux susceptibles d'intervenir à la racine de nos jugements et d'encadrer ainsi les formes de la pensée. Plus précisément, on doit au sociologue austro-américain Alfred Schütz d'avoir explicité ces facteurs en faisant appel à la notion de « réserve de connaissances

3. Empruntant cette notion à Renouvier et la développant dans sa longue introduction aux *Formes élémentaires de la vie religieuse*, il écrit en substance :
« Il existe, à la racine de nos jugements un certain nombre de notions essentielles qui dominent toute notre vie intellectuelle ; ce sont celles que les philosophes, depuis Aristote, appellent les notions de temps, d'espace, de genre, de nombre, de cause, de substance, de personnalité, etc. Elles correspondent aux propriétés les plus universelles des choses. Elles sont comme les cadres solides qui enserrent la pensée ; celle-ci ne paraît pas pouvoir s'en affranchir sans se détruire, car il ne semble pas que nous puissions penser des objets qui ne soient pas dans le temps ou dans l'espace, qui ne soient pas nombrables, etc. (...).
Aussi la société ne peut-elle abandonner les catégories au libre arbitre des particuliers sans s'abandonner elle-même. Pour pouvoir vivre, elle n'a pas seulement besoin d'un suffisant conformisme moral ; il y a un minimum de conformisme logique dont elle ne peut davantage se passer. Pour cette raison, elle pèse de toute son autorité sur ses membres afin de prévenir les dissidences. Un esprit déroge-t-il ostensiblement à ces normes de toute pensée ? Elle ne le considère plus comme un esprit humain dans le plein sens du mot, et elle le traite en conséquence (...) » (1968 [1912], pp. 12-25).
Sur les origines philosophiques des « catégories de l'entendement », cf. les travaux du sociologue et philosophe Eugène Dupréel et particulièrement *Essais sur les catégories*. Bruxelles, Lamertin, 1906.

à disposition » et que l'on trouve plus couramment exprimée par celle de « cadre de référence » :

« L'homme dans son quotidien, écrit-il, dispose à tout moment d'une réserve de connaissances qu'il utilise comme schéma d'interprétation de ses expériences passées et présentes et qui détermine aussi ses anticipations sur les choses à venir » (1987 [1931], p. 203). Cette réserve de connaissances est, pour faire image, une sorte d'entrepôt ou de magasin dans lesquels sont stockées les expériences de la vie en société et à travers lesquelles les gens interprètent les situations courantes et inédites qui se présentent à eux. Ce cadre est déterminé principalement par l'origine sociale, l'âge, la formation et l'éducation[4].

Il en résulte que toute perception des possibilités d'action, condition nécessaire de la réflexion, est socialement limitée, sélective et interprétative et, par conséquent, la rationalité se voit ainsi, en quelque sorte, enfermée dans le même statut cognitif. Que devient, dès lors, la liberté dans un tel contexte de déterminations sociales ? La réponse la plus satisfaisante à donner ne pourra être donnée qu'après examen de l'action effective ou réelle. Toutefois, on peut déjà formuler un certain nombre d'observations.

Reconnaître que la pensée et plus particulièrement la réflexion soient tributaires de facteurs sociaux, dont l'influence est décrétée plus ou moins forte selon la définition et le poids concédé au déterminisme, ne signifie pas que les individus soient socialement programmés et seraient coulés dans le même moule. Il est vrai que le nombre et la qualité des possibilités d'actions, d'une part, les préférences accordées à l'une d'entre elles, d'autre part, ne sont exempts de socialité ou d'influence sociale, comme on vient de le voir. Toutefois l'évolution sociétale dans le sens d'une complexité croissante de la vie sociale engendre nécessairement un accroissement des possibilités d'action et, par conséquent, des possibilités de réflexion. En effet, cette complexité rend les milieux sociaux moins homogènes et favorise les appartenances multiples et croisées à des cercles ou des institutions où se brassent les opinions les plus diverses et, par conséquent, la multiplicité des statuts sociaux. L'éducation et la formation enrichissent le capital culturel des individus et encouragent à la réflexion. Conjuguées aux appartenances sociales plurielles, celles-ci incitent à leur tour à remettre en question les habitudes de pensée, les pratiques et autres automatismes de la vie courante. Ainsi, comme le souligne Leclercq, si le milieu homogène pouvait exclure le doute et imposer des opinions qu'il répute indiscutables, l'hétérogénéisation du même milieu encourage à éveiller la conscience des gens, ce qui peut avoir pour effet d'ôter le statut d'évidence à

4. Pour rendre compte de ces aspects sociaux qui sont susceptibles de modeler ou d'influencer les modes de pensée, des sociologues ont recours à des concepts ou des expressions plus vagues telles que l'*habitus* (Bourdieu, 1979, *passim* et spéc. pp. 189-248) ou le *savoir commun* (Giddens, 1987 [1984], p. 52.

ces opinions et à ne pas confondre ainsi ce qui est évident pour eux et ce qui est évident en soi (1963 [1948], pp. 157-159). Au surplus, l'éducation et la formation enseignent à ne pas laisser au hasard l'acquisition des automatismes et des conduites machinales mais incitent à aider à les comprendre et à les remettre en question au besoin.

Les appartenances multiples et les « allégeances croisées » qu'elles suscitent, selon l'expression de Simmel, dans le cadre de la société moderne, ne contribuent pas à la genèse d'une programmation sociale qui ferait se ressembler tout un chacun car l'action est susceptible d'être enclenchée à la faveur de multiples leviers d'influence. Ainsi tel agent peut réagir dans une situation en se référant à sa formation, sa profession, ses convictions politiques, philosophiques ou religieuses, en obéissant à un réflexe régional, national ou de classes, etc. ; en sorte que l'individu trouve dans son cadre de référence (ou sa *réserve de connaissances à disposition*) l'étendue d'un registre laissant difficilement augurer de son choix dans une situation où peuvent intervenir plusieurs de ces paramètres. Certes, aussi loin que l'on remonte, il y a toujours à l'origine de ces choix une dimension sociale influençante, mais la constitution d'un cadre de référence et l'agencement de ses dimensions cognitives font partie de l'histoire de l'individu et contribuent à déterminer sa personnalité et, partant, son originalité :

« (...) Chacun des acteurs, écrit Boudon, selon sa personnalité, ses attitudes à l'égard du risque, ses ambitions, son information sur les données de la situation (variables qui dépendent sans doute pour une part du milieu social et de l'histoire sociale de l'acteur), s'efforce de prendre la décision la plus convenable au vu de ses intérêts tels qu'il les conçoit. Aucune programmation préalable ne lui dicte son comportement » (1979, p. 32).

A ces considérations qui insistent sur la liberté de l'agent dans une société moderne qui élargit ses horizons de possibilités par l'éducation, la formation et les appartenances multiples à des milieux sociaux de plus en plus divers, répond toute une « littérature » davantage philosophique et moralisante que sociologique sur l'asphyxie de cette valeur étouffée par une société et une culture de masse qui en modèlent au contraire les modes d'expression et dispense, par conséquent, de trop réfléchir. L'argumentation est bien connue, qui insiste sur l'envahissement des moyens de communication de masse dans la vie quotidienne et un pouvoir de persuasion qui distille une idéologie dominante. Il en résulterait, entre autres effets, un nivellement culturel par le bas et une uniformisation des modes de pensée et des pratiques de consommation, conséquences d'une production en série nécessitée par la logique du profit. Ainsi la télévision est souvent la cible privilégiée des contempteurs de la culture de masse qui dénoncent dans ce medium audiovisuel l'aliénation des esprits qu'elle provoquerait en montrant à tout le monde la même chose, d'une part, et la toute-puissance des producteurs de media qui imposeraient l'idéologie dominante en s'introduisant insidieusement dans les foyers, d'autre part. Dans le même esprit, les pensionnaires de l'Ecole de Francfort s'en prennent tour à tout à l'industrie du disque, à l'édition du livre au format de poche, à la radiodiffusion et au film cinématographique pour montrer de quelle manière le pouvoir dominant endort la conscience collective des masses et perpétue l'injustice sociale en soumettant celles-ci à des contenus médiatiques standardisés, faciles à entendre ou à comprendre, parce que dépouillés de leur authenticité artistique (*cf.* par exemple : Benjamin, 1971 [1938], pp. 171-210) ; Marcuse, 1968). Se plaçant davantage sous l'égide de Marx, Piemme s'attaque plus précisément aux feuilletons télévisés pour y voir « un témoin privilégié où se parle l'idéologie dominante d'une formation sociale qui le produit et le consomme » et, en bref, ce qu'il appelle une *propagande inavouée* (1975, p. 207).

La réponse sociologique actuelle conteste une espèce d'aliénation de l'esprit engendrée par une culture de masse, en insistant sur la disponibilité de l'individu à recevoir les messages et les possibilités de les réinterpréter en fonction de son cadre de référence dans le contexte du brassage des idées que la multiplicité des appartenances groupales autorise : ce qui engendre une consommation culturelle qualitativement différente selon les récepteurs. Au surplus, si les mass media favorisent l'existence d'autres pratiques de communication (Missika et Wolton, 1983, p. 141 ; Wolton, 1990, p. 12), les nouvelles technologies de l'information créent, à la faveur d'une interactivité génératrice d'une convivialité autrement retrouvée, de nouvelles possibilités d'action (Miège, 1989 ; Mercier *et al.* ; 1984 ; Pichault, 1990).

Elargissant ces perspectives, d'autres sociologues poussent l'analogie méthodologique jusqu'à rapprocher la communication interpersonnelle de la communication de masse, en lui appliquant le paradigme actionniste. Dans cet exercice, ils reprochent le caractère linéaire et unilatéral des analyses qui exagèrent, selon eux, l'effet uniformisant des media. Les unes, en effet, montent en épingle cette influence sur des récepteurs amorphes ou passifs, versant, en outre, souvent dans un déterminisme technologique initié par les idées de Mac Luhan dont l'aphorisme bien connu « le message, c'est le medium » en résume le fondement ; les autres, au contraire, dans cette même linéarité insistent sur les réactions de défense des récepteurs ou du public aux multiples sollicitations médiatiques qui les inondent, ainsi qu'en témoignent les travaux de Berelson et ceux de Lazarsfeld. C'est dans ces dispositions critiques que Francis Balle écrit notamment :

« Plutôt qu'une manipulation à sens unique, il vaudrait mieux considérer des ajustements réciproques entre les "émetteurs" et les "récepteurs" de message. On adopterait du même coup une représentation actionniste de toute activité de communication, parce que celle-ci, comme la liberté, s'applique à une relation sociale, celle d'un "acteur" par rapport à un autre "acteur". Ceux-ci interprètent leurs comportements réciproques et agissent sur la base de cette interprétation (...). L'interprétation que l'on peut qualifier de dialectique ou d'actionniste considère les "usagers" des médias, qu'ils soient "émetteurs" ou "récepteurs", comme agissant en fonction, non seulement des objectifs qu'ils se donnent, mais également de l'idée qu'ils ont à la fois des moyens dont ils disposent et des contraintes qu'ils subissent » (1992, p. 555).

Au cadre de référence du récepteur ou de l'agent, qui lui permet d'interpréter la communication, qu'elle soit interpersonnelle ou médiatique, s'ajoutent les éléments de la situation occurrente et les intérêts ou les besoins que cette conjoncture lui suggère : « Le récepteur n'est pas une pâte molle sur laquelle viendrait s'imprimer le message... il a la capacité non seulement de sélectionner les messages qui lui parviennent, mais aussi de les interpréter et de les juger en fonction de sa situation sociale et personnelle, de ses croyances, de ses opinions, de ses idées, de ses attentes » (Boudon, 1987, p. 85).

Conclusion

En nous intéressant jusqu'ici aux fondements de l'action, nous avons davantage considéré celle-ci moins dans son cours que dans le cadre virtuel d'un réservoir de possibilités où peut puiser un agent ayant l'intention d'agir et faisant preuve ainsi d'une réflexion, si élémentaire soit-elle. Nous avons montré qu'aussi loin que l'on remonte dans le processus de préparation à l'action, des facteurs sociaux ou culturels interviennent parce que la pensée elle-même n'est jamais exempte de socialité ou de culture, au sens le plus large du terme, laquelle a précédé l'individu. L'analyse sociologique ne nie pas l'influence ni les limites que les facteurs culturels imposent déjà au stade de la genèse de l'action. Mais cette reconnaissance ne conduit nullement à la négation de la liberté, bien au contraire. Lalive d'Epinay en résume très bien la conclusion lorsqu'il écrit :

« La culture est ainsi la matrice de la liberté humaine et de l'exercice de la volonté. Dans le fait même de les rendre possibles, elle les limite ou, si l'on préfère, dans le fait même d'en instituer les frontières, elle rend possible l'exercice de l'une et de l'autre. De plus, n'étant jamais achevée, le champ du possible qu'elle propose à ceux qui la vivent n'est lui-même jamais totalement clos sur lui-même. Non seulement femmes et hommes recréent de la culture en permanence mais, par là-même, ils agissent sur la délimitation du champ du possible » (1990, pp. 53-54).

Et, doit-on ajouter, la réalité de notre époque ne cesse d'enrichir les possibilités d'action. Toutefois, si tant est que la liberté existe dans les limites que l'on sait, à considérer surtout l'action dans ses fondements et sa préparation à la faveur de la réflexion, ne faut-il pas déchanter en renonçant cette fois à l'idée de liberté lorsqu'on étudie cette même action dans son cours ou sa réalisation effective, ainsi que le donnent à entendre généralement une certaine philosophie ?

L'ACTION DANS SON DÉROULEMENT ET DANS SES CONSÉQUENCES

L'entreprise d'une action engendre un paradoxe en ce sens que la liberté semble échapper à l'agent dès qu'il en fait usage. Tel est l'objet de notre examen en comparant les points de vue philosophiques et sociologiques sur la question. Reprenant les mêmes points de vue, nous verrons ensuite les types de réponse apportés respectivement au problème.

Le paradoxe de la liberté

Dans un ouvrage philosophique devenu très classique intitulé *Condition de l'homme moderne*, Hannah Arendt rappelle notamment qu'« il est conforme à la grande tradition de l'Occident de suivre cette ligne de pensée : d'accuser la liberté de prendre l'homme au piège de la nécessité, de condamner l'action parce que ses résultats tombent dans un filet prédéterminé de relations, entraînant invariablement avec eux l'agent qui semble aliéner sa liberté dans l'instant qu'il en fait usage » (1992 [1958], p. 299). Suivant la même tradition, un autre philosophe, Isaiah Berlin en tire logiquement la conclusion dans un ouvrage au titre éloquent *L'éloge de la liberté* :

« La liberté, écrit-il (...), se résume aux possibilités ouvertes à l'action et non à l'action elle-même. Si jouissant du droit d'emprunter toutes sortes de voies, je préfère rester assis sans bouger et végéter, cette décision ne diminue en rien ma liberté. La liberté est la possibilité d'agir, et non l'action elle-même ; l'action envisagée comme possibilité, et non comme réalisation » (1990 [1969], p. 40).

Cette position est conforme à la conception kantienne qui a influencé non seulement la philosophie et la morale mais aussi la sociologie, comme on l'a vu, et selon laquelle – faut-il le rappeler – la liberté n'existe que dans la rationalité, laquelle suppose une réflexion sur un choix, disparaissant une fois l'action engagée. Hegel s'exprimait autrement pour aboutir à une conclusion analogue en partant de l'idée de l'aliénation ontologique de l'homme, c'est-à-dire inscrite au plus profond de sa nature et selon laquelle l'idée objectivée dans l'action échappe complètement à son auteur. De plus, comme l'homme, être intrinsèquement social, est ainsi impliqué dans de multiples réseaux en sorte que son action y est tributaire de celle des autres, toujours susceptibles d'interférer sur la sienne, les résultats de son action ne coïncident pas nécessairement avec le dessein initial.

« Les hommes sont à la fois des agents et des victimes » et sans doute « beaucoup plus des victimes que des auteurs et des agents » écrit Arendt qui poursuit : « Cette énorme capacité de durée que possèdent les actes plus que tout autre produit humain serait un sujet de fierté si les hommes pouvaient en porter le fardeau, ce fardeau de l'irréversible et de l'imprévisible d'où le processus de l'action tire toute sa force. Que cela soit impossible, les hommes l'ont toujours su. Ils ont toujours su que celui qui agit ne sait jamais bien ce qu'il fait, qu'il sera "coupable" de conséquences qu'il n'a pas voulues ni même prévues, que si inattendues, si désastreuses que soient ces conséquences il ne peut pas revenir sur son acte, que le processus qu'il déclenche ne se consume jamais sans équivoque en un seul acte ou un seul événement et que le sens même n'en sera jamais dévoilé à l'acteur, mais seulement à l'historien qui regarde en arrière et qui n'agit pas » (*op. cit.,* p. 298).

Le point de vue de la philosophie ainsi rappelé rejoint celui de la philosophie morale qui soulève à ce propos la question de la responsabilité et celle de la culpabilité de l'agent, compte tenu des conséquences d'un acte dont il n'est pas l'auteur exclusif.

Admettre le paradoxe de la liberté dans ces termes conduit à une impasse ou à une aporie comme disent les philosophes. Il ne reste à l'homme, dans cette conjoncture, que la faculté de ne plus rien faire, puisque ses actes tirent à conséquences, comme une certaine tradition stoïciste y encourage, ou qu'à décréter l'absurdité de la condition humaine à suivre un certain existentialisme – puisqu'il est impossible à l'homme de maîtriser son action dans la vie sociale ; autrement dit, d'y exercer sa liberté alors qu'il est censé être né libre. Les sociologues qui se sont intéressés à la question, posent, certes, le problème dans des termes à peu près équivalents, mais, comme nous le verrons plus loin, pour en tirer des conclusions différentes. A l'occasion d'une étude critique des oeuvres de Weber, Julien Freund écrit un texte comparable sur bien des points à ceux qu'on vient de rappeler, bien qu'il évoque ici de préférence l'action politique :

« Un des faits fondamentaux et des moins discutables de l'histoire et de l'expérience humaines est que le résultat d'une activité, surtout d'ordre politique, répond rarement aux espoirs et à l'intention primitive des agents. Voilà l'aspect le plus déroutant de l'action, quand on la mesure à l'objectif de la conviction : l'opposition du résultat et de l'intention. Cela est vrai d'une opération aussi spectaculaire et grandiose qu'une révolution. Il s'en faut de beaucoup que du bien ne résulte que du bien et du mal que du mal. La réalité est infiniment plus complexe. Les conséquences les plus désastreuses accompagnent souvent les intentions les plus pures et les plus nobles. (...) Le paradoxe des conséquences se complique, en outre, de la répercussion incontrôlable et indéfinie des actes les uns sur les autres, de sorte que personne n'est en mesure de prévoir quand et comment s'achèvera une action entreprise » (Freund, 1966, p. 28).

Dans la même perspective interactionniste, le sociologue allemand Norbert Elias écrivait de son côté : « Les possibilités entre lesquelles l'homme peut ainsi choisir, ce n'est pas lui qui les crée. Elles sont données, définies par la structure spécifique de sa société et la nature particulière des fonctions qu'il exerce à l'intérieur de cette société. Et quelle que soit la possibilité qu'il saisisse, son action s'imbrique avec celle des autres ; elle déclenche d'autres enchaînements d'actions dont l'orientation et le résultat du moment ne dépendent pas de lui, mais de la répartition des pouvoirs et de la structure des tensions de tout le réseau humain dans lequel il s'inscrit » (1991 [1939], p. 91).

Les conséquences imprévisibles de l'action réputée la plus rationnelle – celle que Weber qualifie de *rationnelle en finalité* ou que Giddens dans une proche acception voit dans l'orchestration efficace des motifs et du résultat final de l'action entreprise (1987 [1984], p. 236) ont été largement étudiées, tant en philosophie qu'en sociologie, souvent, comme on va le voir avec des connotations très négatives.

« L'avenir est une fleur que le pollen du hasard n'a pas encore fécondée », cette belle phrase qui témoigne d'une rhétorique d'un autre âge annonce, en fait, une charge d'Eugène Dupréel contre le déterminisme trop absolu qui flottait dans l'air du temps des années trente. C'est plutôt en tant que philosophe des sciences qu'en tant que sociologue qu'il dissocie la causalité du déterminisme et qu'il introduit dans la problématique causale la notion d'intervalle ou de réalité intercalaire. Une action déterminée se produit nécessairement dans la durée, si courte soit-elle. Dès lors, entre la cause qui produit l'action et son résultat, toutes sortes de contingences peuvent survenir dans l'intervalle, génératrices d'une réalité intercalaire classable en trois catégories : des faits indifférents sur l'agencement de la consécution cause-effet (ou résultat), des faits favorables à la production du résultat désiré et, enfin, des faits qui gênent au contraire le déroulement de la consécution (Dupréel, 1949 [1933], pp. 200-205). Il résulte de ce que l'effet ne sort jamais directement de la cause initiale que la science ne peut s'installer dans le cadre d'un déterminisme inéluctable et, partant, dans une stricte logique de causalité, mais au mieux dans celui de la probabilité (*ibid.*).

Dans ce contexte de l'incertitude lié à la durée et à l'imprévisibilité des contingences susceptibles de la remplir, les sociologues ont très souvent considéré cette réalité intercalaire comme dérangeante ou négative, ainsi qu'y invite la terminologie courante pour la désigner : effets pervers, effets non voulus ou non désirés, excluant les conséquences indifférentes ou favorables de l'action entreprise.

C'est à Merton que l'on doit, sans doute, d'avoir initialement, dans cette optique, analysé les conséquences de l'action dans un article intitulé *The unanticipated consequences of purposive social action* (1936, pp. 894-904). Il en tire une distinction entre les *fonctions manifestes* et les *fonctions latentes* du comportement qu'il développera dans *Social theory and social structure* (1965 [1953] : les premières se rapportent aux conséquences objectives et conscientes de l'action tandis que les secondes se réfèrent à leurs effets involontaires et, partant, inconscients. Envisageant surtout l'action individuelle à ce propos, Giddens rectifie le point de vue pessimiste de l'effet dit pervers ou indésirable en observant que l'acteur parvient à réaliser ses désirs sans que cette finalité ne soit nécessairement attribuable directement à son initiative (1987 [1984], pp. 57-58). Cependant, dans la perspective des effets indésirables, il développe l'exemple de l'"effet accordéon" selon lequel une cascade d'événements non voulus s'enchaîne à partir d'un acte volontaire. Ainsi, accomplissant un des actes les plus banals qui soient, c'est-à-dire en l'occurrence actionner un commutateur (*action intentionnelle*), l'usager des lieux dérange un cambrioleur (*conséquence non intentionnelle*). Cet événement fortuit déroule un scénario aboutissant à l'emprisonnement de l'intrus (*ibid.*). Crozier et Friedberg, de leur côté, empruntent l'expression d'*effets contre-intuitifs* pour qualifier des résultats, à la limite, aberrants sur le plan collectif, issus d'une multitude d'actions individuelles. Entre chaque intention et l'aboutissement collectif de ces choix autonomes interfère en effet une médiation inéluctable, c'est-à-dire « des construits d'action collective et la structuration des champs qu'ils instituent » (1977, p. 15).

La perte d'une liberté entendue comme la maîtrise de l'action telle que les philosophes la considéraient dans la tradition évoquée, pouvait accréditer l'idée non d'un acte simple mais d'une action complexe : à savoir un processus continu ayant pour auteur une sorte d'apprenti sorcier, perdant par conséquent tout contrôle, une fois le mécanisme enclenché. Comme le disait Weber, une activité est bien autre chose que de s'asseoir dans un fiacre et le faire arrêter à l'endroit convenu. Cependant les exemples de perte de maîtrise d'une action, en raison de ses conséquences non désirées, n'épargnent pas non plus les actes les plus usuels de la vie courante : celui de l'intrusion du cambrioleur est sans doute exceptionnel mais celui du fumeur ou du « grand buveur » qui répètent le même geste simple en y trouvant leur plaisir ou une détente, s'exposent aux effets pathologiques fâcheux que l'on devine.

Faut-il dès lors se résoudre à accepter le paradoxe de la liberté selon lequel, doit-on le rappeler, celle-ci disparaît dès l'instant où elle devrait se concrétiser par l'action ?

La liberté dans l'action

Il n'est pas d'un grand secours de se réfugier dans une tentative de définition de l'action qui la disséquerait en actes ou séquences d'actes pour se résoudre à la conclusion banale selon laquelle elle constitue un mélange d'actes libres et non libres, indépendamment de son résultat final rapporté au dessein initial de son auteur. Pour sortir de l'impasse, ne pourrait-on déceler dans l'action elle-même des possibilités qui lui permettraient d'échapper aux effets de son impuissance ? En guise de réponse, Arendt s'appuie sur la philosophie morale pour avancer trois solutions : le *pardon*, la *promesse* et la *sanction*.

Le déroulement de l'action est irréversible et imprévisible dans toutes ses conséquences : les hommes ne savent jamais exactement ce qu'ils font et, comme on dit, nos actes nous suivent. Dans l'incapacité où ils se trouvent de défaire entièrement ou partiellement ce qu'ils ont fait, c'est dans la faculté de pardonner et d'être pardonnés qu'ils peuvent trouver la raison d'agir de nouveau, sans traîner derrière eux le boulet des actes du passé. Dès lors, ainsi libéré de ce qu'il a pu réaliser à son corps défendant et se déliant mutuellement dans la vie sociale par le pardon, l'homme redevient un agent libre. Arendt rejoint ainsi la tradition kantienne qui absout l'homme des conséquences imprévisibles de son action compte tenu de la pureté de ses intentions. Dans la même perspective d'une rupture avec le passé, la sanction représente un autre moyen de mettre un terme à une action dont les effets ne cessent de se répercuter dans l'avenir, à l'insu de son auteur mais dont celui-ci doit néanmoins répondre.

Pour ce qui regarde à présent les actes futurs, la faculté de se lier par des promesses « sert à disposer, dans cet océan d'incertitude qu'est l'avenir par définition, des îlots de sécurité sans lesquels aucune continuité, sans même parler de durée, ne serait possible dans les relations des hommes entre eux » (Arendt, *op. cit.*, p. 302).

A considérer cette position philosophique, on se rend compte qu'elle ne résout pas les problèmes de la liberté dans l'action. N'envisageant, semble-t-il, que l'action complexe, Arendt ne montre pas que la liberté existe dans l'action. Les solutions évoquées ne servent qu'à mettre un terme à une action non libre pour permettre à l'acteur « déresponsabilisé » d'en entreprendre une autre qui présentera la même caractéristique fondamentale et ainsi de suite : ceci vaut pour le pardon et la sanction. Quant à l'obligation de se lier par la promesse qui rappelle les contraintes contractuelles, on ne voit pas bien en quoi elle libère l'agent des conséquences de son acte.

Ne peut-on, finalement, contester le postulat selon lequel la liberté n'existe que dans les possibilités d'agir et non dans l'action elle-même ? A notre avis, la tradition philosophique évoquée a certes raison de distinguer théoriquement – comme nous l'avons fait nous-même – la préparation de l'action qui se résume en une réflexion sur les possibilités de choix, d'une part, de l'action dans son déroulement, d'autre part : le découpage analytique y oblige. Cependant, si la théorie est un raisonnement, elle est aussi une observation qui exige de dépasser l'abstraction méthodologique dans sa confrontation avec la réalité concrète. Or, cette philosophie distingue trop abstraitement les possibilités d'agir et la réflexion qu'elle suppose en tant que processus antérieur et préparatoire, en quelque sorte, à l'action, mûri une fois pour toutes avant son enclenchement et liant ainsi son auteur pour l'avenir. La réponse sociologique à la question est beaucoup plus nuancée, qui inscrit dans la réalité sociale de l'action les possibilités elles-mêmes et les multiples choix que celles-ci ouvrent à l'agent.

Ainsi Simmel semble nourrir le point de vue philosophique en cause dans son essai sur la coquetterie (*Die Koketterie*, 1911), alors qu'à l'analyse, il l'infirme.

En effet, la coquette ne jouirait de sa liberté que tant qu'elle s'adonne à ce jeu labile du oui et du non, « antithèse et synthèse » en refusant de choisir et en retardant constamment sa décision ; dès lors qu'elle choisit, sa liberté s'envole.

« Tandis qu'elle fait dominer alternativement ou sentir simultanément le oui et le non, l'inclination et l'aversion, elle se retire de chacun des deux, elle manipule chacun comme un moyen derrière lequel se trouve en pleine liberté sa propre personnalité sans préjudice. (...) La force de la femme sur le oui et le non se trouve *avant* la décision ; quand elle a décidé, sa force, ayant pris telle couleur, est terminée dans les deux cas » (Simmel, 1989 [1911], pp. 215-216).

Or, en l'occurrence, le jeu de la coquette vis-à-vis de l'homme est incontestablement une action et, qui mieux est, une stratégie où l'agent choisit de ne pas choisir. Rapprochant l'art de la coquetterie, Simmel, empruntant à Kant sa définition de l'art, y voit « une finalité sans fin » :

« La coquette procède exactement comme si elle n'avait d'intérêt que pour son partenaire respectif, comme si son action devait déboucher dans la pleine mesure d'un don, de quelque façon qu'il soit qualifié. Or ce sens de finalité pour ainsi dire logique qu'a son action n'est certes pas son intention, mais au contraire elle laisse flotter cette action dans l'air, sans conséquence, en lui donnant un but tout autrement dirigé ; plaire, fasciner, être désirée, – mais sans se laisser nullement prendre au mot en cela. Elle procède d'une façon tout à fait "finalisée", mais la "fin" à laquelle ce procédé devrait parvenir dans la série de la réalité, elle la rejette et la volatilise dans la réjouissance purement subjective du jeu » (*op. cit.*, p. 220).

Si l'action n'est pas étrangère au fait de se ménager seulement des possibilités de choix, comme on vient de l'illustrer, elle ne l'est pas non plus aux possibilités ou aux choix pré-décisionnels, compte tenu de leur imbrication contextuelle dans la dynamique de ce processus. L'action, en quelque sorte, est toujours un choix en train de se faire. Ainsi, l'exemple simmélien n'est pas sans rappeler l'action rationnelle en finalité définie par son ami Weber qui, à l'analyse, révèle le caractère trop absolu de la distinction philosophique entre les possibilités d'agir, seules génératrices de liberté et l'action elle-même considérée dans sa réalisation, qui l'anéantirait. Dans cette hypothèse d'action, il est loisible en principe à l'agent d'adapter son comportement au vu des circonstances qu'il découvre, des réactions et des réponses d'autrui qu'il enregistre et de le modifier, au besoin, en appréciant les moyens mis en oeuvre par rapport aux objectifs initialement arrêtés. Au surplus, de nouvelles perspectives non prévues peuvent s'ouvrir dans le cadre de son action, qui en facilitent ou en hâtent la réalisation finale. Ces considérations très simples sur la maîtrise et le « contrôle » de l'action en train de se faire ont été très largement développées en sociologie, à la faveur des analyses fonctionnalistes et systémiques des organisations, et plus spécifiquement des études sur la communication dans ces milieux (Buckley, 1967, Deutsch, 1952). Ces courants d'idées se sont souvent inspirés d'ailleurs des apports de la cybernétique, montrant que des mécanismes de rétroaction (ou *feed-back*) animent le comportement humain. Transposant analogiquement dans la conduite de l'action la fonction homéostasique de l'organisme vivant – qui contribue à y maintenir une thermorégulation, compte tenu des diverses sollicitations d'ordre physique de l'environnement – ils soulignent les divers mécanismes de contrôle que l'agent utilise pour garder la maîtrise de son action, corrigeant au besoin son cours, compte tenu des informations que celui-ci s'organise à obtenir par la rétroaction. Voilà qui nous éloigne quelque peu de l'image de l'apprenti sorcier ou de celle de l'agent à la fois auteur et surtout victime de son action. On pourrait aussi évoquer dans le même esprit le succès des procédures envisageant cette fois non plus l'agent ou l'acteur individuel, mais l'acteur collectif à travers les organisations elles-mêmes qui institutionnalisent les mécanismes de contrôle par la création et la mise à jour de tableaux de bord et la mise en route d'audits sociaux. Il s'agit d'abord d'apprécier les écarts entre les objectifs initialement définis et les déviations éventuelles que le cours de l'action entraîne, par des mesures correctrices visant à les réduire ou les annuler.

Toutefois, ces modèles rationalistes qui inspirent le management sont fondés sur l'idée d'une liberté quasi inconditionnelle des agents décideurs qui, une fois le dessein arrêté, n'y reviennent plus. La mise en oeuvre doit couler de source si l'on a bien préalablement apprécié les paramètres en cause et anticipé leurs effets éventuels. On se contentera, dès lors, dans le déroulement de l'action, de surveiller et de contrôler le processus, en supprimant, au besoin, les écarts, grâce aux mécanismes de vigilance mis en place à cet effet. Or divers courants de pensée, tout en avalisant l'idée d'une maîtrise dans l'action, contestent l'idéalisme d'un scénario qui relie trop simplement la prise de décision et sa mise en oeuvre, en dehors de toute perspective de remise en question. Ainsi le courant dit incrémentaliste, illustré notamment par Lindblom et par Quinn conjugue la mise en oeuvre et l'intention pour en arriver à montrer que le cours de l'action lui-même s'identifie à un processus quasi permanent d'essais et d'erreurs, entraînant pour le moins une correction à la marge sinon une reformulation de la décision initiale. Plus nette encore se dessine dans cette voie la position du paradigme constructiviste qui considère la rationalité et, par conséquent, la liberté des décideurs en termes de capacité de réagir aux phénomènes émergents dans le déroulement de l'action. Selon cette orientation, comme le souligne Weick (1979), l'environnement et les contraintes qu'il dévoile ne sont pas des entités extérieures aux organisations ; ces contraintes sont « construites » en quelque sorte par leurs membres qui, à la faveur de leurs actions, traduisent, réaménagent, remodèlent ou effacent les divers éléments réputés objectifs de leur envionnement. En sorte qu'en dernière analyse, le projet initial peut s'en trouver complètement transformé (*cf.* à ce sujet : Pichault, 1993, pp. 35-38). On voit, dès lors, que les contraintes incidentes à l'action, bien que non prévues, peuvent être interprétées comme autant de profits pour l'acteur plutôt qu'en termes d'effets pervers. Loin d'être prisonnier de son choix initial, celui-ci garde ainsi l'initiative en se jouant des contraintes. C'est une attitude analogue que Giddens adopte à l'égard des contraintes de l'action, comme on le verra dans le cadre du chapitre suivant consacré au problème du pouvoir.

CONCLUSION

L'association de la rationalité à l'idée de liberté en ce que celle-ci suppose des choix dans une ou plusieurs alternatives et celle-là une intention qui incline à accomplir un acte plutôt qu'un autre, nous a conduit à bien distinguer, dans un premier temps, la préparation à l'action de son déroulement pour démontrer ultérieurement, à l'encontre d'un courant philosophique, que la liberté ainsi envisagée peut exister dans la réalisation de l'action elle-même parce que l'action et les possibilités de choix y sont indissociablement liées. D'autres philosophes que ceux que nous avons évoqués jusqu'ici, avalisent cette façon de voir. Ainsi, Jean-Paul Sartre, que le problème de la liberté préoccupe au premier chef, développe cette idée dans son ouvrage *L'être et le néant* (1982 [1943].

Pour celui-ci, la liberté est bien la condition de l'homme conçu essentiellement comme un être agissant, en sorte que celui-ci est toujours mis en situation de choisir. En effet, l'action même dans ce qu'elle peut avoir de plus passionnel, est nécessairement intentionnelle, pour autant qu'elle ne soit pas un pur *mouvement*. Et cette intention motive ou incline à un choix. Dans la réalité des situations, on ne peut opérer de distinction entre le choisir et le faire : « On ne saurait pas plus séparer l'intention de l'acte que la pensée du langage qui l'exprime... » (*op. cit.*, p. 540).

Ce point de vue rejoint ainsi tout à fait celui d'une sociologie de l'action qui conclut à l'existence d'une liberté, bien sûr dans l'état virtuel d'une possibilité de choix mais aussi, comme dit Giddens, en termes de « capacités causales » par le fait que ces capacités ne cessent de survenir dans la trame des actes qui concourent à l'action, ou, autrement dit, parce qu'il y a des actions incidentes dans l'action principale, la liberté fait partie intégrante de celle-ci. Soit, dira-t-on, mais ceci ne concerne que l'action rationnelle, c'est-à-dire une action qui donne matière à réflexion, si élémentaire que soit cette dernière. On en revient, dès lors, au constat selon lequel la plupart de nos actes ne relèvent pas de cette catégorie. Nous avons déjà partiellement répondu à l'objection en montrant que l'agent a la possibilité de changer de registre et que, par ailleurs, un acte émotionnel, s'il est volontaire, ou encore un acte traditionnel ou un processus automatique, comme le prouve l'exemple évoqué par Simon, ne sont pas exempts de rationalité. Enfin, si tant est que la plupart de nos actes ne sont pas

« pensés », il faut éviter les pièges d'un raisonnement purement statistique qui ferait accroire que le volume quantitatif d'un acte ou d'un type d'action prime nécessairement son importance qualitative. Le rôle de la liberté, écrit Leclercq usant de la métaphore organique, serait comparable à une sorte de médicament homéopathique instillé à dose infinitésimale dans l'organisme mais capable dès lors d'en réorienter le fonctionnement et la vie (1963 [1948], p. 171).

Jusqu'ici, l'analyse de l'action a surtout été envisagée dans le chef d'un agent ou d'un acteur plus ou moins isolé, ses relations avec autrui dans le contexte des milieux sociaux ou organisationnels étant simplement supposées ou sous-entendues. Il s'agit à présent de la prolonger en soulignant la relation fondamentale qui unit étroitement l'action au pouvoir.

5

Pouvoir et liberté

INTRODUCTION

On a vu que la liberté se définissait dans la théorie sociologique en termes de possibilités d'agir non seulement avant d'entreprendre une action quelconque, mais également dans le cours de son déroulement. La même analyse se complète par l'étude du pouvoir lorsque celui-ci définit l'agent exploitant non seulement les espaces de liberté que les contraintes lui ménagent mais se sert de celles-ci dans le contexte organisationnel de la négociation. D'où se dégagent ainsi deux voies d'analyse. La première met en évidence une liberté qualitativement importante en raison du poids de ses conséquences, bien qu'elle soit souvent contenue dans des limites restreintes qualifiées de zones, de marges ou d'interstices, bref un vocabulaire qui témoigne de l'étroitesse d'une liberté de manoeuvre. La seconde renverse, en quelque sorte, la perspective et s'intéresse à la contrainte elle-même, trop souvent connotée, à tort, négativement, pour montrer qu'elle n'est pas cette « empêcheuse de danser en rond » mais qu'elle peut être source de liberté. C'est autour de ces deux axes que notre chapitre est ainsi articulé.

POUVOIR ET LIBERTÉ DANS LA MARGE DES CONTRAINTES

Des nombreuses définitions du pouvoir qui parsèment la littérature sociologique, émerge très souvent l'idée d'une capacité d'influencer autrui (Dahl, 1957, pp. 201-215 ; Chazel, 1974, pp. 441-457 Giddens, 1987 [1984], p. 63 ;

Elias, 1991 [1939], p. 94). Cette idée s'exprime dans la définition classique du sociologue et politiste américain, Robert Dahl : le pouvoir de *A* sur *B*, dit-il en substance, se résume en la capacité de *A* d'obtenir que *B* fasse quelque chose qu'il n'aurait pas fait sans l'intervention de *A* (Dahl, 1957, pp. 202-203). Ajoutons à cette définition un élément qui n'aurait pas dû échapper à son auteur : il est clair que la capacité d'influence doit aussi s'interpréter dans la perspective de l'abstention au sens où *A* obtient de *B* qu'il n'entreprenne pas telle action.

Ainsi dit, l'épineuse question du caractère intentionnel ou volontaire est évitée d'où en résulte une source d'ambiguïté. Si l'on s'intéresse au problème de la liberté considérée dans la relation entre action et pouvoir, il est difficile d'exclure un minimum d'intentionalité ou de volition et, par conséquent, de conscience de l'acte, au risque de faire du pouvoir, comme le remarque opportunément Chazel, une notion inconsistante (1992, p. 196).

Qu'en est-il, en revanche, des conséquences non intentionnelles d'une action volontaire ? Le doute est permis en ce cas, quant au pouvoir de l'acteur, à moins que ces conséquences n'interfèrent pas de manière importante sur l'effet recherché (Chazel, 1992, p. 197). Tel n'est pas l'avis de Giddens qui, après s'être longuement étendu sur les conséquences de l'acte, comme on l'a vu, élude la question de l'intentionalité dans sa conception du pouvoir :

« Etre un agent, c'est pouvoir déployer continuellement, dans la vie quotidienne, une batterie de capacités causales, y compris celle d'influencer les capacités causales déployées par d'autres agents. L'action dépend de la capacité d'une personne de *créer une différence* dans un procès concret, dans le cours des événements. Un agent cesse de l'être s'il perd cette capacité de *créer une différence*, donc d'exercer du pouvoir » (Giddens, 1987 [1984], p. 63).

Plus généralement, la sociologie du pouvoir s'est intéressée au thème de la liberté pour critiquer un déterminisme trop appuyé qui considère à la limite « les structures de domination inhérentes aux institutions comme des broyeuses de *corps dociles* », selon l'expression de Giddens (*op. cit.*, p. 64). Dans le même sens d'une dénonciation du *sociologisme*[1], Crozier et Friedberg écrivent notamment :

« Contre les illusions des théoriciens de la domination et du conditionnement, mais aussi contre les fantasmes de toute puissance et de simplification qui surgissent constamment chez les hommes d'action, il faut donc affirmer avec

1. Par sociologisme, Bourricaud entend toute conception où les règles socio-culturelles considérées comme une régulation très contraignante s'érigent en système d'explication suffisant à rendre compte de tous les faits sociaux dont les sociologues ont à connaître, les possibilités de choix et les préférences des acteurs sociaux n'entrant dans la réalité sociale qu'au titre d'illusions, d'agents manipulés (1975, p. 597).

force que la conduite humaine ne saurait être assimilée en aucun cas au produit mécanique de l'obéissance ou de la pression des données structurelles. Elle est toujours l'expression et la mise en oeuvre d'une liberté, si minime soit-elle » (1977, pp. 38-39).

Par conséquent, dans la mesure de sa liberté ou de son autonomie, l'agent devient responsable de ses actes, alors que l'exagération déterministe tendrait plutôt à l'en exonérer, l'autorisant à chercher dans le système une excuse à ses échecs (*id., op. cit.*, p. 388). C'est donc autour de l'idée d'un pouvoir lié à une liberté d'action, limitée sans doute, que s'est développé à l'intérieur de l'actionnisme le paradigme de l'analyse stratégique. De quoi s'agit-il exactement ?

L'analyse stratégique fait d'abord appel à la notion d'acteur plutôt qu'à celle d'agent : celle-ci désigne trop vaguement l'auteur qui agit tandis que celle-là sous-entend que l'individu prend une part active dans la conduite de l'action. Cela dit, elle pose le principe selon lequel l'acteur n'est jamais totalement contraint dans une organisation quelconque, fût-elle la plus coercitive : notamment parce que toutes les situations, tous les problèmes ne peuvent être strictement réglementés de manière à lui imposer dans chaque cas la seule voie à suivre. Il en résulte à son profit une marge de liberté exploitable à la faveur des zones d'incertitude que les vides ou les blancs du système social lui ménagent. La stratégie de l'acteur est ainsi tracée, qui consistera à contrôler les sources d'incertitude tout en imposant à autrui sa façon de définir et de régler les problèmes (stratégie offensive), tout en évitant de se voir imposer celle des autres pour préserver sa propre marge de liberté (stratégie défensive). Sa marge de liberté et, partant, son pouvoir seront d'autant plus grands que la source d'incertitude qu'il maîtrise affectera de manière sensible la capacité d'autrui de développer une stratégie analogue (Crozier et Friedberg, 1977, pp. 79-80). Le concept d'incertitude (ou de « zone d'incertitude ») mis successivement en évidence par les travaux de Thompson (1949), Crozier (1963), Hickson (1971) et Crozier et Friedberg (1977), évoque non seulement les lacunes ou les blancs de l'organisation, mais aussi des situations dans lesquelles l'acteur invoque au contraire la stricte réglementation pour en revenir à la *normalité* dans la mesure où il en dépassait les exigences (Aubert, 1994, pp. 440-441). L'incertitude ainsi définie permet à l'acteur de garder son comportement imprévisible évitant de dévoiler son jeu à ses partenaires et, par là, d'être neutralisé par leur fait.

Vu dans ces termes, le pouvoir n'est pas considéré comme une chose en soi ni l'attribut d'une personne ; il est une relation conçue telle un rapport de force dans le cadre duquel les diverses ressources des acteurs (argent, compétence ou expertise, capital de relations, prestige, autorité) n'interviennent qu'au titre de moyens que les « règles du jeu » du système, d'une part, et les opportunités du moment, d'autre part, permettent de mobiliser pour accroître la liberté de celui qui y recourt (Crozier et Friedberg, 1977, pp. 79-80 ; Friedberg, 1993, pp. 249-251).

La notion de stratégie qui est au coeur du paradigme en cause suppose une conduite rationnelle, comme l'expriment Crozier et Friedberg (*op. cit.*, p. 79) et l'expression pléonastique de « stratégie rationnelle » appuie encore cette impression puisqu'elle se traduit plus concrètement par la négociation, la « manipulation », le calcul, le marchandage (*ibid.*), bref des possibilités d'action donnant, par définition, matière à réflexion. Or on a répété que la rationalité s'identifie à la liberté par l'attention et la réflexion – si élémentaire soit-elle – que l'acteur accorde à ces possibilités et à la décision de choix qui s'ensuivra.

S'inspirant très librement de la notion de rationalité telle que nous l'avons vue à propos des interrogations de Herbert Simon à ce sujet et des analyses de Goffman notamment, Crozier et Friedberg voient dans l'utilisation de la notion de stratégie le moyen d'expliquer en outre les comportements irrationnels et même les conduites tout à fait erratiques, en sorte que, pour ces deux auteurs, il n'y aurait plus que des comportements rationnels. Dès lors, la stratégie n'implique plus nécessairement la volonté ni même la conscience de l'acte. Voici donc, qu'après avoir rappelé utilement que l'homme n'est pas seulement une main, comme le supposait la conception taylorienne de l'organisation, ni simplement un coeur, comme le revendiquait le courant des relations humaines, il est « avant tout une tête, c'est-à-dire une liberté » (*op. cit.*, p. 38) ; il est encore rationnel et donc libre même lorsqu'il la perd ! L'évanouissement d'un individu est une stratégie à l'aide de laquelle l'acteur prend le parti de changer la conscience qu'il a de son environnement en perdant connaissance ; est aussi qualifiée de stratégie rationnelle l'attitude du schizophrène qui « choisit » de se couper du monde extérieur, dans l'incapacité où il se trouve de le changer (*op. cit.*, p. 48). A retenir ces deux exemples, on y confond la stratégie proprement dite et la tactique, si tant est que l'on veuille rester dans le champ de la rationalité, puisque la première implique une distance ou une extériorité de l'action par rapport à l'objet ou à la situation sur laquelle l'agent veut agir, alors que la seconde se fait au coup par coup, « sur le terrain », à la faveur d'une exploitation de conjonctures particulières (*cf. infra,* p. 89).

C'est à tort aussi que la prétendue stratégie de l'évanouissement est inscrite dans le champ de la rationalité et, par conséquent, dans celui de la liberté, par Crozier et Friedberg qui se réfèrent à ce sujet à Sartre :

« L'évanouissement, la cataplexie, dans la peur, écrit effectivement ce dernier, visent à supprimer le danger en supprimant la conscience du danger. Il y a *intention* de perdre conscience pour abolir le monde redoutable où la conscience est engagée et qui vient à l'être par elle » (Sartre, 1982 [1943], pp. 499-500).

Or pour ce philosophe, si le comportement émotionnel est bien pour lui une action libre – ce qui est très contestable et très contesté d'ailleurs[2] – il le situe

2. *Cf.* à ce sujet notamment les critiques tout à fait fondées, à notre avis, de Herbert Marcuse qui reproche à Sartre une perte du sens des réalités lorsque ce dernier soutient par exemple que « les tenailles du bourreau ne nous dispensent pas d'être libres » (1970 [1948], p. 230.

en revanche en dehors de la rationalité. Il distingue en effet, très clairement, *mobile* et *motif*, celui-ci objectivant l'action volontaire et rationnelle par ce que se rapportant à la volonté, celui-là poussant obscurément l'acteur sous l'emprise des émotions, des passions ou des désirs (*ibid.*).

Dès lors, la conduite ou l'action strictement émotionnelles, même si on leur trouve une « raison » physiologique ou psychologique, n'entrent pas dans le champ de la rationalité, parce qu'on ne peut leur trouver une raison qui soit socialement objectivable, à moins, bien entendu, que l'acteur ne se serve de l'émotion : en ce cas, celle-ci devient instrumentale et entre, à ce titre, dans l'action rationnelle. Il nous paraît donc essentiel, comme le souligne Boudon dans son *Esquisse d'une théorie de la rationalité*, de maintenir la distinction entre l'action rationnelle et l'action irrationnelle et de ne point inclure dans le champ de la conduite du premier type, l'action purement émotionnelle (1995, pp. 527-563).

L'exemple du jeu instrumental de l'émotion nous ramène à Goffman et aux contresens qui résultent de l'interprétation que Crozier et Friedberg donnent à ses travaux, en se référant surtout à son célèbre ouvrage *Asiles*. Autre chose, en effet, est de renoncer à croire en l'existence de comportements irrationnels pour les considérer désormais comme rationnels en se plaçant du point de vue subjectif de l'acteur ; autre chose est de qualifier de rationnel un comportement irrationnel ou même erratique, *en apparence*. En effet, lorsque Goffman s'intéresse aux *institutions totales*, c'est-à-dire là où les gens mènent une vie recluse selon des modalités rigoureusement réglées, telles les prisons, les casernes, les hôpitaux et les asiles, il développe la thèse déjà évoquée selon laquelle des comportements taxés objectivement d'irrationnels sont en fait subjectivement tout à fait rationnels et non pas erratiques comme tendraient à le faire accroire les personnes qui en ont la charge. Dans l'exemple de la clinique psychiatrique, le patient est doublement « aliéné », d'une part, en raison du handicap de sa maladie et, d'autre part, en raison du pouvoir et de l'arbitraire de l'institution qui l'abrite. Dans le contexte d'une vie totalement coupée de l'extérieur où tout est minutieusement réglementé, la liberté du malade paraît bien insignifiante sinon nulle. Elle serait limitée non pas à la possibilité de convenir d'une stratégie, ce qui suppose une élaboration mentale ou une réflexion bien arrêtée pour prendre attitude, mais à celle d'user seulement de tactiques, c'est-à-dire de s'adapter aux circonstances par le recours à des expédients. Or, pour Goffman, la liberté de reclus idéalement exprimée par le choix en une conduite d'hostilité, d'affection ou d'indifférence se traduit en fait par des tactiques, rationnelles par définition, à la faveur desquelles le reclus s'adapte à l'institution totale.

Ces modes d'adaptation sont de quatre types. En premier lieu, le *repli sur soi* : il s'agit pour le reclus de simuler un désintérêt profond pour tout ce qui se passe en dehors de lui, et d'affecter même de regarder les choses dans une perspective éloignée de celle qui est communément partagée. En second lieu, *l'intransigeance* : le reclus refuse catégoriquement de collaborer avec le personnel. Ce type de tactique essentiellement défensive peut virer en une attitude collective plus offensive lorsqu'il opte alors pour une stratégie de l'agacement dans l'hôpital débouchant sur une espèce de guérilla psychologique des malades, à la faveur d'une pression concertée sur les infirmières, comme le développe Kuty dans un ouvrage plus récent (1994, pp. 86-87). En troisième lieu, *l'installation* dévoile un reclus qui se satisfait des bribes de l'existence normale que l'établissement laisse échapper, l'autorisant ainsi à se construire une petite existence nourrie par tous les avantages que sa débrouillardise lui procure. En quatrième et dernier lieu, le reclus exploite la *conversion* en feignant d'adopter l'opinion de l'administration et de son personnel dans la ligne de la soumission au rôle du parfait malade.

« Alors que le reclus *installé* se construit pour lui-même une communauté aussi libre que possible, en usant de toutes les maigres ressources dont il dispose, le converti adopte une attitude plus soumise, rigide, incolore, offrant l'image de celui qui met en toutes circonstances son enthousiasme pour l'institution à la disposition du personnel » (Goffman, 1968 [1961], pp. 104-109).

On voit donc que l'acteur entravé dans une réglementation tentaculaire et surveillé par un personnel d'encadrement autoritaire dispose de diverses possibilités d'action susceptibles de se traduire en comportements rationnels, si l'on veut bien se placer à son point de vue, selon l'approche wébérienne bien connue de la sociologie compréhensive. Les différents modes d'adaptation évoqués ne constituent pas, dès lors, des comportements irrationnels ni, poussés en leurs extrêmes, erratiques, mais témoignent au contraire d'une cohérence dans la structure de l'action et de sa mise au point. Ces quatre types de possibilités en ouvrent de nouvelles par la faculté de mélanger les styles en regard des relations que les reclus entretiennent entre eux. Ceux-ci gardent respectivement l'initiative de doser par opportunisme les attitudes arrêtées pour ne pas trop apparaître vis-à-vis de leurs compagnons comme des lécheurs de botte en train de fayoter ou des hommes liges de l'institution (*id., op. cit.*, pp. 109-111). Au surplus, tirant parti des possibilités réglementaires octroyées par celle-ci, le reclus rationalise son action en assistant, par exemple, à un exposé ou une séance de thérapie, pour y trouver l'aubaine d'un siège confortable et d'une cigarette ou encore en se prêtant volontiers à un traitement ou à des tests pour y trouver l'occasion de rencontrer du personnel féminin.

Dès lors, les comportements supposés irrationnels peuvent n'être que la couverture de comportements rationnels, comme l'illustrent certaines manoeuvres des malades mentaux, évoquées par Goffman et les conduites réputées déviantes que nous avons évoquées précédemment, tel, par exemple, l'objectif de réaliser un exploit en courant le risque de voler un objet sans intérêt pour l'auteur du vol. L'extension de la sphère de la rationalité à ces types de comportement n'implique pas, pour la cause, bien entendu, l'inexistence de conduites tout à fait erratiques, spontanément émotionnelles, c'est-à-dire irrationnelles.

Les analyses goffmaniennes ont ouvert la voie à divers courants dont celui de la sociologie de la vie quotidienne. Celle-ci met notamment l'accent sur l'existence d'un pouvoir du faible à travers les combines, les astuces, les petites libertés qui émaillent les pratiques journalières. Exploitant dans cet esprit la distinction entre *stratégie* et *tactique* évoquée précédemment, Michel de Certeau définit celle-ci, par rapport au pouvoir stratégique et objectivable :

« Elle fait du coup par coup. Elle profite des "occasions" et en dépend, sans base où stocker des bénéfices, augmenter un propre et prévoir des sorties. Ce qu'elle gagne ne se garde pas. Ce non-lieu lui permet sans doute la mobilité, mais dans une docilité aux aléas du temps, pour saisir au vol les possibilités qu'offre un instant. Il lui faut utiliser, vigilante, les failles que les conjonctures particulières ouvrent dans la surveillance du pouvoir propriétaire. Elle y braconne. Elle y crée des surprises. Il lui est possible d'être là où on ne l'attend pas. Elle est ruse. En somme, c'est un art du faible » (Certeau, 1980, pp. 86-87).

Dans le même ordre d'idée, des sociologues se réclamant peu ou prou de la sociologie de la vie quotidienne évoquent une stratégie de la résistance. Celle-ci s'incarne dans des mouvements sociaux de dissidence qui critiquent souvent avec les moyens de la non violence, les formes de domination légale des faiseurs de décision, tantôt dans le contexte des sociétés totalitaires, tantôt dans les sociétés où la logique du seul profit et de l'affairisme engendre l'exclusion de ceux qui n'ont pas les moyens de s'y inscrire ou qui la récusent pour des raisons sociales et idéologiques. On pense bien entendu aux travaux de Touraine et de ses collaborateurs sur les mouvements sociaux dans le cadre de la sociologie de l'action telle qu'il la conçoit, mais aussi à la stratégie de la dissension que Busino attribue à des acteurs qui limitent leur action à proposer des mécanismes correcteurs des dysfonctionnements que les excès d'une société désenchantée ont générés :

« La dissension s'exprime par la persuasion, la critique, la pression, l'exhortation, et toujours par des moyens non violents. Elle vise au plus haut point les *decision-makers*, afin qu'ils optent pour certains choix plutôt que d'autres, ou qu'ils modifient certaines décisions. L'histoire du premier mouvement écologique est un bon exemple de cette affirmation : musiciens, photographes, colporteurs, artisans, paysans, guitare en bandoulière et fleurs dans les cheveux, pressent les autorités à s'occuper de la pollution atmosphérique, à surveiller de plus près les émanations des usines, à se pencher sur la dégradation des milieux végétaux et animaux » (Busino, 1993, p. 150).

Dans les termes d'une problématique déterministe plus appuyée, des sociologues du courant de la vie quotidienne comme Maffesoli et Javeau considèrent la liberté telle une autonomie d'action très interstitielle. Le premier voit dans la stratégie de la dissidence une entreprise de lente érosion conduisant à une dialectique de destruction et de reconstruction sociale qui, bien que violente, n'est pas identifiable à un reliquat anachronique d'un ordre barbare disparu ; il la considère plutôt comme le seul recours des exclus, des anomiques qui refusent de se soumettre à la domination absolue de la raison : ainsi s'expliqueraient la fureur urbaine, les incendies volontaires, le vandalisme (Maffesoli, 1978, pp. 103-111). Le second, appliquant le théorème bien connu de William Thomas selon lequel la croyance est susceptible de créer la situation, voit dans la liberté une illusion créatrice d'effets réels et développe une dissertation à caractère normatif où la liberté ne peut s'imposer dans une société qui, tout en la proclamant, la nie en fait par les conformismes sociaux qu'elle surimpose aux relations de l'individu. Celui-ci n'a plus d'autres ressources que de se terrer à l'affût d'une inattention du « système » et sa protestation et sa résistance au système prennent la forme d'une « revendication d'hérésie », « une marche à reculons », « un petit murmure dans le bruit du monde » (Javeau, 1987 [1985], pp. 77-83).

LA CONTRAINTE COMME SOURCE DE LIBERTÉ

Si le pouvoir a souvent mauvaise réputation par les connotations de marchandage, d'ambition, d'intrigues, de grenouillage que ces identifications péjoratives sous-entendent, la contrainte n'est pas beaucoup mieux lotie lorsqu'elle semble contredire une valeur centrale aussi positive que celle de la liberté : contraindre l'homme, n'est-ce pas tout simplement le priver de liberté ? Pourtant, que l'on remonte à Kant, Locke, Montesquieu ou Rousseau, la liberté n'est pas considérée dans leur philosophie politique comme la licence de faire ce que l'on veut ; elle en serait plutôt la négation. Dans cet esprit, la liberté s'apparente à la contrainte des lois et des règlements parce que celles-ci sont censées être rationnelles et, de ce fait, promulguées dans le souci de servir le bien commun. En sorte que si tout un chacun y perd une parcelle de son autonomie, il en regagne davantage sur le plan global de la société. Liberté, loi, autorité partagèrent pour ainsi dire pour la plupart des philosophes du XVIIIe siècle, un statut d'équivalence. On sait tout le parti que Durkheim en a tiré et notamment de l'idée rousseauiste d'une liberté forcée pour justifier la contrainte sociale.

Il n'est pas inutile de s'arrêter quelque peu sur la notion de contrainte pour montrer dans quelle mesure, loin des discours de la philosophie et des sciences politiques, elle est à considérer dans l'action sociale comme source de liberté dans la dialectique des relations de pouvoir.

On a souvent prétendu que Durkheim voyait le fait social dans la contrainte. Bien qu'il ne réduise pas celle-ci à celui-là, il privilégie en effet cette approche parce qu'elle lui sert d'argument, au nom du rationalisme scientifique, pour soumettre les faits sociaux à l'analyse objective en les faisant considérer comme des choses. A cet effet, les contraintes sont à la fois extérieures à l'individu, puisqu'elles existaient bien avant sa naissance et qu'elles subsisteront après sa disparition. Elles sont aussi internes à lui-même, puisqu'il se voit obligé, en quelque sorte, de les intérioriser sous le coup de la menace ou de l'application effective d'une sanction sociale, juridique ou morale, celle-ci n'étant rien d'autre que la dimension contraignante du pouvoir ou de l'autorité.

Mais lorsqu'on parle de contrainte, encore faut-il s'entendre sur la signification d'un concept aussi vague. On peut avancer qu'il en existe, grosso modo, de trois types : elles sont d'ordre matériel ou physique, d'ordre psychologique ou physiologique et d'ordre socio-culturel.

Les deux premiers types de contraintes sont considérés comme rigides ou encore comme des donnés difficilement modelables. Or, à considérer les seules contraintes physiques, on observera que les progrès scientifiques ont pu faire reculer les frontières du possible, notamment à la faveur de l'évolution des moyens de transport ou de celle des nouvelles technologies de l'information et de la communication. Un raisonnement analogue vaut pour les contraintes physiologiques. La nature humaine a ses limites et, entre autres exemples, l'allongement inconsidéré du temps de travail ou le travail de nuit engendre des effets perturbants sur les rythmes circadiens que la chronobiologie a bien mis en évidence. De même, on a vu que nos capacités sensorielles d'enregistrement et de mémorisation sont également limitées, en évoquant la notion de cadre de référence. A ces limites naturelles s'ajoutent les impératifs d'une éthique sociale qui s'oppose à ce que l'homme fasse n'importe quoi dans le contexte des manipulations génétiques. Il n'empêche que les progrès de la science ont pu faire reculer les limites de certains obstacles naturels, avec, hélas, toute l'ambiguïté que ces progrès recèlent.

Le troisième type de contrainte que l'on dit social ou culturel, celui qui nous intéresse tout particulièrement, tient d'abord dans les modèles culturels plus ou moins prégnants ainsi que dans les normes et les diverses modalités de contrôle social que la société et ses institutions prescrivent. Il tient, ensuite et plus simplement, au fait évident que l'acteur social n'est pas seul en scène et que son action est toujours susceptible d'être affectée par celle d'autrui : cette interférence peut être, selon les cas, insignifiante, contrariante ou paralysante. La question ici n'est pas de soumettre à l'examen les possibilités d'agir en l'encontre de ces contraintes, mais de voir dans quelle mesure celles-ci se transforment en quelque sorte en moyens d'exercer sa liberté. C'est pourquoi on négligera les deux premiers types parce que, en suivant Giddens, ceux-ci ne dérivent pas de l'action réciproque à la faveur des relations que les individus entretiennent entre eux (1987 [1984], p. 232).

En revanche, le troisième type qui vise essentiellement les contraintes sociales ou culturelles touche directement à notre sujet parce que, si les institutions et les mécanismes de contrôle inhérents à leur fonctionnement, d'une part, et l'action des acteurs sociaux, d'autre part, sont matières à contraintes, celles-ci sont aussi « habilitantes ». En effet, ce qui contraint un acteur en vertu d'une relation de pouvoir asymétrique qui avantage son partenaire, habilite ce dernier à imposer ses vues à celui-là. Ainsi, les conditions de travail qu'un employeur impose en fait à un travailleur qui n'a que sa force de travail à lui offrir, habilite le premier mais contraint le second (Giddens, *op. cit.*, pp. 235-236). Dans le même ordre d'idées, on a vu, à propos de la typologie wébérienne de l'action rationnelle, que la tradition ou la coutume qui s'imposent par une espèce de sacralisation du passé, peuvent être autant de moyens dont l'acteur peut se servir pour accroître sa marge de liberté.

Toutefois, compte tenu de l'asymétrie des relations de pouvoir qui habilitent les uns au détriment des autres, notamment parce que le rapport de force joue en un sens, le schéma d'interprétation de Giddens simplifie une réalité plus riche de ce point de vue. En effet, les partenaires en présence sont, chacun pour ce qui les concerne, à la fois contraints et habilités dans le cadre des rapports de marchandage : ce qui nous renvoit aux analyses stratégiques de Goffman et à celles de Crozier et Friedberg.

En premier lieu, l'exercice de l'autorité ou du pouvoir repose sur le bon vouloir de celui ou de ceux qui doivent s'y soumettre : le travailleur dans l'entreprise, les enfants vis-à-vis de leurs parents, les élèves à l'égard de leurs professeurs, les prisonniers à l'égard de leurs geôliers disposent de plus d'un moyen pour paralyser cet exercice ou engager un combat de bras de fer dont l'issue est souvent incertaine. Dans les organisations à finalité économique, le recours à la grève rappelle que l'exercice de l'autorité repose en partie sur le bon vouloir des travailleurs ; les manoeuvres de freinage et celles de sabotage mais aussi les applications de la règle à la lettre ou grèves du zèle illustrent d'autres applications de ce principe.

En second lieu, comme on a déjà eu l'occasion d'en parler, les règlements ne prévoient pas toutes les situations possibles qui émaillent la vie quotidienne de travail dans les organisations. L'existence de zones d'incertitude explique que la relation d'autorité s'exerce nécessairement avec une part d'arbitraire qu'il ne faut nullement confondre avec un détournement ou un abus de pouvoir car, en ce dernier cas, il y violation pure et simple de la norme. L'exercice de cet arbitraire peut donner lieu à un marchandage entre supérieurs et subordonnés, en attendant qu'une nouvelle règle soit prise, à moins que les uns et les autres ne préfèrent s'accommoder de cette situation, se réservant mutuellement la possibilité de faire peser la menace de l'instauration d'une règle. Notons ici que Crozier et Friedberg hasardent à ce propos un bien grand mot, le chantage, et ravalent ainsi, si l'on ose dire, cette machination au rang de la banalité (Crozier,

1964, pp. 58-59 ; Crozier et Friedberg, 1977, pp. 74 et 76). Or si le chantage n'a pas toujours l'odeur de l'argent, il exhale par contre le parfum du scandale. Bien qu'il n'y ait pas de théorie sociologique du chantage, Goffman en esquisse une typologie, qui distingue la *machination*, le *chantage préventif*, le *chantage de préservation* et, enfin, le *chantage complet* ou *classique* (1975, pp. 94-95) : toutes ces formes rendent compte de cette exhalaison de scandale qu'il faut encore soigneusement distinguer d'autres actes délictueux qui entachent la vie organisationnelle comme le harcèlement sexuel, par exemple. C'est pourquoi l'interprétation de Crozier et Friedberg nous paraît bien abusive car si le chantage est une manifestation odieuse de marchandage, tout marchandage n'est pas chantage.

Il arrive, par ailleurs, que le marchandage déborde du cadre des zones d'incertitude pour investir des zones réglementées. En ce cas, les partenaires ou les parties en présence décident de commun accord de tolérer des situations manifestement contraires à la règle si, d'aventure, celle-ci embarrasse ou énerve les uns et les autres : les marchandages entre les geôliers et leurs prisonniers ou entre les surveillants et les élèves sont bien connus à ce sujet. Goffman a très bien décrit la vie parallèle et clandestine de l'univers des reclus dans les prisons, hôpitaux, cliniques psychiatriques, armée, etc., où s'organisent des trafics d'alcool, de cigarettes et autres drogues, en contravention avec les règlements, ainsi que les rapports de connivence qui s'établissent avec les gardiens, surveillants et autres médecins, en échange d'une certaine soumission ou de la conformité à un modèle de subordination (Goffman, 1968 [1961], pp. 101, 113, 144, 147, 321-328).

Ces considérations qui attestent l'existence d'un pouvoir du faible, à travers l'usage d'une liberté interstitielle et, d'une manière plus générale, des possibilités de négociation des travailleurs à travers les rapports hiérarchiques qui reposent en partie sur leur bon vouloir, corrigent le modèle trop sommaire des relations de soumission et de conformisme, même tempéré par l'inertie ou la résistance passive (Crozier et Friedberg, 1977, p. 36).

En conclusion, la contrainte, même dans ses aspects les plus formellement définis et sanctionnables, telles les règles du jeu dans les organisations et, plus largement, les lois et les règlements, est à la fois habilitante pour celui qui y trouve la source de son autorité mais aussi pour celui qui y est soumis, car il peut, de son côté, invoquer la contrainte légale ou réglementaire soit pour obliger l'autorité ou celui qui la représente à la respecter et l'empêcher ainsi de commettre un abus de pouvoir, soit encore pour marchander d'éventuelles transgressions, comme l'illustrent les relations de connivence évoquées précédemment.

La contrainte devient dans ces perspectives un moyen dont peuvent se servir les acteurs pour accroître leur marge de liberté. Elle n'est pas seulement habilitante pour un acteur à l'exclusion de l'autre dans une relation bilatérale, comme le sous-entend Giddens, mais habilitante de part et d'autre. En revanche, la conclusion de ce dernier le conduit à adopter une vision constructiviste qui dénonce, à juste titre, la réification des contraintes sociales que, par une analogie abusive, on rapproche trop facilement de l'idée des contraintes physiques ou biologiques, avec ce que celles-ci sous-entendent de naturel et d'immutabilité. En sorte qu'un tel glissement analogique tendrait à faire accroire que les propriétés structurelles des systèmes sociaux agissent sur les individus, à l'instar des forces naturelles, pour les pousser à agir selon des lois prédéterminées.

« De telles conceptions, écrit Giddens, sont étroitement liées au dualisme du sujet individuel et de l'objet sociétal : la *structure* semble alors *extérieure* à l'action humaine, elle semble contraindre la libre initiative du sujet constitué indépendamment d'elle » (*op. cit.*, p. 65).

Or l'action est à la fois structurée et structurante. Tout en étant déterminée par la structure sociale des organisations dont l'acteur fait partie intégrante, elle lui sert de moyen en sorte qu'il lui est possible de la maintenir, la renforcer, la modifier, la supprimer selon ses objectifs ou au gré de ses intérêts : ce qui permet de dénoncer la dualité qui sépare artificiellement l'action et les relations sociales, d'une part, de la structure qui les encadre ou les environne, d'autre part. Nous avons déjà évoqué une problématique similaire à propos de la notion de rationalité investie dans l'action coutumière ou traditionnelle. La coutume ou la tradition, rappelons-le, représentent une détermination sociale plus ou moins contraignante dont l'acteur peut se servir pour accroître sa marge de liberté, puisqu'en l'invoquant dans une situation donnée, elle devient habilitante en lui donnant un atout susceptible d'entraver l'action d'autrui.

CONCLUSION

Considérer le pouvoir dans l'optique de la liberté met bien en relief l'évolution de celle-ci dans les espaces que les sources d'incertitude contribuent à créer dans les organisations. Cela illustre aussi la manière dont la liberté se fraye inéluctablement un chemin dans les univers clos des institutions réputées totales ou totalitaires, à la faveur de stratégies ou de modes d'adaptation sous le couvert de l'irrationalité.

La problématique actionniste, à travers ses paradigmes de l'analyse stratégique ou le constructivisme tel que le conçoit Giddens, ont, au surplus, dégagé les possibilités d'une exploitation des contraintes elles-mêmes comme ressource d'un pouvoir générateur d'une action libre. Ces analyses tempèrent ainsi les théories de la domination, confirmées par les traditions néo-marxistes qui négligent de prendre en considération le jeu stratégique des acteurs. Mais, comme l'écrit très bien Gusdorf, « la liberté n'est pas tout, et elle n'est pas rien ;

elle se situe précisément entre le zéro et l'infini ». Et celui-ci d'ajouter dans la conclusion à son *Introduction aux sciences humaines* :

« Une attitude vraiment positive et expérimentale permet de concevoir la liberté non pas comme un absolu, comme un don gracieux, mais comme un art du possible. [...] Car la liberté est l'enjeu pour chacun de cette négociation quotidienne, au prix de laquelle chaque homme essaie de manifester ce qu'il est, en usant au mieux des circonstances favorables ou défavorables. Chacun est appelé à gagner sa vie, ou à la perdre, selon l'usage qu'il fait du monde et de lui-même » (Gusdorf, 1974 [1960], p. 510).

6

Le paradoxe de la remise en question de la théorie des rôles

INTRODUCTION

La notion de rôle est incontestablement l'un des piliers de la théorie sociologique, quels que soient, au demeurant, les paradigmes qui l'orientent. Le rôle est, en effet, ce costume que revêt l'individu en tant qu'acteur social. Autrement dit, le rôle fait de l'action strictement individuelle une action sociale. Or voici que ce concept fondamental est remis en question précisément au nom de la liberté de l'individu. La critique relative à l'utilité du concept n'est pas nouvelle, mais il faut bien réaliser que les grands courants actuels de la sociologie, malmenant de plus en plus les visions trop déterministes ou jugées telles, entraînent dans la même mise à mal les théories du rôle, qui semblent leur être trop attachées. Très paradoxalement, c'est dans l'optique de la liberté de l'individu que des sociologues tiennent à cette notion pour l'inscrire au coeur de leur problématique.

C'est par conséquent dans les termes de ce débat, prolongeant en quelque sorte, l'analyse du pouvoir, que nous envisagerons ce chapitre. Au préalable, il convient cependant de rappeler très brièvement la thématique traditionnelle des rôles pour mieux saisir les enjeux de la discussion.

LA THÉORIE CLASSIQUE DES RÔLES

La théorie classique des rôles telle qu'on va la rappeler dans ses très grandes lignes est surtout empruntée à la tradition ethnologique et aux paradigmes fonctionnalistes qui la sous-tendent, actualisés cependant dans la perspective d'une adaptation à des systèmes sociaux plus modernes que ceux qui charpentent les sociétés traditionnelles.

Selon la théorie ainsi adaptée, si le rôle fait de l'action individuelle une action sociale, cela tient surtout à deux raisons. En premier lieu, l'exercice d'un rôle suppose nécessairement l'exercice corrélatif d'autres rôles et, en conséquence, l'existence d'une interaction sociale au moins virtuelle. Ainsi, le rôle de père n'est guère concevable sans le rôle correspondant de fils ou de fille, celui de professeur implique celui d'étudiant et celui de médecin suppose celui de patient. En second lieu, le rôle résulte d'un processus d'institutionnalisation qui l'inscrit progressivement, à la faveur de l'habitude ou de la routine, dans des pratiques sociales invétérées. En effet, l'individu n'étant pas en mesure de réfléchir en fait à toutes les voies d'action qui s'offrent à lui, trouve dans la routine le confort qui le libère de l'effort de la réflexion. Il a certes créé cette accoutumance mais à partir de l'observation des autres agents ayant adopté, bien avant lui, des conduites habituelles. En sorte que sa routine s'est inspirée de celle des autres et s'est coulée dans des modèles d'actions typiques. Une telle modélisation des comportements finit par donner un rôle et s'accompagne d'une institutionnalisation qui peut en préciser les droits, les devoirs et les obligations plus ou moins impératives :

« Les institutions, par le simple fait de leur existence, contrôlent la conduite humaine en établissant des modèles prédéfinis de conduite, et ainsi la canalisent dans une direction bien précise au détriment de beaucoup d'autres directions qui seraient théoriquement possibles » (Berger et Luckmann, 1986 [1966], p. 79).

C'est ce processus d'institutionnalisation qui façonne l'aspect normatif du rôle, c'est-à-dire le *statut*. Le statut s'analyse comme un ensemble de droits et d'obligations socialement déterminés. Ainsi les qualités d'homme et de femme, de père, de professeur, de médecin représentent autant de manières d'être que la société reconnaît officiellement. Cependant celle-ci y attache tantôt des exigences, tantôt des recommandations plus ou moins précises auxquelles le titulaire du statut doit répondre. Pour éviter que cette signification sociale ne soit confondue avec son acception juridique qui vise l'ensemble des textes légaux réglant la situation de catégories d'agents publics, des sociologues reprennent la graphie américaine – héritée du latin – de *status*. Si l'on s'en tient à cette définition du statut, le rôle s'entend soit de la manière dont le titulaire d'un statut doit y satisfaire, auquel cas le rôle se définit en termes d'attentes, soit de la façon dont il y répond effectivement à travers son comportement.

En conclusion, rôles et statuts sont les deux faces d'une même réalité. Comme le rappelle l'ethnologue Ralph Linton, il n'y a pas de statuts sans rôles ni, bien entendu, de rôles sans statuts (1968 [1936], p. 138 ; *id.*, 1961, p. 202). Le statut revêt avant tout un aspect *normatif*, à considérer les droits et devoirs qu'il implique ; tandis que le rôle représente le côté dynamique ou *processuel* du statut en tant qu'il déroule un processus d'action ou de comportements conformes aux valeurs dominantes, et dont la dérivation pourrait engendrer des sanctions sociales, juridiques ou non. Dans des termes quelque peu différents reflétant toutefois la même conception, Parsons écrit notamment (c'est nous qui traduisons) :

« D'un côté existe l'élément positionnel : repérer où l'acteur en question se situe dans le système social par rapport aux autres. C'est ce que nous appellerons son *statut*, autrement dit sa place dans le système des relations considéré comme structure ou un système agencé de *parties*. D'un autre côté émerge l'aspect d'un processus, c'est-à-dire ce que fait l'acteur en relation avec les autres envisagé dans le contexte de sa signification fonctionnelle en regard du système social » (1959 [1951], p. 25).

Le statut et le rôle se décomposent selon la dissection proposée par l'ethnologue Siegfried Nadel inspirée de Linton, en trois types d'attribut : un attribut fondamental, des attributs importants et des attributs périphériques. L'attribut fondamental permet d'accéder au statut. Il se gagne à la faveur de l'exploitation de dispositions naturelles ou du mérite et en ce cas, détermine un statut *acquis* : ainsi le diplôme de docteur en médecine, la nomination à un poste quelconque dans une entreprise ou une administration, la capacité de peindre des tableaux ou de jouer d'un instrument de musique sont autant d'attributs fondamentaux qui vont, en quelque sorte, conditionner les autres attributs dans le cadre du modèle statutaire. Il arrive aussi que l'attribut fondamental soit un élément de la vie sociale sur lequel l'individu ne peut agir ou n'agit que très difficilement, déterminant en ce cas un statut *prescrit* ou *assigné*. Il s'agit, par exemple, de qualités physiologiques telles que le sexe ou l'âge ou, dans les sociétés traditionnelles, des hasards de la naissance qui font naître les individus libres ou esclaves, nobles ou roturiers, hors castes ou dans une caste déterminée. Les attributs importants relèvent des droits et des obligations que confère l'attribut essentiel. Les attributs périphériques relèvent de l'image ou du stéréotype que les gens ont en tête à propos du statut, tels les signes extérieurs attestant un certain standing de vie pour le titulaire d'une profession libérale (Nadel, 1970 [1957], pp. 60-64).

A ces différents attributs répondent les attentes de ceux qui tiennent les rôles correspondants : les étudiants attendent de leur professeur qu'il dispense ses enseignements ; les patients attendent de leur médecin qu'il exerce son activité thérapeutique et fasse preuve d'une certaine disponibilité à leur égard. Les attributs du rôle ou du statut représentent ainsi autant d'exigences qui s'imposent plus ou moins impérativement selon leur degré d'importance. Bien que celles-ci ménagent à l'acteur une relative liberté d'interprétation du rôle et d'improvisation dans son exercice, trop de liberté affichée dans la prise de rôle pourrait mériter la réprobation ou même entraîner des sanctions sociales.

Telle est rapportée dans ses très grandes lignes la théorie classique des rôles qui est surtout d'essence ethnologique, comme les noms de Linton et de Nadel le suggèrent. Elle sera cependant reprise et élargie par des courants de pensée plus sociologiques que l'on rangera sous la bannière du fonctionnalisme ou du structuro-fonctionnalisme, comme nous allons le voir.

CRITIQUE DE LA THÉORIE

La remise en question de la théorie des rôles oscille entre la critique de ses insuffisances et des dangers qu'elle représente sur le plan idéologique, d'une part, et le décret de son inutilité totale, d'autre part.

C'est du premier pôle de la critique que relèvent les nettes réserves formulées pour la première fois, semble-t-il, par Ralf Dahrendorf à l'endroit de la théorie des rôles, qui, selon ses propres termes, illustre bien « le paradoxe dialectique de la liberté et de la nécessité » (1958, p. 198). Au nom de la liberté de l'homme « réel », il dénonce le caractère artificiel d'un *homo sociologicus* construit sur la base des rôles et des statuts. Celui-ci est dépeint tel un être ployant sous les nécessités des obligations que les valeurs d'une idéologie dominante, en général, et son statut, en particulier, lui imposent. L'individu se voit obligé de se fondre dans le moule de la conformité, rendu incapable d'inventer, d'innover ou de se révolter. Au surplus, ce façonnement assorti de sanctions pour quiconque dévierait de la normalité ainsi imposée, dédouble en quelque sorte l'individu en l'*aliénant* par une espèce de déshumanisation bureaucratique contraire à ses virtualités créatrices. Ces considérations débouchent sur la crainte de voir s'instaurer ou se raffermir des sociétés totalitaires (Dahrendorf, 1958).

Giovanni Busino avalise, pour l'essentiel, la même thèse en reprochant le déterminisme trop contraignant de la problématique des rôles qui met en cause la liberté humaine. Dans la foulée des critiques généralement formulées à l'endroit de la théorie des rôles, il conclut à son inutilité :

« En réduisant l'homme à ses rôles, en le rivant à son status, on fait s'évaporer les illusions sur la liberté et sur l'invention individuelles, on consolide l'inexorabilité des structures sociales existantes et l'immuabilité des normes en vigueur, et on détermine ainsi des modèles de comportement et des attentes qui, en dernière analyse, renforcent ou favorisent certaines groupes sociaux au détriment de tous les autres. Au lieu de perdre son temps à vérifier les fondements logiques des concepts et l'élégance des élaborations théoriques, il serait plus utile de révéler ce à quoi ils servent réellement, comment, pourquoi, par qui et contre qui ils sont utilisés. Dans cette perspective, la valeur heuristique de cette notion paraît faible au regard de sa portée idéologico-politique, qui est considérable : le concept de rôle se présente comme le mécanisme de régulation et de conditionnement des comportements humains, alors que celui de status est là pour convaincre que tous les individus doivent nécessairement occuper une et une seule position fixe dans l'espace social » (Busino, 1993, p. 80).

Plus spécifiquement, la critique des rôles s'adresse au fonctionnalisme (et au structuro-fonctionnalisme) parce que les théories qui s'en inspirent privilégient l'articulation de la société en rôles, statuts et autres positions sociales dans une perspective jugée trop nettement déterministe. Ainsi, sans renoncer au reproche du caractère idéologique de ces paradigmes en raison du conservatisme qui les sous-tendraient, Crozier et Friedberg soulignent les insuffisances de la thématique des rôles en regard des relations de pouvoir dont ils font l'axe central de leur système explicatif :

« Dans une perspective étroite de socialisation, on voit bien comment les individus peuvent être façonnés par les normes de leurs rôles, elles-mêmes renforcées par les attentes de leurs partenaires et appuyées sur l'existence de valeurs intégratives. Mais dans la perspective plus complexe qui découle de la mise en évidence des relations de pouvoir, dans un ensemble organisé, cet appareil conceptuel apparaît franchement insuffisant pour rendre compte de stratégies d'acteurs capables de liberté et non pas seulement de comportements isolés d'acteurs passifs. La théorie structuro-fonctionnaliste achoppe, en effet, sur une conceptualisation trop rationnelle de rôles articulés les uns sur les autres par un *deus ex machina* dans un tout cohérent » (Crozier et Friedberg, 1977, pp. 84-85 ; *cf.* aussi Friedberg, 1993, p. 227).

Dans leur problématique, la capacité de liberté de l'acteur – on l'a vu au chapitre précédent – tient notamment à sa faculté d'exploiter les zones d'incertitude du système et de rendre, ainsi, son comportement imprévisible. Or voici que la théorie des rôles réduit, au contraire, et cette incertitude et cette imprévisibilité puisqu'elle entend le rôle soit au sens de ce que l'acteur devrait faire, compte tenu de son statut, soit au sens de son comportement effectif dicté par ce même statut. Dans cette conjoncture, l'individu aliène en quelque sorte sa liberté puisqu'il devient aisé d'anticiper les attitudes et les conduites des acteurs (Crozier et Friedberg, *op. cit.*, pp. 96-97). Au surplus, la déviance, sous quelques modalités qu'elle se manifeste, est considérée comme anormale ou pathologique parce qu'elle révèle une mauvaise interprétation des rôles risquant de compromettre le bon fonctionnement du système (*ibid.*).

Pour sortir d'embarras et restituer à l'individu la liberté que l'enfermement des contraintes préexistantes étouffe, les mêmes auteurs recourent à l'analogie méthodologique en proposant un paradigme centré sur le concept du jeu. Ce faisant, on va renverser la perspective critiquée puisqu'au lieu de partir des contraintes, qu'elles s'expriment, au demeurant, en termes de structure, système, statut ou rôle, on part de l'individu considéré comme un acteur autonome jouant selon la seule contrainte des règles du jeu. D'après cette conception, la structure devient un ensemble de jeux qui varient selon les niveaux de l'organisation, articulés cependant les uns aux autres, à la faveur de mécanismes généraux de régulation. La structure contraignante, loin de disparaître, ne pèse que sur un répertoire de stratégies possibles au choix de l'acteur et est susceptible de se modifier au gré d'un jeu qui reste toujours ouvert :

« Le jeu est ici le concept fondamental de l'action organisée, c'est-à-dire d'une action se déroulant dans un contexte d'interdépendance stratégique. Lui seul est capable de concilier liberté et contrainte, autonomie des acteurs et intégration de leurs comportements. Les joueurs restent libres mais doivent, pour faire avancer leurs intérêts, accepter les contraintes qui leur sont imposées, en attendant de pouvoir éventuellement les modifier dans un deuxième temps. Et les résultats du jeu n'auront pas été obtenus par une commande directe du comportement des participants, mais à travers l'orientation qui leur a été donnée par la nature et les règles du jeu que chacun joue et dans lequel ils continuent de poursuivre leur intérêt » (Friedberg, 1993, p. 227 ; *cf.* aussi Crozier et Friedberg, 1977, pp. 97-105).

Très paradoxalement, c'est aussi le concept de jeu – mais autrement employé – qui revient chez des sociologues qui, plutôt que de renoncer à la théorie classique des rôles, la raffine en en montrant les subtilités et les vertus heuristiques à travers les problématiques particulières qu'elle induit. Derrière la notion de jeu, c'est de nouveau tout le problème de la liberté de l'individu qui est, bien entendu, en cause puisque celle-ci suppose notamment un choix entre diverses possibilités d'action.

LATITUDE OU LIBERTÉ DANS LES RÔLES

Pour bien rendre compte des orientations de recherche qui valorisent la notion de liberté dans les rôles, à travers la métaphore ludique, il convient d'envisager les deux hypothèses suivantes : la première s'entend dans le contexte de la pluralité des rôles que tient un même acteur et la seconde se concentre sur l'analyse du rôle considéré dans sa singularité.

Il est clair que chaque personne n'est pas confinée dans l'exercice d'un seul rôle, elle en tient plusieurs, compte tenu de la pluralité de statuts attribués socialement aux individus. Les concepts de *statut global* ou de *position sociale* traduisent cette réalité plurielle. Ainsi, dans un système social comme la famille, une même personne peut être investie de deux statuts différents : celui de père et celui d'époux, par exemple. Dans les grandes familles de type clanique, la même personne peut tenir le rôle de père, d'époux, de fils, de frère, etc. De plus, la société moderne favorise la multiplicité des statuts et des rôles et fait en sorte que les gens mènent des doubles, des triples, des quadruples vies, en raison de la multiplicité des institutions qu'elle ne cesse de créer pour répondre aux nouveaux besoins qui émergent.

« La liberté personnelle, écrit Goffman, s'inscrit en effet dans les marges de jeu que laissent entre elles les institutions différentes : le moi commence à exister pour lui-même dans la mesure où il accède à une gamme de plus en plus étendue de rôles, et il y parvient lorsqu'il participe à une vie sociale diversifiée » (1968 [1961], p. 33).

Il rejoint ainsi les considérations de Simmel sur la liberté gagnée à la faveur des appartenances multiples et de la diversité des allégeances que celles-ci engendrent. Or, la multiplicité des rôles, le caractère composite de certaines rôles (ce que Merton appelle « role set » ou *rôles associés*), leurs interférences, les sous-rôles découlant d'un rôle principal, les compensations de rôles, etc., permettent à l'individu de jouer sur plusieurs registres et d'utiliser ainsi certains de ces rôles, principaux ou secondaires, comme alibi. C'est dans cette direction que Peter Berger développe à ce propos tout un discours sur la liberté humaine. Après avoir nié le caractère scientifique de ce dernier concept, il revient, en quelque sorte, sur sa position première pour en nuancer le contenu estimant que la liberté revêt une signification autant philosophique ou métaphysique que sociologique. Son explication des rôles, très fonctionnaliste au demeurant, fait appel aux concepts d'« extase » et de « mauvaise foi ». Laissons provisoirement de côté le premier en nous intéressant d'abord au second pour la commodité de l'exposé.

Empruntant à Sartre l'idée de la « mauvaise foi » (Sartre, 1982 [1943], pp. 82-107), Berger la définit comme la possibilité laissée à l'individu de proclamer comme nécessaire, face à « l'angoisse du choix » ce qui relève, en fait, de son libre arbitre. Quiconque explique ou s'excuse d'avoir accompli tel acte, fut-il le plus répréhensible ou le plus scandaleux, au motif qu'il n'avait pas le choix, est de mauvaise foi. Paradoxalement, cette faculté d'invoquer la mauvaise foi est la condition même de la liberté, et la multiplicité des rôles qui fait de la vie sociale « un gigantesque dispositif de mauvaise foi » accroît d'autant notre liberté puisque chaque rôle inclut une telle possibilité de fuite ou d'alibi. Alors que le fonctionnalisme, compte tenu des aspects contraignants que son déterminisme sécrète, tendrait à atténuer sinon à dissoudre la responsabilité de l'individu, le modèle auquel Berger se réfère la rétablit en quelque sorte, même si la mauvaise foi colle aux structures sociales, telle une nécessité fonctionnelle. Et Berger de conclure :

« La société représente ainsi un mécanisme géant permettant à l'individu d'échapper à sa propre liberté. Mais si la société nous apparaît comme une immense conspiration de *mauvaise foi*, voilà qui témoigne encore – comme dans le cas de l'individu – de la possibilité d'une liberté qui doit son existence à la société elle-même. Nous sommes des êtres sociaux et toute notre existence est liée à des situations sociales spécifiques. Les mêmes situations sociales susceptibles de nous enferrer dans la mauvaise foi peuvent aussi devenir occasions de liberté. Nous pouvons jouer notre rôle social consciemment ou aveuglément. Et dans la mesure où nous le jouons consciemment, il peut devenir le véhicule de nos propres décisions. Toute institution sociale peut servir d'alibi, devenir un instrument d'aliénation de notre liberté. Mais certaines institutions au moins peuvent devenir des boucliers protecteurs permettant aux hommes libres d'agir librement » (1977 [1963], p. 202).

La pluralité des rôles donne ainsi à l'individu la possibilité de jouer sur plusieurs tableaux, en prétextant les exigences et les attentes d'un rôle pour se soustraire à celles d'un autre, selon les opportunités.

Quittons à présent l'hypothèse de la pluralité des rôles pour reconsidérer le rôle dans sa singularité. La théorie qualifiée de structuro-fonctionnaliste insiste sur la notion de *variance* dans la conformité. Cela signifie que la modélisation des rôles, sous l'influence plus ou moins prégnante des valeurs sociétales ou groupales, laisse à l'intérieur de certaines limites, une latitude plus ou moins grande de possibilités d'action et donc de liberté. La dissection du rôle opérée par Nadel laissait entendre cette latitude (ou ce jeu, tant au sens théâtral qu'au sens mécanique du terme) lorsqu'il y distinguait les trois sortes d'attribut selon leur degré de permissivité. Le paradigme du jeu appliqué à la théorie des rôles trouve surtout dans les travaux d'Erving Goffman la plus éclairante illustration, quand il exploite systématiquement une analogie méthodologique entre le théâtre et la vie quotidienne. Voici en quelques mots comment il traduit la variance dans la prise d'un nouveau rôle :

« Quand quelqu'un change effectivement de position dans la société et doit jouer un nouveau rôle, on ne lui indique certainement pas dans tous les détails comment il doit se conduire, et la réalité de sa nouvelle situation n'est certainement pas d'emblée contraignante au point de déterminer sa conduite sans qu'il ait besoin d'y réfléchir davantage. D'ordinaire, il ne reçoit que quelques indications, suggestions et directives pour sa mise en scène, et il est admis qu'il possède déjà dans son répertoire un grand nombre de bribes de représentations qui lui seront nécessaires dans son nouveau décor. L'acteur a déjà une bonne idée de ce à quoi ressemble la modestie, ou la déférence, ou l'indignation vertueuse, et il peut se permettre de jouer ces bouts de rôles lorsque c'est nécessaire (...). La socialisation peut ne pas comporter un apprentissage aussi minutieux des nombreux détails propres à un rôle précis. On aurait rarement assez de temps ou d'énergie pour cela. Ce qui semble être exigé de l'acteur, c'est qu'il apprenne suffisamment de bouts de rôle pour être capable d'"improviser" et de se tirer plus ou moins bien d'affaire, quelque rôle qui lui échoie. Les représentations normales de la vie quotidienne ne sont pas “interprétées” ou “mises en scène” au sens où l’acteur connaîtrait d’avance exactement ce qu’il va faire, et le ferait uniquement à cause de l’effet que cela peut avoir » (Goffman, 1973 [1956], t. 1., pp. 73-74).

Dans une analyse plus circonstanciée, cet auteur développe la notion de « role distance » pour mettre en évidence la liberté que l’acteur prend vis-à-vis de son rôle. Autrement dit, celui-ci dispose de la liberté de prendre ses distances par rapport à son rôle en refusant de s’y identifier et même d’accepter les significations que le système social y attache. Sans nier le rôle qui lui est imparti, le cas échéant, il reste en retrait par rapport à celui-ci, en feignant, par exemple, de s’y investir à fond, puis signifiant à son entourage du moment que « cela a assez duré » ; ou encore en essayant de s’isoler soit par un semblant d’attention, soit en se retirant à l’écart, dans les coulisses de l’action, pour éviter la contamination de la situation (1961, pp. 83-152).

C’est en s’inspirant de l’idée de prise de distance par rapport au rôle que Berger développe toujours dans la même perspective de la liberté de l’acteur, l’idée d’« extase ». Entendue dans son sens étymologique, elle vise le fait de se tenir à l’écart ou de sortir des contraintes sociales routinières. Sans quitter pour autant le paradigme ludique, au sens théâtral du terme, Berger essaie de montrer que, sans abandonner obligatoirement un univers pour un autre, l’acteur a le loisir de tenir ses distances vis-à-vis de son monde :

« Dès qu’un acteur joue délibérément et mensongèrement son rôle sans engagement intérieur, il est en situation extatique par rapport au *monde-qui-va-de-soi* (...). Ce que les autres considèrent comme son identité la plus profonde, il s’en sert comme d’un déguisement commode » (1977 [1963], p. 190).

En sorte que finalement, la perception sociale se voit transformer par l’extase qui fait d’un *donné* un simplement *possible.* Dès lors, le paradigme fonctionnaliste du jeu, entendu au sens théâtral ou dramatique du terme, rejoint le paradigme stratégique du jeu, puisque le théâtre, la scène, les coulisses et autres déguisements transposés analogiquement dans l’ordinaire de la vie évoquent une société incertaine et imprévisible : « Tout en exerçant sur nous leurs contrôles et leurs contraintes, conclut Berger, les institutions de la société se présentent en même temps comme des conventions dramatiques, voire des fictions. Elles ont été inventées par des metteurs en scène du passé et d’autres metteurs en scène pourront donc les renvoyer au néant d’où elles sont issues. Tant que nous sommes engagés dans le drame social, nous conférons une valeur éternelle à ces conventions éphémères. Nous agissons *comme s’il* n’y avait pas d’autre moyen d’être homme, sujet politique ou religieux, ou encore d’exercer telle profession – encore que, par instants, même les moins imaginatifs d’entre nous se rendent bien compte qu’ils pourraient faire quantité de choses fort différentes. Si la réalité sociale résulte d’une création dramatique, c’est donc qu’elle reste aussi toujours malléable. Ainsi ce modèle dramatique nous offre une échappatoire qui nous permet de nous arracher au déterminisme rigide dans lequel nous avait d'abord enfermés la pensée sociologique » (*op. cit.*, p. 193).

Plus récemment encore, Jean-Daniel Reynaud exploite dans son ouvrage *Les règles du jeu* (1989) l'idée de la distance que l'acteur peut prendre vis-à-vis de son rôle et la liberté qu'il s'octroie en conséquence, en jouant sur les perceptions différentielles des attentes que celui-ci suscite :

« Si le rôle est défini par les attentes d'autrui, elles-mêmes liées au rôle d'autrui, il est bien clair qu'il n'est nullement nécessaire et qu'il n'est pas toujours vrai que l'ensemble soit bien lié. Les différentes attentes peuvent être assez opposées pour parfois se contredire. Ce que les ouvriers attendent du contremaître peut être bien distinct de ce que le chef d'atelier attend de lui, par exemple en matière de contrôle du travail, bien que le premier ne soit pas totalement indépendant du second. […] Le détenteur du rôle peut, en constatant les divergences ou les contradictions des attentes qui l'entourent, en jouer : le professeur peut chercher à plaire aux étudiants, même sur les points où cela déplaît à ses collègues, ou se moquer de ses devoirs d'enseignant pour consacrer tout son temps à des publications scientifiques » (*op. cit.*, p. 50).

CONCLUSION

Il est vrai que la pensée sociologique était à ses débuts fort tributaire de la théorie ethnologique des rôles, laquelle s'appliquait pertinemment au contexte très contraignant des sociétés traditionnelles où les écarts par rapport à l'uniformité de la norme pouvaient être durement sanctionnés. Il ne faut pas, cependant, exagérer la rigidité déterministe des théories fonctionnalistes ni de celles qui s'en inspirent, à l'image d'une critique qui trouve la thématique des rôles désuète, inutile ou heuristiquement stérile. L'impression que celle-ci nous en donne paraît aller jusqu'à la caricature sinon jusqu'à la charge, non seulement parce qu'elle glisse sur les aspects de variance ou les passe sous silence, mais aussi parce qu'elle reproche à tort aux fonctionnalistes de considérer comme pathologique la déviance, les conflits, la contestation au motif que ces « dérivations » dérangeraient le bon fonctionnement du système social. Qu'il nous suffise de rappeler que Durkheim lui-même, lorsqu'il analyse le phénomène le plus anticonformiste qui soit, à savoir, le comportement criminel ou délictueux, le considère comme nécessaire à la société parce que la définition du crime dépend du système de valeurs relatif et donc susceptible de changer de telle sorte que le délinquant ou le révolutionnaire d'aujourd'hui peut devenir le conformiste de demain :

« Le crime est donc nécessaire : il est lié aux conditions fondamentales de toute vie sociale, mais par cela même, il est utile, car ces conditions dont il est solidaire sont elles-mêmes indispensables à l'évolution normale de la morale et du droit »

(Durkheim, 1973 [1895], p. 70) ; *id.*, 1975 [1895], pp. 173-180). Et d'ajouter : « La libre philosophie a eu pour précurseurs des hérétiques de toute sorte que le bras séculier a frappés » (1973 [1895], p. 71).

Au surplus, le fonctionnalisme de Merton, particulièrement mis en cause par la critique de la théorie des rôles, remet en question l'identité entre la déviance et l'anormalité. Selon celui-ci, la rébellion partage avec le conformisme, l'innovation, le ritualisme et l'évasion, le statut de mode d'adaptation à la structure sociale (Merton, 1965 [1953], pp. 167-191). Que dire, enfin, de tout ce courant fonctionnaliste illustré principalement par Coser qui, s'inspirant de la théorie du conflit chez Simmel, développe l'idée des *conflits intégrateurs* comme soupape de sécurité en y voyant autant d'exutoires semblables au lit d'un fleuve torrentueux qui roule le flot des tendances refoulées, protégeant ainsi le système social de leurs effets destructeurs (Coser, 1982 [1957], p. 27).

Quant à dire que la théorie des rôles, parce qu'elle relève essentiellement du paradigme fonctionnaliste, témoigne par là de son insuffisance à expliquer convenablement la réalité sociale, le même discours vaut pour n'importe quel paradigme, si l'on entend par là, bien entendu, une façon de poser et d'éclairer un problème avec les questions et les réponses que cette mise en perspective suppose. Aucun paradigme en soi ne peut avoir le privilège de tout expliquer.

Mais le propos du chapitre n'est pas d'orienter un débat sur la valeur respective des paradigmes susceptibles d'expliquer l'action et la relation sociale qu'elle enclenche ou oriente. On a voulu surtout montré dans quels termes la sociologie envisage la liberté dans la théorie des rôles. On a vu que cette notion trouve aussi bien à s'exprimer, d'une part, dans le paradigme stratégique qui met en avant le concept de jeu, sans parvenir toutefois à évacuer, à travers cette analogie méthodologique, la notion de rôle, que, d'autre part, dans la théorie classique considérée dans son moule fonctionnaliste. Ces deux éclairages, loin d'être tout à fait contradictoires, se complètent au contraire pour rappeler que, si d'un côté, la société fait l'homme, de l'autre, c'est l'homme qui contribue à la construire. Giddens dit autrement la même vérité en rappelant que l'action sociale est à la fois *structurée* et *structurante*.

Les deux grands paradigmes en cause dont l'un prétend supplanter l'autre se rejoignent en fait dans l'exploitation de l'analogie du jeu et, ajouterons-nous ici, au-delà dans la conception stratégique des rapports sociaux. Busino, partisan de l'abandon de la théorie des rôles, observe qu'elle disparaît des paradigmes plus nouveaux, tel l'individualisme méthodologique prôné par Boudon. Il est vrai que dans le *Traité de sociologie* publié sous sa direction (1992), le thème n'est plus repris. Cependant, dans la 3e édition du *Dictionnaire critique de la sociologie* publié en collaboration avec François Bourricaud, ces deux auteurs écrivent : « Important (...) dans l'analyse de certains phénomènes microsociologiques, la notion du rôle l'est au premier chef, cela est évident, dans l'analyse microsociologique. Elle est un concept clé de la sociologie des organisations et de la sociologie de la famille » (1990 [1982], p. 505).

On a vu qu'il était illusoire de récuser la théorie des rôles au nom de la liberté ; il est par conséquent tout aussi illusoire de l'ignorer au profit de l'analyse stratégique qui revendique cette liberté de l'acteur parce que celle-ci se sent également à l'aise dans la théorie fonctionnaliste des rôles comme le rappelait Boudon dans *La logique du social* : « *Variance* des rôles, *ambivalence* des normes qui *définissent* les rôles, caractère *composite* de certains rôles, et *interférences* entre rôles constituent quatre phénomènes essentiels pour le sociologue. Leur existence introduit dans les systèmes de rôles un jeu (au sens mécanique du terme) suffisant pour que l'existence d'une dimension stratégique soit toujours garantie. Quel que soit le degré de minutie avec lequel les institutions définissent les éléments d'un système de rôles, cette minutie n'est jamais suffisante pour priver l'acteur social de toute marge d'autonomie. L'existence même d'interférences entre rôles, de contradictions entre les normes attachées aux rôles démontrent *a posteriori* l'existence de cette marge d'autonomie : des normes contradictoires ne peuvent être simultanément observées » (1979, p. 71).

Le rôle n'est donc pas ce costume étriqué ni engonçant que le fonctionnalisme ethnologique ou anthropologique donne souvent à entendre, compte tenu des contextes traditionnels soumis à ses investigations. Il s'accorde parfaitement avec le jeu de la stratégie et, par conséquent, avec celui de la liberté :

« L'interprétation d'un rôle social ne consiste donc pas seulement à lui apporter des nuances, ou de la chaleur, ou une inflexion personnelles. Elle consiste en une véritable stratégie, individuelle ou collective, stratégie de légitimation et, par conséquent, de pouvoir » (Reynaud, 1989, p. 51).

Il est vrai cependant, comme le rappelait dans ses propos désenchanteurs et résignés le poète Alfred de Vigny, qu'« on n'est pas toujours maître de jouer le rôle qu'on eût aimé, et l'habit ne nous vient pas toujours au temps où nous le porterions le mieux ».

3

La liberté à l'épreuve : le travail, le loisir, l'art et la mode

7
Le travail entre nécessité et liberté

INTRODUCTION

Comme on l'a souligné dans l'introduction générale de cet ouvrage, il ne s'agit pas, dans ce chapitre – ni dans ceux qui vont suivre – d'exploiter systématiquement la problématique de la liberté, notre ambition se limitant à en relever des orientations de recherche suffisamment significatives, à les comparer et à les critiquer au besoin.

La façon dont le thème de la liberté a été rencontré dans l'étude sociologique du travail ne permet pas de se cantonner du seul point de vue de l'agent (ou de l'acteur) individuel ; elle oblige à remonter jusqu'au niveau sociétal et à relier, ainsi, divers plans d'analyse. Les grands précurseurs de la pensée sociologique comme Tocqueville et Marx n'ont pas manqué, en effet, de discerner les rapports entre la démocratie et la conception qu'ils en avaient respectivement, d'une part, et l'organisation du travail dans la première société industrielle, d'autre part. Nous avons écarté, jusqu'ici, l'une des significations courantes de la liberté, celle qui relève en fait surtout des sciences politiques ; on la qualifie généralement de liberté formelle, alliée en ce sens aux valeurs de la démocratie en tant qu'elle ménage au citoyen le droit de participer, quoique très indirectement et abstraitement, à la faveur du suffrage universel, à la vie politique. Mais à quoi sert-il d'être libre dans ces conditions si l'on ne l'est pas ou peu dans le cadre d'une activité aussi centrale que celle du travail ? C'est dans ces termes que l'on oppose précisément la liberté formelle à la liberté réelle. L'analyse de la liberté dans le cadre du travail et de son organisation permet ainsi de rencontrer le sens que lui donnent les sciences politiques sans pour autant, bien entendu, le développer car ce n'est pas notre objet. Elle permet aussi de le retrouver analogiquement, en quelque sorte, comme on le verra, lorsque la liberté du travailleur est envisagée dans un contexte qui transpose le modèle politique dans le cadre institutionnalisé du travail, ainsi que l'illustrent les entreprises de démocratie industrielle et autres initiatives d'autogestion.

Pour bien saisir la problématique de la liberté dans le travail, telle qu'elle a été envisagée par la sociologie, il nous faut encore faire un peu d'histoire des idées. Ce préambule est motivé par le souci de montrer combien l'héritage des anciens a pesé lourdement sur notre conception du travail, laquelle n'est d'ailleurs pas universelle, et sur les malentendus que ce legs a favorisés dans la société industrielle, notamment en opposant trop simplement l'activité laborieuse à celle que l'on dit de loisir. Ce rappel historique sera doublement utile puisqu'il nous servira également à mieux saisir les enjeux considérés dans le chapitre suivant qui prolonge celui-ci dans le mouvement antithétique. En effet, que ne dit-on que le travail est l'empire de la nécessité ou de la contrainte et le loisir, celui de la liberté. Affirmation sans nuance qui occulte, au surplus, l'existence d'une troisième sphère d'activité humaine, celle que l'on dit artistique, tantôt satellisée sinon annexée purement et simplement à la sphère du loisir devenue ainsi culturelle, tantôt à celle du travail par le côté productif qu'elle représente.

Après avoir rappelé cet héritage et tenté d'apprécier son poids sur les conceptions actuelles, nous examinerons le thème fondamental de l'aliénation, avec toute la charge d'équivoque que ce terme comporte, pour mieux faire apparaître les lignes d'un discours sociologique qui montre comment y réagit et s'y exprime la liberté du travailleur.

L'HÉRITAGE

Il est courant d'affirmer que dans l'antiquité, le travail était méprisable et le loisir estimable. Le premier était surtout le lot des esclaves et, accessoirement, celui des commerçants et du monde des affaires, tandis que le second était celui de l'homme libre. Soit, mais quelles réalités siègent derrière cette distinction antithétique et quelles justifications en étaient alléguées ?

Le travail évoquait essentiellement une activité bien distincte de l'oeuvre ou du produit qui pouvaient en représenter un des aboutissements concrets. Le travail ainsi conçu visait toute occupation destinée à pourvoir aux besoins de la vie et, de ce fait, liée à la contrainte de la nécessité. Dès lors, pour se libérer du travail nécessaire à la vie, les anciens choisissaient de soumettre en esclavage des individus qui endosseraient les charges de la nécessité, c'est-à-dire les tâches serviles que l'ordinaire de la vie courante oblige à accomplir. Posséder des esclaves revenait ainsi à maîtriser la nécessité pour vivre librement. Platon et Aristote se rejoignaient en quelque sorte pour proclamer, le premier, que la nature a pourvu au service des basses besognes en créant à cet effet des êtres rustres qui devaient y trouver leur contentement ; le second y voyait des êtres incapables de prévoir et de choisir, bref, de réfléchir, ce qui les retranchait de la compagnie des hommes. A ces travailleurs esclaves, les anciens y ajoutaient dans la même logique de la prise en charge de la nécessité, les paysans puisque ceux-ci participaient à la satisfaction des besoins élémentaires de la vie ordinaire. Etait également soumis à l'empire de la nécessité et se privait en conséquence de la condition de l'homme libre, quiconque devait travailler pour gagner sa vie, même si son activité se rapprochait ou s'identifiait à ce que nous considérons comme du travail intellectuel : tel le commerçant ou encore l'écrivain public. Cependant, l'évolution des moeurs dans la Rome antique tendait à l'octroi d'un statut particulier pour ces derniers, distinct de celui dévolu aux esclaves.

Quant à l'homme libre, il est inexact de prétendre qu'il se complaisait dans l'oisiveté au sens où ce terme doit être entendu aujourd'hui. En fait, comme le rectifie très opportunément Arendt (1992 [1958], p. 127), sa condition était celle de la *scholè* (littéralement : l'abstention) qui n'est pas assimilable à l'oisiveté car ne point travailler ne signifiait pas ne point s'occuper. Ses occupations, au contraire, pouvaient rappeler le travail, étant toutefois entendu que celles-ci étaient prises non pour gagner sa vie mais pour le plaisir de meubler utilement son temps. Ainsi, gérer ses propriétés foncières et régenter sa maisonnée ne tombaient pas sous le coup de la nécessité. Au surplus, les charges politiques et les activités culturelles de l'époque ne relevaient pas du travail proprement dit mais participaient de la condition de l'homme de loisir. Toutefois, il est difficile de penser que les affaires – définies de manière très significative négativement en latin par le terme *negotium* (soit nec otium, le non loisir) – le laissaient indifférent, en raison des avantages pécuniaires qu'il pouvait en tirer pour attester et accroître son train de vie. Aussi, des accommodements paraissaient possibles avec le système politique.Si d'aventure, en effet, des notables s'abouchaient avec quelques marchands pour écouler des surplus de produits de leurs exploitations agricoles, il fallait, à tout le moins, qu'ils demeurassent dans l'arrière-boutique pour ne point s'afficher au comptoir. Bref, pour tirer parti d'un négoce inavoué ou clandestin, ils pouvaient faire des affaires en évitant d'être dans les affaires.

Ce premier aperçu met bien en évidence la séparation très nette entre le travail et le loisir conçus en termes d'activités et de statuts qui sous-tendent le système politique de la Grèce et de la Rome antiques, à travers une distinction très dichotomisée entre deux classes sociales principales : l'une se voit refuser la condition humaine puisqu'il faut bien qu'elle permette à l'autre d'être libre. Cependant, si le travail est ainsi assimilé à l'activité répondant aux nécessités de la vie quotidienne et correspondant à un *homo laborans*, esclave ou assimilé à cette condition d'abaissement, que devient celui qui réalise une oeuvre ou un produit, qu'il soit artisan ou artiste, au demeurant ? Autrement dit, quel est le statut de l'*homo faber* en regard de l'*homo laborans* et celui de l'homme de loisir (ou homme libre) qualifié improprement d'*homo ludens*, comme si le jeu résumait justement le principal de ses activités ?

L'antiquité semble avoir négligé la distinction entre l'oeuvre et le travail, comme le souligne Arendt (*op. cit.*, p. 129). En sorte que, enfermée dans sa logique dualiste, elle devait se résoudre à ranger l'activité donnant lieu à un produit fini dans l'un des deux statuts. Dès lors, si le producteur – appelons-le ainsi – fabriquait une oeuvre pour assumer sa subsistance, il entrait indubitablement dans l'ordre de la nécessité : ainsi du commerçant, de l'artisan et même de l'artiste créant pour gagner sa vie (et *a fortiori* s'il travaillait de ses mains comme le sculpteur ou le peintre). L'*homo faber* rejoignait dans cette conjoncture l'*homo laborans*. A l'inverse, si le producteur « travaille » pour meubler ses loisirs ou par pur souci de l'esthétique ou encore pour se divertir, quelle que soit la nature de sa fabrication, et qu'il soit bricoleur ou artiste, son bon plaisir et son indépendance le situent en dehors de l'asservissement à la nécessité et lui conservent son statut d'homme libre ou de loisir.

La leçon importante à tirer de ce rappel consiste à constater que l'activité culturelle considérée à travers ses contenus artistiques, est écartelée pour ainsi dire entre les deux sphères privilégiées de l'activité humaine et sociale – travail ou loisir – ne pouvant accéder à un troisième statut original. Une telle conception va conditionner la pensée moderne et une certaine tradition sociologique va l'avaliser, trop héritière d'une philosophie de l'antiquité qui ne voulait pas sortir d'un dualisme susceptible d'ébranler les fondements sociaux d'une société stratifiée essentiellement en hommes libres et en esclaves. Admettre l'existence d'une troisième sphère d'activité distincte du travail et du loisir aurait dérangé une dialectique de la liberté et de la nécessité qui donnait raison et consistance à la stratification sociale de l'époque.

Dans la suite, on raisonnera à travers la même logique dualiste, quoique le travail s'entendra de manière plus positive sous l'influence du christianisme traditionnel, d'une part, et de la Réforme, surtout dans ses aspects les plus radicaux, d'autre part, comme le rappelle le célèbre essai de Weber sur l'éthique protestante et l'esprit du capitalisme. Sans jamais quitter, pour autant, le domaine de la nécessité, l'imprégnation religieuse du travail en fait progressivement une valeur centrale de la société, prometteuse d'une libération spirituelle de l'homme, s'opposant à un loisir de plus en plus déprécié mais qui ne rappelle plus exactement ses antiques significations (De Coster, 1993, pp. 23-26).

Le caractère contraignant du travail va s'affirmer davantage dans le contexte de la première société industrielle, alors que celle-ci proclame sa foi en la liberté, en décrétant notamment la liberté quasi absolue des conventions et, conséquemment, le libre accès au travail, rompant ainsi avec le cadre restrictif des corporations.

« Le travail, écrit Castel, est désormais une marchandise vendue sur un marché qui obéit à la loi de l'offre et de la demande. La relation unissant le travailleur à son employeur est devenue une simple *convention*, c'est-à-dire un contrat entre deux partenaires s'entendant sur le salaire, mais cette transaction n'est plus régulée par des systèmes de contraintes ou de garanties extérieures à l'échange lui-même. Le monde du travail va changer de base. C'est une révolution dans la Révolution » (1995, p. 190).

LA DIVISION DU TRAVAIL COMME NÉGATION DE LA LIBERTÉ DU TRAVAILLEUR

On peut dire, en grossissant le trait, que le thème de la liberté apparaît initialement dans le cadre du travail à l'arrière-plan d'un discours qui met l'accent sur une division du travail de plus en plus poussée et sur une emprise tentaculaire de la technologie. Cette double évolution se résume à l'idée d'une condition humaine caractérisée fondamentalement par l'*aliénation*. C'est, bien entendu, cet arrière-plan que nous ferons ressortir du contexte général de la nécessité.

La condition du travailleur au XIXe siècle est très largement celle de l'ouvrier s'affairant dans la grande manufacture, d'autant que l'artisan est amené, petit à petit, à s'y investir pour mieux satisfaire aux exigences du contrôle de celui qui fait appel à ses services. Ce statut se traduit en termes de tâches de plus en plus subdivisées, ainsi que le rappelle Adam Smith à travers le célèbre apologue de la manufacture d'épingles inaugurant le premier grand traité d'économie politique ainsi titré : *Recherches sur la nature et les causes de la richesse des nations.* Il y dit notamment :

« C'est un homme qui passe à la filière le fil de laiton, c'en est un autre qui le redresse, un troisième le coupe, un quatrième y fait la pointe, un cinquième l'émoud à l'autre extrémité qui doit recevoir la tête ; pour faire cette tête il faut deux ou trois opérations distinctes : la poser est une affaire à part ; c'en est encore une que de blanchir les épingles ; il n'y a pas jusqu'au soin de les mettre dans les papiers qui ne soit un métier particulier ; de sorte que dans l'art important de faire une épingle, on compte environ dix-huit opérations distinctes, qui toutes sont exécutées dans certaines manufactures par des mains différentes, quoique dans d'autres un seul homme en exécute quelquefois deux ou trois » (1800 [1776], t. 1, p. 9).

Cette division manufacturière du travail n'était pas nouvelle à l'époque puisque quelque vingt-deux siècles auparavant, Xénophon relatait dans la *Cyropédie* une expérience similaire en matière de fabrication de paires de chaussures : « Il est des lieux, disait-il, où l'on gagne sa vie à tirer le ligneul, l'autre à tailler les empeignes, l'autre à découper simplement les tiges, l'autre ne procédant à aucune de ces façons mais à l'assemblage des pièces » (1978, p. 101).

L'émiettement du métier d'épinglier en une multiplicité d'opérations élémentaires prises en charge respectivement par dix-huit ouvriers dans les cas les plus extrêmes et, plus généralement, la division du travail ainsi conçue, engendrait divers avantages au nombre desquels figuraient notamment les suivants :

- chaque ouvrier a la possibilité de développer son habileté, grâce à la répétition d'une opération de plus en plus simplifiée ;
- les pertes de temps résultant du passage d'un poste à un autre disparaissent ;
- la simplification des tâches ainsi morcelées favorise la mécanisation ;
- l'ouvrier devient immédiatement opérationnel, facilement remplaçable et très modestement rémunéré compte tenu d'une absence de qualification requise.

La comptabilisation de ces avantages permet dès lors d'augmenter la productivité et, par voie de conséquence, de comprimer les coûts de production.

Les économistes que l'on qualifie de classiques, notamment Smith et son continuateur Jean-Baptiste Say, étaient bien conscients des inconvénients sévères que cette parcellisation du travail entraînait sur le plan humain. « C'est un triste témoignage à se rendre, aurait dit ce dernier, que de n'avoir jamais fait que la dix-huitième partie d'une épingle »[1].

Alexis de Tocqueville, considéré comme l'un des grands précurseurs de la sociologie, a souvent évoqué le thème de la liberté mais en parlant surtout de la démocratie politique. Il entendait celle-ci comme une exclusion de l'arbitraire et du despotisme et, plus positivement, comme un effort pour accorder à tout citoyen une égalité des conditions – que la sociologie traduira plus tard en termes d'égalité des chances – en vue d'atténuer une inégalité naturelle des hommes. Toutefois, s'intéressant à la division du travail, il est sans doute le premier à en souligner les excès, relevant le paradoxe d'une démocratie qui ouvre de multiples possibilités au citoyen pour parvenir au bien-être, alors qu'elle l'enchaîne, en quelque sorte, en le rivant à une tâche et à un lieu qu'il ne peut plus quitter. Faisant explicitement allusion à l'apologue de Smith, voici dans quels termes il dénonce cette situation :

« Quand un artisan se livre sans cesse et uniquement à la fabrication d'un seul objet, il finit par s'acquitter de ce travail avec une dextérité singulière. Mais il perd, en même temps, la faculté générale d'appliquer son esprit à la direction

1. C'est en fait Proudhon qui met ce propos dans la bouche de Say (Proudhon, 1846, p. 95). En réalité, le propos tenu est exactement le suivant : « C'est un triste témoignage à se rendre que de n'avoir jamais levé qu'une soupape, ou de n'avoir jamais fait que la dix-huitième partie d'une épingle ». De plus, il n'a pas été tenu par Say mais par un certain Lemontey, auteur de l'article suivant « Influence morale de la division du travail » et que cite Say dans son *Cours complet d'économie politique* (1844, p. 84).

du travail. Il devient chaque jour plus habile et moins industrieux, et l'on peut dire qu'en lui l'homme se dégrade à mesure que l'ouvrier se perfectionne. Que doit-on attendre d'un homme qui a employé vingt ans de sa vie à faire des têtes d'épingle ? Et à quoi peut désormais s'appliquer chez lui cette puissante intelligence humaine, qui a souvent remué le monde, sinon à rechercher le meilleur moyen de faire des têtes d'épingles ? Lorsqu'un ouvrier a consumé de cette manière une portion considérable de son existence, sa pensée s'est arrêtée pour jamais près de l'objet journalier de ses labeurs ; son corps a contracté certaines habitudes fixes dont il ne lui est plus permis de se départir. En un mot, il n'appartient plus à lui-même, mais à la profession qu'il a choisie. C'est en vain que les lois et les moeurs ont pris soin de briser autour de cet homme toutes les barrières et de lui ouvrir de tous côtés mille chemins différents vers la fortune ; une théorie industrielle plus puissante que les moeurs et les lois l'a attaché à un métier, et souvent à un lieu qu'il ne peut quitter. Elle lui a assigné dans la société une certaine place dont il ne peut sortir. Au milieu du mouvement universel, elle l'a rendu immobile » (1981 [1835], t. 1, pp. 200-201).

Ce texte contient déjà en germe le thème de ce que les philosophes appellent l'*altérité* (par opposition à l'*ipséité*) en ce sens que le travailleur n'appartient plus à lui-même en perdant son identité, et qui sera développé un peu plus tard par l'usage du concept d'aliénation, comme on va le voir. Proudhon relaie Tocqueville en s'en prenant aux économistes qui confondent, selon lui, une division naturelle du travail et une division artificielle qui détruit l'homme en l'abêtissant :

« On ne peut méconnaître, dit-il, dans la division du travail, comme fait général et comme cause, tous les caractères d'une *loi* ; mais comme cette loi régit deux ordres de phénomènes radicalement inverses et qui s'entre-détruisent, il faut avouer aussi que cette loi est d'une espèce inconnue dans les sciences exactes ; que c'est, chose étrange, une loi contradictoire, une *contre-loi*, une antinomie » (1846, p. 96). Et celui-ci d'ajouter, toujours avec la même verve : « S'il reste au travailleur une lueur d'intelligence, il se consolera à la pensée qu'il meurt selon les règles de l'économie politique » (1846, p. 97).

C'est surtout chez Marx que l'on va trouver, à côté d'un humanisme qui dénonce une telle exploitation des gens, une réflexion plus sociologique susceptible de réfuter scientifiquement l'argumentation des économistes. Au surplus, sa démonstration l'entraîne à relier les plans d'analyse politique et sociologique autour du thème de la libération des travailleurs. Les économistes du XIXe siècle considéraient donc la division manufacturière du travail et le morcellement des tâches qui s'ensuivait comme une nécessité due aux exigences de la grande production et en justifiaient le caractère inéluctable en y voyant un prolongement *naturel* de la division sociale du travail, celle qui distingue des professions et des métiers. Il n'y aurait donc entre les deux types de division qu'une différence de degré et non de nature. Marx réfute pareille augmentation en montrant que la division manufacturière ne donne pas lieu de la part de chaque travailleur à la production d'une marchandise, c'est-à-dire d'un bien susceptible d'être vendu et acheté comme tel, ce qui est bien le cas dans la division sociale :

« La division manufacturière du travail suppose une concentration de moyens de production dans la main d'un capitaliste ; la division sociale du travail suppose leur dissémination entre un grand nombre de producteurs marchands indépendants les uns des autres » (Marx, 1976 [1867], p. 258).

Ainsi, le travailleur quitte la condition d'*homo faber* pour épouser celle de l'*homo laborans*. Loin d'être une nécessité postulée par la nature, la division manufacturière du travail ne vise qu'à accroître le profit et le pouvoir du chef d'entreprise selon le principe « diviser pour régner ». Elle ôte au travailleur toute liberté d'action en l'aliénant.

Comme le rappelle justement Nisbet, Marx emprunte le concept d'aliénation (*Entfremdung*) à Hegel. Cependant, pour celui-ci, l'aliénation est inscrite au plus profond de la nature humaine parce que, comme on l'a vu dans la première partie de l'ouvrage à propos de la théorie de l'action sociale, en agissant, l'homme perdrait la maîtrise de son destin. L'objectivation de sa pensée par l'action – que celle-ci soit pure activité ou production d'un bien – en fait un objet radicalement distinct du sujet agissant, susceptible ainsi d'échapper à son pouvoir dans la société (Nisbet, 1984 [1966], pp. 357-358 ; Hegel, 1993 [1807], pp. 439-480). Ce qui est ontologique chez Hegel devient social chez Marx et justiciable, par conséquent, d'une analyse sociologique qui ne voit plus dans l'aliénation une loi inéluctable de la condition humaine mais rend possible la libération du travailleur. C'est, selon Marx, le système économique et ses structures socio-politiques qui privent celui-ci de sa liberté en l'aliénant et accouchent ainsi d'une contradiction fondamentale entre l'octroi de libertés « formelles » et une condition réelle qui les nie. Voici précisément dans quels termes il définit l'aliénation :

« L'objet que le travail produit, son produit, l'affronte comme un *étranger,* comme une *puissance indépendante* du producteur. Le produit du travail est le travail qui s'est fixé, concrétisé dans un objet, il est l'*objectivation* du travail. L'actualisation du travail est son objectivation. Au stade de l'économie, cette actualisation du travail apparaît comme la *perte* pour l'ouvrier *de sa réalité,* l'objectivation comme la *perte de l'objet ou l'asservissement* à celui-ci, l'appropriation comme l'*aliénation*, le dessaisissement » (1972 [1844], p. 57).

Il s'ensuit que la révolution communiste, seule capable de mettre fin à cette situation, éclatera pour libérer l'homme du système qui l'opprime et de l'organisation du travail qu'il a engendré. Sur ce dernier point, la réflexion de Marx devient très ambiguë. En effet, après avoir plusieurs fois affirmé le caractère naturel du travail et sa nécessité permettant de distinguer l'homme de l'animal, et n'avoir guère apprécié *L'éloge de la paresse* (1935 [1880]),

« commis » par son gendre Paul Lafargue, voici que Marx oppose la liberté à la nécessité du travail et conclut à l'abolition de celui-ci par ladite révolution prolétarienne. En sorte qu' « on nous laisse la triste alternative de choisir entre l'esclavage productif et la liberté improductive » (Arendt, 1992 [1958], pp. 151-152).

LA LIBERTÉ FACE À L'ÉVOLUTION TECHNOLOGIQUE

Ayant situé le problème de la liberté dans le contexte de l'émiettement des tâches engendré par la division manufacturière du travail, qu'en est-il à présent dans celui de l'introduction et du perfectionnement de la machine et, plus largement, de l'évolution technologique ?

L'introduction de la machine dans les ateliers correspondant à la disparition de la manufacture au profit de la fabrique, pouvait avoir pour effet de libérer le travailleur non seulement des tâches lourdes, pénibles, dangereuses et salissantes, mais, en plus, de redonner un sens à son activité à la faveur d'un travail ainsi recomposé. Tel était effectivement l'avis de Proudhon qui voyait dans le machinisme « l'antithèse, la formule inverse de la division du travail » ou encore « la protestation du génie industriel contre un travail parcellaire et homicide » (1846, p. 135). La machine possédait, à ses yeux, la vertu de réunir les diverses composantes du travail que la division avait séparées.

Marx est d'un avis tout à fait opposé, lorsqu'il écrit notamment : « ... Tout en supprimant au point de vue technique la division manufacturière du travail où un homme tout entier est, sa vie durant, enchaîné à une opération de détail, la grande industrie, dans sa forme capitaliste, reproduit néanmoins cette division plus monstrueusement encore et transforme l'ouvrier de fabrique en accessoire conscient d'une machine partielle » (1976 [1867], t. 1, pp. 344-345).

Bien que distinguant, en fait, trois types de division du travail – et non deux comme on a coutume de le dire – à savoir la division sociale, la division manufacturière et, enfin, la division technique, consécutive à l'introduction de la machine, il estime que celle-ci ne marque aucune rupture avec celle qui la précède immédiatement, du point de vue de la condition du travailleur sinon que celle-ci s'en trouve aggravée. Simmel partage cet avis en reprenant la thèse de l'aliénation qu'il intègre dans la problématique évoquée dans la première partie de cet ouvrage : celle de la transformation d'une culture subjective en une culture objective qui fait perdre à l'individu son identité (*cf. supra*, pp. 50-51) :

« La division du travail détruisant la production à la commande, d'abord parce que l'acheteur peut bien se mettre en contact avec un producteur unique, mais point avec une douzaine de travailleurs parcellisés – on voit disparaître la coloration subjective du produit également du côté du consommateur, car dès lors que ce produit naît indépendamment de lui, la marchandise devient une donnée objective, qu'il aborde de l'extérieur et qui lui oppose l'autonomie de son être-là et de son être-ainsi » (1987 [1900], p. 585). Et plus loin, Simmel ajoute : « L'automaticité des machines modernes résulte d'un morcellement, d'une spécialisation très poussée des matériaux et des énergies, de même qu'une administration d'Etat très développée prendra une nature similaire à condition de s'établir sur la base d'une division raffinée du travail entre ses agents. Or la machine, en devenant une totalité, en se chargeant d'une part toujours plus grande du travail, s'oppose au travailleur comme une puissance autonome, de même que lui agit, face à elle, non comme une personnalité individualisée, mais comme l'exécutant d'une prestation objectivement prescrite [...]. Tandis que l'outil indifférencié est réellement un simple prolongement du bras, l'outil spécialisé accède à la catégorie de l'objet pur » *(op. cit.*, p. 588).

On ne peut pas dire que l'évolution du travail et de son organisation dans le cadre du taylorisme apporte un démenti à ce qui précède puisque celui-ci a pour effet de retirer au travailleur non sa faculté de penser – comme on l'a trop souvent dit, alors qu'il y a là une impossibilité – mais sa capacité de réflexion, qui devient le seul attribut des experts. Du point de vue de l'évolution des techniques, la fordisme renforce la situation puisque le travailleur se voit ôter toute autonomie, la machine lui imposant elle-même sa cadence par le truchement du convoyeur. Cette évolution encourage des sociologues du travail à adopter le paradigme du déterminisme technologique selon lequel un certain état des techniques influence ou modifie l'organisation du travail et, par voie de conséquence, la condition du travailleur (Maurice, 1994, pp. 233-238). On pourrait en conclure que dans ces perspectives, le thème de la liberté s'éteint, submergé par celui de la contrainte technologique. Or nous allons voir que ce diagnostic gagne à être nuancé : ainsi le contexte technique de l'automatisation fournit à ce sujet une illustration particulièrement significative.

On imagine facilement que l'automatisation, parce qu'elle intègre dans une ligne de production tout un complexe de machine susceptible de s'auto-réguler, regroupe des tâches que la mécanisation avait morcelées. Par conséquent, cette technologie restituerait au travailleur devenu opérateur en l'espèce, sa capacité de réflexion et une certaine liberté d'action, la tâche de ce dernier se résumant eu une mission de surveillance et de contrôle. Les sociologues du travail s'inspirant de la tradition marxiste, comme Pierre Naville, contestent cette récupération de liberté et confirment l'aliénation du travailleur et même une aggravation de sa perte d'identité :

« Nous sommes tous soumis à un système d'asservissement technique quel qu'il soit, même dans n'importe quelle activité quotidienne, en dehors du travail. On a trop souvent conçu le rapport homme-machine comme un rapport bilatéral, relativement simple, d'où découlait une psychologie de l'homme et de sa tâche jugée la plupart du temps très défavorable à l'individu mais qui avait néanmoins quelque chose, si je puis dire, de presque familier : on vit avec son démon. *En se personnalisant à leur façon, les outillages automatiques imposent aussi une nouvelle forme de dépersonnalisation aux hommes* » (1963, p. 216).

Plus nuancée se révèle la position d'un autre témoin de la première automatisation, Georges Friedmann qui, moins directement attaché à la même tradition, entrevoit l'existence d'une liberté qu'il voit, selon son expression, comme autant de brèches dans la contrainte technologique. L'automatisation délivre, à son avis, le travailleur d'une « sujétion » à la machine et lui permet de consacrer ses réflexions à des aspects plus importants de sa tâche (1956 [1946], p. 182). Raisonnant sur le plan plus général de l'élargissement des tâches, il attire l'attention sur la liberté accrue de l'opérateur qui dispose de la faculté de faire varier l'ordre des opérations à réaliser, de changer son rythme de travail, et d'en modifier également les phases (1967 [1956], pp. 130-133). Toutefois, son impression finale sur la liberté est très pessimiste. Une liberté somme toute encore interstitielle ne peut s'ouvrir plus largement que dans l'évasion hors du travail, « cet élan désespéré vers le loisir » *(op. cit.*, pp. 187-205). C'est autour de cet axe d'une pensée marxisante que gravitent les réflexions de Braverman, Gorz, Coriat et Freyssenet, lorsque ceux-ci insistent sur la perte d'autonomie des travailleurs dans le contexte général d'une déqualification des tâches, encouragée par les « progrès » de l'automatisation (par exemple : Freyssenet, 1977). Néanmoins, dans une étude plus récente, ce dernier ouvre la porte à des considérations moins pessimistes quand il écrit :

« Il reste que la phase actuelle est pleine de potentialités, par ses incertitudes, par l'ébranlement des frontières et des pouvoirs, par les nécessaires compromis qu'elle implique, par l'appel lancé parfois à la collaboration technique des travailleurs, ne serait-ce que pour fiabiliser rapidement les unités automatisées, par les *utopies* mêmes qu'elle fait naître » (Freyssenet, 1984, p. 433).

C'est résolument dans cette voie que des sociologues du travail qui n'appartiennent pas à la tradition marxiste, insistent, pour leur part, sur une liberté retrouvée à la faveur de l'automatisation cadrée dans la société post-industrielle. Le thème de la liberté s'y exprime par l'autonomie et la capacité de réflexion rendues nécessaires pour conjurer les imprévus ou les aléas d'un processus qui n'est jamais totalement prévisible dans son déroulement. Les analyses de Jean-Daniel Reynaud et celle de Gilbert de Terssac rejoignent ce point de vue :

« Tout d'abord, écrit le premier, il n'y a pas d'installation automatisée qui n'exige pas d'être conduite ou pilotée. En termes trop simples, l'automatisation d'un processus est toujours partielle. Quel que soit le raffinement technique, la production ne peut être assurée dans des conditions, dans un contexte rigoureusement constant ; ou, ce qui revient au même, il n'est pas possible de dresser la liste de toutes les éventualités et, en face, celle des réponses adéquates. Il subsiste une marge d'imprévu, d'aléa, d'incertitude. [...] Ce que révèle l'étude des consignes, dans ces situations de travail hautement automatisées où tout semble procédures détaillées et obligations, c'est la marge importante d'imprécision ou de vague de ces consignes. Elles laissent en fait une place à l'initiative ou à la responsabilité des exécutants : sur l'opportunité de l'intervention, sur son moment exact, sur sa combinaison avec d'autres activités, ou sur la répartition et la coordination dans une équipe » (Reynaud, 1992, pp. 10-11).

Le second nommé, tentant de déterminer le degré de liberté des opérateurs, constate à cette occasion que leur liberté d'action devient une condition indispensable à l'efficacité du système productif pour assumer la maîtrise de l'aléa ou pour corriger les ratés de l'automatisation :

« Dans cette perspective, dit-il, la manière de travailler n'est jamais totalement imposée de l'extérieur par l'ensemble des contraintes qui pèsent sur l'action ; tout au contraire, les opérateurs sont dans l'obligation permanente de réajuster leur façon de travailler en fonction des fluctuations de la tâche à exécuter, mais aussi de leurs propres variations pour obtenir le résultat. Une telle conception de l'homme qui travaille, contredit la représentation qui prévaut dans les schémas d'organisation classiques, selon laquelle l'activité est réduite aux gestes observables, l'individu isolé du collectif auquel il appartient et formant une sorte d'entité invariable, voire interchangeable » (Terssac, 1992, p. 266).

Il en résulte que la notion de tâche devient de plus en plus inadéquate pour définir le rôle de l'opérateur et que celle de mission tend à s'y substituer plus avantageusement pour rendre compte d'un travail « à discrétionnalité croissante ».

Il faut préciser que la réflexion sociologique sur la liberté dans le travail ne s'est pas seulement cantonnée, bien évidemment, au seul plan du personnel ouvrier mais également au niveau du personnel employé et d'encadrement. Le thème de la liberté analysé à ces niveaux nous renvoie surtout à l'étude de la bureaucratie, du pouvoir et à l'exploitation des zones d'incertitude des organisations évoquées dans la première partie de l'ouvrage. Toutefois, il était particulièrement intéressant de rendre compte de la manière dont le thème de la liberté est abordé dans le contexte d'un travail soumis à des contraintes particulièrement fortes et serrées, laissant en conséquence peu de possibilités à une échappatoire.

On a jusqu'ici rencontré le thème de la liberté en considérant les rapports entre le travail, d'une part, sa division technique et l'évolution de la technologie, d'autre part. Mais il y aurait beaucoup à dire sur la liaison entre le travail envisagé dans le même univers technologique, d'un côté, et le problème de l'emploi, de l'autre. Cette nouvelle donne démontre que le travail, pourtant considéré comme le domaine de la nécessité, n'est pas nécessairement opposé à la liberté de l'individu ; elle en dégage, au contraire, diverses significations. On connaît en effet l'assertion courante de la machine dévoreuse d'emploi sous-tendue par le détournement instrumental selon lequel la technologie, au lieu d'être un moyen au service de l'homme pour le libérer, entre autres, de la pénibilité des tâches, sert au contraire à accroître la productivité et, par conséquent, le profit de l'employeur. Vieux débat en vérité. Marx disait de façon très imagée que, contrairement aux militaires qui gagnent les guerres en recrutant des troupes, les chefs d'entreprise gagnent les leurs en les congédiant. L'exercice d'une liberté suppose la capacité d'en jouir et celle-ci, à son tour, des moyens ou des ressources que le travail est susceptible de procurer. Or l'exclusion de cet univers prive le travailleur de tout ou partie de ces moyens d'exercice. Au surplus, si, selon le mot de Touraine, le travail est la condition historique de l'homme et qu'il est encore, à l'heure actuelle, la principale référence identitaire de sa condition – les philosophes ajouteront qu'il participe de sa nature même – on voit difficilement comment cette identité peut être contradictoire avec l'idée de liberté.

Le thème de l'emploi en rapport avec l'évolution technologique a fait l'objet de très longues controverses respectivement entre économistes et entre sociologues. Son analyse nous entraînerait trop loin, d'autant que le thème de la liberté y est trop rarement explicité. Nous reviendrons néanmoins incidemment sur ce point dans le chapitre suivant, en évoquant son contraire, c'est-à-dire le chômage dans la perspective d'un loisir forcé.

Nous avons mis l'accent jusqu'ici sur le poids de la technologie et le peu de liberté que ses contraintes autorisent. Nous allons à présent reprendre, en quelque sorte, un type d'analyse stratégique qui évoque toute une vie parallèle se développant en marge de l'organisation officielle.

ADAPTATION SECONDAIRE ET AUTOGESTION CLANDESTINE

« Il n'y a pas de société où la visibilité des actes soit parfaite et où la sanction soit automatique. Heureusement, car peu de sociétés seraient vivables si tout écart était aussitôt visible, dénoncé et sanctionné. Même les sociétés restreintes, comme la famille, l'asile ou le couvent, comportent un certain degré de dissimulation, ou d'opacité sociale, qui permet une certaine tolérance dans l'application des normes. En effet, l'opacité est nécessaire au bon fonctionnement d'un groupe ou d'une institution. Si le chef savait tout ce qui se passe dans son service, il ne pourrait pas commander ; si les parents connaissaient tous les actes de leurs enfants, la vie serait impossible dans la famille ; la “vie parallèle” dans les asiles a fait récemment l'objet de descriptions sociologiques » (Mendras, 1976 [1967], p. 101).

En écrivant ces lignes, Henri Mendras pensait sans doute aux travaux d'Erving Goffman sur les institutions totales – déjà évoquées dans ce livre au chapitre consacré aux rôles – où il y est fortement question de cette ville parallèle. Cette thématique, qui met en relief l'existence d'un espace de liberté jouxtant un espace de nécessité dans les organisations les plus réglementées, est exploitée dans les termes d'une *autogestion clandestine*, en application, en quelque sorte, de la théorie de l'*adaptation secondaire* développée par Goffman. Rappelons-en brièvement le contenu avant d'en évoquer logiquement sa traduction dans l'univers du travail :

« Dans notre type de société, écrit-il, lorsqu'un individu collabore à une organisation en participant à une activité demandée dans les conditions requises, sous l'impulsion des motivations courantes telles que la recherche du bien-être qu'offre l'institution, l'énergie que procurent stimulants et valeurs associées et la crainte de sanctions prévues, il se transforme en *collaborateur* et il devient un membre *normal*, *programmé* ou incorporé. [...] Nous dirons dans ce cas qu'il y a de la part de l'individu *adaptation primaire (primary adjustment)* à l'organisation, en négligeant le fait qu'il serait aussi juste de parler de l'adaptation primaire de l'organisation à l'individu. J'ai fabriqué cette expression assez barbare pour en introduire une seconde, celle d'*adaptation secondaire (secundary adjustment)* qui caractérise toute disposition habituelle permettant à l'individu d'utiliser des moyens défendus, ou de parvenir à des fins illicites (ou les deux à la fois) et de tourner ainsi les prétentions de l'organisation relatives à ce qu'il devrait faire ou recevoir, et partant à ce qu'il devrait être. Les adaptations secondaires représentent pour l'individu le moyen de s'écarter du rôle et du personnage que l'institution lui assigne tout naturellement » (Goffman, 1968 [1961], p. 245).

L'adaptation secondaire se concrétise par des activités privées, sinon étrangères aux objectifs officiels de l'organisation et aux réglementations qui les traduisent. Elle témoigne ainsi de toute une vie plus ou moins clandestine à la faveur de laquelle les agents compensent les rigueurs de la contrainte par la création d'espaces de liberté. La délimitation entre espace de nécessité et espace de liberté n'est pas toujours très claire comme l'exprime la perplexité de la hiérarchie dans l'illustration suivante :

« Ils [les directeurs de bureaux commerciaux] peuvent estimer en toute sincérité qu'employés et secrétaires ont parfaitement le droit de nouer des relations personnelles pourvu que cela n'empiète pas sur leur temps de travail, et être tout aussi sincèrement hostiles aux apprenties qui restent juste le temps nécessaire à l'inventaire complet des possibilités de flirt et partent pour un nouveau bureau et un nouveau terrain de chasse. Mais la direction se montre beaucoup plus hésitante lorsqu'il s'agit de tracer la ligne de séparation entre ces deux possibilités extrêmes que sont l'usage fortuit et légitime des possibilités offertes par l'établissement et l'abus illégitime de ces possibilités à des fins personnelles (*op. cit.*, pp. 248-249).

Au surplus, la vie clandestine est parfois connue de certains membres de la hiérarchie qui feignent de l'ignorer et ceux-ci laissent faire pour autant que le travail suive.

L'adaptation secondaire n'est pas seulement l'apanage du personnel d'exécution quoique, moins impliqué dans l'organisation que les cadres, celui-ci semble en exploiter davantage les zones de liberté. En revanche, les cadres et les directeurs trouvent dans les voyages réputés d'étude ou de formation, dîners d'affaires, cérémonies et autres mondanités exigées par leur statut, des possibilités d'adaptation secondaire qui rassemblent en fait des activités dont le coût peut être remboursé sur la base très générale de « notes de frais ».

Les observations de Goffman ne concernent pas directement la sociologie du travail, mais parmi les nombreux exemples qui émaillent sa réflexion, beaucoup ressortissent à cette discipline. Aussi des sociologues et des psychosociologues qui en relèvent, ont ainsi trouvé matière à des applications qu'ils ont formulées dans les termes que nous allons rappeler à présent.

Fischer, dans un ouvrage intitulé *Espace industriel et liberté* (1980) et Bernoux publiant à son tour *Le travail à soi* (1981) développent particulièrement le thème de l'autogestion clandestine, dans la ligne des travaux de Goffman. Celle-ci vise en fait une réappropriation des espaces et du temps de travail dans le but de s'affirmer individuellement et collectivement pour réagir contre l'univers impersonnel et aliénant des grandes entreprises et plus particulièrement contre l'arbitraire du pouvoir hiérarchique qui impose uniformément ses normes dans une perspective essentiellement rentabiliste.

« L'autogestion clandestine, écrit Fischer, est une régulation conflictuelle de l'organisation du travail imposé par l'instauration d'une sorte de contribution antagoniste et informelle, souvent secrète, en tout cas discrète, des travailleurs à la bonne marche de l'entreprise. Les salariés n'exécutent jamais tout à fait les tâches comme elles ont été prévues ou demandées et développent progressivement un ensemble de pratiques quotidiennes qui corrigent l'organisation existante de la production : ils apparaissent comme les clandestins de l'efficacité » (Fischer, 1980, p. 182 ; *cf.* aussi : *id.*, 1994, pp. 471-472).

Cette autogestion se traduit principalement par quatre types d'attitude au travail que nous allons successivement évoquer : la gestion illicite de la production, l'appropriation de l'espace, la recomposition du temps de travail et la simulation ou le semblant de travail.

La gestion illicite de la production recouvre en fait les combines résultant de l'ingéniosité des travailleurs qui tentent de se soustraire à la servitude des normes imposées pour arriver, finalement, à des résultats tout aussi satisfaisants en effectuant la tâche autrement. Toute tâche aussi standardisée ou aussi répétitive soit-elle est réinterprétée par le travailleur qui y introduit des éléments qui lui sont propres (Fischer, 1994, p. 471). On songe ici aux travaux de Donald Roy qui insistaient autrefois sur la « tricherie » des travailleurs à la chaîne, pressés d'abandonner les consignes officielles, une fois les contrôleurs partis (1954). Les exemples de cette gestion secrète foisonnent, tels les permutations sur les chaînes de montage pour rompre la monotonie du travail et éviter que ce soit toujours les mêmes qui assument les tâches les plus ingrates ; tels encore les élargissements et regroupements des tâches en contravention avec les normes officielles. Robert Linhart rapporte ainsi des faits de ce type :

« Les trois Yougoslaves du carrousel des portières avaient organisé leur travail depuis longtemps, indépendamment de la disposition officielle. Affectés au montage des serrures, ils avaient transformé et regroupé les opérations de façon à pouvoir se libérer par rotation de la servitude en chaîne. Leur habileté manuelle et leur rapidité leur avaient ainsi permis de conquérir une zone de fonctionnement autonome là où seules les décisions du bureau des méthodes étaient censées faire loi. La maîtrise, ne trouvant qu'avantages à cet arrangement – il n'y avait jamais de retard ni de pièces défectueuses –, laissait faire » (Linhart, 1978, p. 125).

La gestion illicite revêt également la forme d'une appropriation technique à la faveur de laquelle des travailleurs tentent de reprendre une partie de la fonction que réglementairement ils ne peuvent assumer : ainsi des petites opérations de réglage, des remplacements d'outils usés ou des tâches d'entretien des machines (Bernoux, 1979, p. 78). La gestion illicite de la production se révèle enfin à travers des pratiques de détournement selon lesquelles des ouvriers distrayant des matériaux ou des déchets de fabrication les utilisent à des fins de bricolage :

« On peut noter en outre que cette pratique se fait sur la base d'une tolérance qui autorise les ouvriers à faire cela dans l'atelier en leur permettant de rester plus longtemps dans l'usine et de sentir ainsi que c'est leur usine. Ce phénomène se produit un peu partout, même si les cadres le pénalisent ou *ferment les yeux* pour n'en savoir rien. Accusé de voler, de récupérer du matériel à son profit et d'utiliser les machines pour son compte, le travailleur qui *fait la perruque* soustrait à l'usine du temps (plutôt que des biens, car il n'utilise que des restes) en vue d'un travail libre, créatif et précisément sans profit » (Fischer, 1980, p. 196).

L'appropriation de l'espace représente également un des thèmes favoris de l'autogestion clandestine. A la source de cette nouvelle traduction de la vie clandestine, nous trouvons le concept de territoire, tel qu'il est entendu en éthologie et exploité par Goffman lorsqu'il parle du « territoire du moi » (1973 [1956], t. 2, pp. 43-72). Tirant parti de cette analyse, respectivement Bernoux et Fischer exploitent l'idée d'une réaffectation officieuse ou clandestine de l'espace de travail à la faveur de laquelle les individus affirment leur identité et leur pouvoir en colonisant des zones tantôt marginales, interstitielles ou de transition, tantôt en restructurant certains postes de travail. Outre ces postes, vestiaires, fonds d'entrepôt, cagibis, toilettes, et ateliers désaffectés constituent autant de « planques »où l'on peut échapper à la contrainte du travail. Le cas typique de cette forme d'autogestion est celui de la « nidification ». Elle s'entend de la constitution d'un « chez soi » délimité par des marqueurs symboliques de territoire : des noms gravés sur des portes de travail, des photos, une musette toujours posée sur la même table au mess ou à la cantine, un bouquet de fleurs disposé sur un bureau, des cartes postales tapissant une cloison ou un mur, auxquels il faut ajouter des marqueurs de frontière tels que grilles, écrans, cloisons, séparant des portes ou des bureaux (Fischer, 1980, pp. 175-181 ; Bernoux, 1981, pp. 28-29).

La recomposition du temps, qui rappelle la gestion illicite de la production par certains côtés, vise à déjouer les calculs trop stricts que les effets du taylorisme avaient entraînés, en cassant le rythme imposé. D'où, par exemple, l'accélération du travail pendant les premières heures de la journée pour permettre une activité au ralenti dans la suite ; d'où également les « remontées de la chaîne » à l'occasion desquelles des ouvriers plus expérimentés quittent, en dépit des consignes, leur poste pour aider leurs camarades (Friedmann, 1967 [1956], pp. 130-131 ; Bernoux, 1981, pp. 34-41) ; d'où, enfin, le marquage de la production à l'avance pour garder l'apparence d'un rythme de travail régulier (Bernoux, 1981 ; Martin, 1994, p. 51). Par ailleurs, en s'attribuant un rythme particulier de travail, les ouvriers bravent en quelque sorte la hiérarchie à leur manière : on se ménage des temps de rencontre, d'échanges avec les collègues et, surtout, on affirme sa propre rationalité de producteurs (Bernoux, *op. cit.*, p. 38).

La simulation ou le semblant de travail nous renvoie aux sources, c'est-à-dire à notre point de départ : l'adaptation secondaire définie par Goffman. Il s'agit en l'occurrence, comme on le devine aisément, de faire croire que l'on travaille ou que l'on s'affaire alors que l'on ne fait rien ou que l'on se livre à des tâches de nature privée.

« C'était amusant d'observer, écrit Goffman citant Archibald, la transformation soudaine chaque fois que la nouvelle circulait de la présence du contremaître dans le bureau ou dans l'atelier, ou du passage d'un ingénieur en chef. Les chefs d'équipe se précipitaient vers leurs hommes et leur faisaient déployer une activité spectaculaire. *Qu'il ne vous attrape pas à rester assis,* c'était l'avertissement qu'on entendait partout, et là où on n'avait aucun travail précis en train, on s'affairait à courber et tarauder un tuyau, ou bien on soumettait à un nouvel et inutile serrage un boulon déjà solidement fixé. C'était là l'hommage officiel invariablement rendu à une inspection du patron, et son protocole était aussi familier aux deux parties que le protocole entourant la tournée d'inspection d'un général à cinq étoiles. Négliger le moindre détail de ce spectacle trompeur et creux eut été considérer comme la marque d'un singulier manque de respect » (1973 [1956], t. 1, p. 108).

L'autogestion clandestine n'illustre en fait qu'une partie des modalités d'appropriation et de réappropriation incessantes des tâches et des lieux où celles-ci sont censées s'accomplir. Elle s'inscrit directement dans la thématique de la liberté et rejoint, en quelque sorte, la notion générale de zones d'incertitude mises à la mode par Crozier et Friedberg dans l'étude du pouvoir pour en attester précisément l'existence même dans les organisations les plus rigides ou les plus réglementées, comme on l'a vu précédemment. Mais alors que l'incertitude est liée aux blancs de l'organisation en général, on vient de voir qu'elle pouvait, dans un sens plus précis, être liée à la technologie et à ses aléas. Dans un troisième sens, les zones d'incertitude s'entendent sur le plan spatial dans la mesure où l'appropriation se traduit par une espèce de privatisation plus ou moins sauvage, clandestine ou semi-avouée, plus ou moins tolérée, d'un lieu de travail réaménagé et redéfini en fonction des besoins personnels et humains qu'une organisation froide ignore.

Par ce biais, le thème de la liberté ainsi exploité rejoint celui de l'identité au travail développé par Sainsaulieu (1988 [1977]) et ce n'est pas par hasard que Bernoux s'y réfère explicitement en liant la résistance ouvrière par les multiples artifices qu'on vient d'évoquer à la quête perpétuelle d'une identité (1979, pp. 84-85). Cette recherche ne se révèle pas seulement par les divers avatars de résistance clandestine mais plus ouvertement encore par le conflit (Sainsaulieu, *op. cit.*, pp. 314-318 ; Bernoux, *op. cit.*, pp. 62-119) : mais ceci est, bien entendu, une autre histoire. En revanche, les diverses formules de démoratie industrielle doivent retenir tout particulièrement l'attention dans la mesure où celles-ci représentent notamment autant de types de réponse aux artifices de l'autogestion clandestine et des pratiques officieuses, pour les reconnaître, les légitimer et les élargir au besoin.

LA DÉMOCRATIE INDUSTRIELLE

De la gestion à l'autogestion

La démocratie industrielle, qui rappelle la liberté politique ou formelle par une transposition analogique du système politique dans la réalité industrielle, évoque une foule d'expériences et d'expérimentations au nombre desquelles certains incluent, trop généreusement sans doute, les formes d'autogestion clandestine que nous venons de voir (*cf.* par exemple : Martin, 1994).

En réalité, la démocratie industrielle entendue même dans un sens large, vise toute procédure autorisant les travailleurs, à quelque catégorie qu'ils appartiennent – ouvriers, employés, cadres – et leurs instances les plus représentatives à participer à la gestion de la production et à son contrôle, ce qui exclut la clandestinité ou la semi-clandestinité – et, au-delà, à la gestion et au contrôle des affaires de leur entreprise. Cette participation plus ou moins directe, selon les cas et la formule, est motivée par le souci de sortir d'un taylorisme qui n'en finit pas de mourir et qui persiste à générer des taux d'absentéisme élevés, des freinages, des grèves et autres manifestations conflictuelles. Il est de plus en plus difficile, en effet, à une entreprise de fonctionner normalement selon un modèle qui considère à la fois l'individu comme un simple prolongement de la machine et comme un être doté d'aspirations très primaires, compte tenu non seulement de la hausse du niveau d'instruction, mais aussi d'un changement des systèmes de valeur qui met davantage en relief une meilleure qualité de vie. C'est dans cet air du temps qu'il apparaît essentiel de remotiver le personnel en inscrivant les diverses formules destinées à cet effet dans les valeurs fortes de la démocratie et de la participation. Cependant, comme le souligne Dominique Martin, dans un ouvrage déjà cité venant à point pour l'inventaire et intitulé précisément *Démocratie industrielle,* la participation est loin d'être exempte d'ambiguïté :

« La participation est tiraillée entre un modèle démocratique, au nom duquel les salariés accroissent leur pouvoir de contrôle sur les régulations productives, et un modèle de mobilisation, par lequel le management s'efforce de créer un nouveau consensus, en pourchassant le modèle culturel du retrait et de la lutte sociale. Plus, sans doute, qu'aux périodes précédentes, la participation directe apparaît de nos jours comme un enjeu historique : née d'idéaux démocratiques, elle se voit menacée de récupération par des politiques patronales qui visent essentiellement à l'instrumentaliser » (1994, p. 12).

La sociologie du travail et sa branche organisationnelle ont surtout rencontré le problème de la liberté en termes de participation démocratique d'abord à la lumière des expériences ambitieuses de la cogestion et de l'autogestion et, ensuite, dans les voies plus modestes des équipes autonomes et semi-autonomes. Ce sont ces deux orientations qui vont être évoquées successivement.

Des formules comme la cogestion et l'autogestion s'appuient au fond sur l'idée que l'autorité n'est plus liée, comme jadis, à la possession d'un capital, quoique cet avantage reste, bien entendu, une source de pouvoir. Se situant dans le sillage des travaux de Galbraith, Dahrendorf observe que la classe des propriétaires s'efface progressivement devant celle des technocrates et celle des managers (1972, pp. 131-136). La philosophie participationniste revendique la fonction comme base de l'autorité et l'émergence d'une valeur forte, comme la participation dans les années soixante, légitime socialement un droit au partage de l'autorité fondé sur la fonction et l'activité laborieuse en tant qu'elle contribue à la réalisation d'une oeuvre commune. La cogestion traduit cette idée en accordant un droit à tous les travailleurs, par le truchement de leurs représentants, au partage de la décision entrepreneuriale. Dans le modèle allemand, par exemple, ces représentants siègent au conseil d'administration de leur entreprise avec voix délibérative ; au surplus, un *directeur de travail,* membre de plein droit du comité de direction et chargé des affaires du personnel, ne peut être nommé contre l'avis de la majorité des représentants des travailleurs siégeant au conseil d'administration (Dahrendorf, 1962, pp. 159-173 ; Belbenoît et Zylberberg, 1977, p. 200).

L'autogestion élargit considérablement cet horizon. Elle relève d'une philosophie à la foi ambitieuse et généreuse, parce qu'elle vise à introduire le modèle de la démocratie politique dans l'entreprise : il s'agirait de défaire les hiérarchies traditionnelles ou *hétérogestionnaires* en y répartissant l'autorité de façon que tout un chacun puisse en profiter. L'autogestion revendique ainsi pour les travailleurs un droit à l'autorité reconnu à tout le monde, comme le suffrage universel.

« Notre thèse, écrit l'un des plus ardents défenseurs de l'idée, Rosanvallon, est que l'autogestion est destinée à jouer aujourd'hui le rôle qui fut auparavant celui de la démocratie et du socialisme. Le thème de la démocratie exprimait pour une large part au XVIIIe siècle les revendications de la bourgeoisie contre la noblesse. La révolution compléta le pouvoir économique de la bourgeoisie par le pouvoir politique qu'elle n'avait pas encore. Avec l'instauration d'un suffrage censitaire, la démocratie était d'abord celle des propriétaires. Le socialisme s'affirma ensuite comme volonté d'élargir cette démocratie par l'exigence du suffrage universel. Mais surtout il fit le procès du divorce entre le citoyen et le producteur, donnant pratiquement à l'économique le pas sur le politique. L'autogestion s'inscrit dans ce mouvement d'élargissement de la démocratie. Déjà, au début du siècle, Marc Sangnier notait que l'on ne peut avoir la république dans la société tant que l'on a la monarchie dans l'entreprise. C'est de ce divorce qu'est né dans les pays anglo-saxons le concept de démocratie industrielle, exprimant la nécessité d'élargir aux entreprises les formes de démocratie politique qui existent dans la société » (Rosanvallon, 1976, p. 15).

C'est pourquoi, de la même manière que tous les citoyens concourent, en principe, à élire leurs représentants politiques, tout en gardant la possibilité de leur retirer ultérieurement le soutien électoral et de la même manière que le peuple puisse être consulté sur des questions importantes mettant en jeu son avenir ou celui de la nation, à la faveur de consultations populaires, d'aucuns pensent à l'instauration d'une micro-société qui, à l'image de l'entreprise, s'ouvrirait à la démocratie. Grâce à cette conquête, les travailleurs éliraient eux-mêmes, pour un terme, les nouvelles instances de direction et disposeraient de la faculté de s'exprimer sur les questions essentielles mettant en jeu la gestion et l'avenir de l'entreprise. Certains auteurs que la question de l'autogestion intéressent tout particulièrement vont jusqu'à soutenir que l'autogestion est étrangère à la participation et ne mérite ce nom que dans l'hypothèse où elle est conquise ou arrachée au pouvoir hétérogestionnaire (Rosanvallon, 1976, pp. 107-109 ; Guillern et Bourdet, 1975, pp. 1-21 ; Bourdet, 1974, pp. 181-182).

L'idée d'une liberté retrouvée par l'octroi égalitaire d'un pouvoir étendu ainsi à tous les échelons de la hiérarchie est souvent considérée comme utopique. Ainsi, Crozier et Friedberg critiquent la formule sous le titre plusieurs fois répété : « L'autogestion est un problème et non une solution » (Crozier, 1977, pp. 402-405 ; Crozier et Friedberg, 1977, pp. 382-388). Pour ces auteurs, en effet, l'autogestion relève de l'utopie parce que ses promoteurs méconnaissent l'importance du pouvoir dans le jeu des relations sociales : chasser le pouvoir de l'organisation autogestionnaire en y émiettant l'autorité n'empêche pas le pouvoir de s'y réinstaller aussi confortablement qu'auparavant, à partir de tous les interstices du tissu social :

« On peut s'approprier l'autorité dans la mesure où celle-ci est une fonction ou un rôle légitimé et formalisé. Mais l'appropriation de l'autorité et sa *distribution* aux exécutants ne permettent pas d'éliminer les relations de pouvoir. Après avoir accompli cette révolution, on se trouvera exactement dans la même situation que si l'on avait ignoré leur existence en se contentant des schémas de démocratie formelle » (Crozier et Friedberg, 1977, p. 385 ; *cf.* aussi : Crozier, 1977, pp. 402-405). Et celui-ci d'ajouter avec Friedberg, pour rencontrer l'idée moralisatrice que sous-tend la philosophie du système autogestionnaire : « La seule façon de régulariser et de moraliser les problèmes de pouvoir, c'est de les forcer au grand jour pour éviter la consolidation de situations de force et la cristallisation de relations de dépendance stables autour de ces situations. Si l'on veut, au contraire, imposer un schéma autogestionnaire trop *démocratique,* c'est-à-dire égalitaire, il ne sera respecté que de façon rituelle et on ne parviendra pas à prévenir la floraison des manipulations les plus diverses et leur cristallisation aux points clés du système » (1977, p. 384).

Cette critique rejoint celles qu'articule plus généralement Raymond Aron dans son *Essai sur les libertés* sur une philosophie participationniste qui transpose le modèle politique dans la réalité industrielle.

« Quelles que soient les concessions que l'on fasse au désir qu'éprouve une fraction des employés (surtout des cadres) de participation à la gestion ou de la contrôler *a posteriori,* écrit-il, les entreprises modernes de grandes dimensions comporteront toujours une concentration du pouvoir en quelques hommes. Le dialogue avec les représentants du personnel et plus encore avec les cadres peut précéder ou suivre les décisions. Celles-ci seront prises par les responsables et, dans les grandes circonstances, par *le* responsable. Si la liberté politique déçoit, c'est que la plupart des individus ont le plus souvent, et à juste titre, le sentiment que cette liberté est formelle, au sens d'inefficace, c'est-à-dire qu'ils n'ont aucune chance d'influer visiblement sur le sort de la collectivité à laquelle ils appartiennent. Je crains, pour mon compte, que la liberté politique, c'est-à-dire l'élection ou la discussion, introduite dans l'entreprise, ne déçoive pas moins. Plus la collectivité est vaste, et moins la plupart des membres ont conscience que le destin collectif dépend, en une mesure appréciable, de leurs efforts. Toutes les réformes, concevables et nécessaires, pour favoriser la participation à l'entreprise, par l'information et le dialogue, de ceux qui aspirent à sortir du cadre étroit de leur poste et à comprendre l'ensemble, laisseront subsister l'antinomie entre l'idée démocratique et la structure hiérarchique de l'activité productive, entre l'égalité des citoyens et l'inégalité du pouvoir dont dispose chacun à l'intérieur de la société industrielle. Antinomie que les uns veulent effacer par la mystification d'une révolution faite au nom du prolétariat mais qui assure la toute-puissance d'une oligarchie, antinomie que les autres reconnaissent et cherchent non à résoudre,mais à rendre tolérable en multipliant les échanges et en organisant la pluralité des groupes de références » (Aron, 1965, pp. 202-203).

L'idéal démocratique n'est donc pas transposable tel quel dans l'entreprise et le travailleur, devant se contenter des seules possibilités électorales que lui offre le système politique n'a d'autres échappatoires, selon Aron, que la sphère du non-travail soustraite à la nécessité. « Avec le loisir s'ouvre une autre sorte de liberté » (*op. cit.*, p. 203).

Pour cerner plus précisément le problème de l'autogestion, on doit bien convenir en définitive que l'idéologie égalitaire propre à l'autogestion ne s'oppose guère à ce que l'autorité soit déléguée à divers échelons de l'entreprise autogérée ni même à ce que le pouvoir compose avec cette autorité. Il suffit que le pouvoir de décision final revienne de façon exclusive à ses travailleurs et soit réparti de façon égalitaire entre ceux-ci, quels que soient, au demeurant, leurs qualifications ou leurs apports financiers. Au surplus, les échecs souvent montés en épingle ne doivent pas cacher qu'en 1985, 32.000 entreprises environ représentant près de 800.000 emplois fonctionnaient dans la CEE selon la formule de l'autogestion dans le cadre des coopératives ouvrières de production (Defourny, 1988, pp. 139-140).

A notre avis, si l'autogestion est un problème, l'hétérogestion en est un également, faut-il le dire, puisque les nouvelles formes d'organisation du travail ont précisément pour objet d'y remédier. Mais l'autogestion contient en elle-même les raisons de ses difficultés lorsqu'elle se réfère à des idéaux directement hérités du mouvement de mai 1968. Dans cet esprit, l'autogestion ne se conçoit qu'en un système généralisé à toutes les sphères de l'activité humaine et ne tolère donc pas des îlots d'autoritarisme. L'autogestion devient alors une *généralisation du système des coopératives* ou mieux, « la transformation de toutes les structures économiques et sociales en une immense coopérative » (Guillern et Bourdet, 1975, pp. 30-31). Dès lors, les expériences dites d'autogestion dans une société capitaliste n'auraient aucun sens si elles ne conduisaient à une généralisation s'étendant non seulement au domaine industriel, mais aussi à l'enseignement, la culture, la famille, etc. (Rosanvallon, 1977, pp. 393-405 ; *id.*, 1976, p. 17). Or tous les systèmes sociaux de la société ne s'emboîtent pas les uns dans les autres à la manière de poupées russes, en sorte qu'une analogie les ferait ressembler et autoriserait qu'un même modèle de fonctionnement s'y appliquât. Les systèmes ou les institutions sociales et économiques ont des finalités différentes et donc des spécificités différentes. Ces originalités déterminent à leur tour des modes d'action particuliers difficilement généralisables. C'est là qu'à notre avis l'analogie de la démocratie politique intéressante à cultiver sur le plan des méthodes et des procédures déborde de ses limites épistémologiques lorsqu'on veut conclure à une identité de nature entre les différentes institutions fondamentales de la société (De Coster, 1978, pp. 38-45).

C'est dans les voies moins ambitieuses initiées par ce que l'on a appelé le modèle scandinave de démocratie industrielle, entendue cette fois *stricto sensu,* que l'on a cherché des solutions aux problèmes issus de l'hétérogestion taylorienne et fordiste, par l'introduction d'équipes plus ou moins autonomes dans la production.

Les équipes autonomes dans les nouvelles formes d'organisation du travail

Dans les années soixante, à l'initiative du *Tavistock Institute* de Londres, l'*Institut de Recherches sociales et industrielles* de l'Université de Trondheim, en Norvège, dirigé par Einar Thorsrud encourage la mise en place d'une participation des travailleurs, non seulement au niveau des conseils d'administration – ce qui nous renvoie à la formule de la cogestion et à ses succédanés – mais surtout au niveau des ateliers, par la constitution d'équipes autonomes et semi-autonomes. Des expérimentations similaires sont tentées par la suite en Suède puis, de manière plus sporadique, en Italie et en France dans les années septante et quatre-vingt (Martin, 1994, pp. 95-124 ; De Coster, 1993, pp. 368-372 ; Bernoux et Ruffier, 1974, pp. 383-401). Ces diverses expérimentations se caractérisent par un enrichissement des tâches réalisé au sein de ces équipes.

La distinction que les sociologues établissent entre groupes semi-autonomes et autonomes est loin d'être nette : elle reflète le flou de situations où l'autonomie des travailleurs n'y est jamais entière. En réalité, ces situations oscillent entre deux pôles. Le premier, qui pourrait caractériser les groupes semi-autonomes, s'identifie à une organisation du travail permettant aux travailleurs de le planifier et de le répartir librement entre les membres de l'équipe, celle-ci fixant elle-même les temps de pause et contrôlant les résultats de sa production sous la responsabilité d'un contremaître désigné par la hiérarchie. Le second garantit davantage d'autonomie ou de liberté à telle enseigne que l'équipe, libérée de la tutelle directe de la hiérarchie, élit ses propres chefs d'atelier et accomplit ses tâches sous sa propre responsabilité. Toutefois, dans un cas comme dans l'autre, les équipes n'en subissent pas moins les contraintes de la production, qui les obligent à respecter des normes de qualité et de quantité définies en dehors de leur sphère de compétence.

Il y aurait encore beaucoup à dire à propos des *nouvelles formes d'organisation du travail* (en abrégé NFOT), c'est-à-dire toute forme qui prétend se définir à contre-courant du taylorisme et de son *organisation scientifique du travail* (OST), dont le modèle scandinave représentait un des avatars et auquel a succédé le modèle japonais. Celui-ci fait appel à une mobilisation générale et spontanée de l'intelligence des travailleurs et de leurs savoir-faire, à la faveur de la création de cercles de qualité, le sommet reconnaissant par là que la base est capable de réflexion et d'initiatives innovantes. Une très abondante littérature sociologique s'est développée sur ce thème. Contentons-nous, pour ne pas alourdir fastidieusement ce chapitre, d'en signaler la synthèse que Martin reconstitue dans l'inventaire des multiples formes de démocratie industrielle qu'il dresse et détaille avec soin (1994 et spéc., pp. 214-230).

CONCLUSION

On a voulu montrer l'importance et l'intérêt d'une analyse sociologique qui rencontre le thème de la liberté dans le travail et qui démontre que celui-ci n'est pas une sphère d'activités absolument ou essentiellement contrainte. Ce type d'analyse qui dégage ainsi des manifestations d'une liberté protéiforme n'est pas à confondre avec un discours apologétique qui, en premier lieu, en légitimerait nécessairement tous les usages, en second lieu, prendrait pour argent comptant toutes initiatives étiquetées en ce sens et, en troisième lieu, tendrait à occulter les contraintes du travail. A preuve que le discours sociologique n'hésite pas à mettre en évidence le caractère ambigu sinon fallacieux de certaines réalisations portées au crédit de la liberté, entre autres, parce qu'elles sont récupérées par la hiérarchie et certifiées à leur tour pour entrer dans l'arsenal des mesures contraignantes : ainsi des innovations suggérées par les *cercles de qualité,* réinterprétées par les bureaux des méthodes dans la logique rentabiliste de l'organisation ; ainsi plus généralement des savoir-faire ouvriers générés dans la marge d'autonomie autorisée que la direction et les experts formalisent.

L'analyse sociologique s'efforce de dévoiler plutôt des virtualités libératrices en montrant que ces possibilités, une fois amenées à l'existence, ne présentent pas seulement ce caractère interstitiel ou très marginal qu'on ne cesse de leur trouver, mais peuvent relever d'une dynamique mue soit par des forces concurrentes, soit par des forces d'intégration susceptibles de modifier ou d'altérer l'organisation contraignante du travail. Il n'en demeure pas moins que cette liberté dans le travail ainsi considérée à travers ses diverses facettes est et restera, sans doute, selon l'expression de Sainsaulieu, « une liberté surveillée » (1987, p. 76), mais une liberté tout de même, à considérer – comme on l'a fait pricipalement – les catégories de travailleurs où celle-ci est censée être la moins visible et donc, *a fortiori,* dans les catégories où la réflexion et le degré de responsabilité sont davantage prononcés.

Toute la dynamique du travail ainsi exposée rappelle, au fond, la pensée qui traverse la sociologie formelle bien comprise de Simmel. On a vu, dans la première partie, que celle-ci dégage une lutte permanente de l'individu, soucieux de garantir sa liberté contre l'emprise des forces sociales qui morcellent sa personnalité dans le mouvement d'une institutionnalisation croissante des relations sociales. Les formes ainsi créées finissent par s'objectiver en devenant extérieures aux actions réciproques qui les transforment – ou qui les fondent – obligeant ainsi l'individu à s'en libérer pour en créer de nouvelles, où son action s'inscrit et finit par s'y invétérer en traditions et en institutions de manière analogue à la situation précédente et ainsi de suite. L'exemple de l'autonomie dans le travail dans le cadre de l'automatisation déjà évoqué et son prolongement dans l'informatisation à travers ses divers avatars – robotique, bureautique, télématique, productique – confirment le scénario. Celui-ci se résume, en effet, souvent en une lutte, clandestine ou ouverte, au demeurant, à l'occasion de laquelle les travailleurs les plus assujettis au régime de la division technique du travail, tentent de s'approprier des savoir-faire, mieux accordés à leur nature et encouragent, par cet effort, l'émergence de nouvelles professionnalités. Ces savoir-faire sont à leur tour récupérés, en quelque sorte, par l'organisation qui en extrait de nouvelles procédures, de nouvelles réglementations. Celles-ci ne pouvant tout prévoir, laisseront nécessairement des blancs que l'évolution très rapide des technologies ne cessera d'accroître pour engendrer de nouvelles possibilités d'action et, par conséquent, de nouveaux espaces de liberté.

« L'automatisation, les dispositifs de production en flux continu et autocontrôlé, la bureautique, écrit Fischer, montrent une nouvelle logique où l'ensemble des phases se trouve étroitement coordonné et asservi, et où l'appropriation comme espace d'un jeu personnel est par définition de plus en plus exclue. En fait, les systèmes informatisés bénéficient encore des illusions sur l'inexorabilité et la perfection des automatismes. Eliminer implacablement les erreurs, le jeu, les transgressions, est un rêve que la réalité du fonctionnement concret n'autorise pas. Le bricolage humain retrouve, devant ces nouveaux équipements, un champ immense : les décalages dans l'acheminement, le traitement et la restitution de l'information, les micro-pannes, les interventions répétées, sont autant de terrains qui montrent que rien n'est inexorable. Contraints de se plier à des procédures nouvelles qui éjectent leur savoir-faire antérieur et imposent d'autres apprentissages, les individus se trouvent en état provisoire de dépossession. C'est lorsqu'apparaît cette rupture qu'ils se mobilisent pour ne pas être mis hors-jeu » (1994, p. 473).

Si le travail n'est donc pas cette sphère d'activités soumise à la contrainte absolue, le loisir n'est pas non plus tout à fait celle que l'on dit libre. Et si la liberté s'y trouve incontestablement plus à l'aise que dans le travail, elle n'habite pas nécessairement ni toujours là où on prétend l'y loger : telle est la thèse que nous allons développer à présent.

8
Loisir et temps libre

INTRODUCTION

On devine aisément que le thème de la liberté a été particulièrement cultivé dans le domaine du loisir, décliné aussi bien au singulier qu'au pluriel, laissant deviner par là une pluralité de signification. Quoi de plus logique, dira-t-on, puisque les loisirs, en tant qu'activités, sont, selon le sens commun, l'antonyme sinon l'antidote du travail. C'est dans les mêmes termes que le temps de loisir qualifié plus souvent de temps libre est opposé au temps de travail. Le discours sur la liberté n'est pas seulement l'apanage des sociologues des loisirs, souvent reconvertis en sociologues du temps libre, il intéresse aussi leurs collègues, spécialistes du travail, qui ne pouvaient ignorer dans leurs investigations les rapports unissant les deux types d'activités en cause. Cela nous vaut des mises en perspective à la faveur desquelles apparaît mieux le caractère fallacieux de ces oppositions traditionnelles sous-tendues par le refus de concilier la liberté et la contrainte.

Pour en rendre compte, nous partirons du thème de la liberté tel qu'il est cerné dans les essais de définition du loisir, pour évoquer ensuite les raisons qui ont accrédité la thèse de l'avènement d'une civilisation de ce type et, par conséquent, d'une ère de liberté. Nous tenterons alors de mieux préciser la réalité des loisirs, à la fois dans ses aspects contraignants et aliénants comme dans ses aspects libérateurs. Avant de conclure, l'analyse sera illustrée par l'examen de trois types d'activités particulièrement significatives du loisir, à savoir le jeu, la fête et le tourisme, c'est-à-dire là où le discours sur la liberté a été le plus opportunément développé.

DÉFINIR LES LOISIRS

Un premier inventaire

Tout le monde tombe d'accord pour reconnaître la difficulté de circonscrire la notion du ou des loisirs. On observera cependant que dans les quelques essais de définition devenus classiques et inventoriés ci-dessous, le thème de la liberté les traverse toutes. Commençons par la plus célèbre de ces définitions comme aussi la plus controversée sans doute et qui a Dumazedier pour auteur :

« Le loisir est un ensemble d'occupations auxquelles l'individu peut s'adonner de son plein gré, soit pour se reposer, soit pour se divertir, soit pour développer son information ou sa formation désintéressée, sa participation sociale volontaire ou sa libre capacité créatrice après s'être dégagé de ses obligations professionnelles, familiales et sociales » (1962, p. 29).

Passant du registre des activités à celui du temps, il écrit dans le même sens, mais en accusant le côté humaniste de sa conception :

« Nous croyons à la fois plus valide et plus opératoire d'affecter le mot loisir au seul contenu du temps orienté vers la réalisation de la personne comme fin dernière. Ce temps est octroyé à l'individu par la société lorsque ce dernier s'est acquitté, selon les normes sociales du moment, de ses obligations professionnelles, familiales, socio-spirituelles et socio-politiques » (1974, p. 93).

L'un de ses continuateurs, Roger Sue, s'efforce de fixer ainsi les choses :

« Au pluriel, les loisirs désignent ces activités librement choisies en fonction des goûts et aspirations de chacun. Même si certaines activités prédominent (sports, voyage, télévision), la gamme des activités de loisir est pratiquement illimitée, puisqu'elle dépend des motivations de chaque individu » (1980, p. 3) ou encore : « Une bonne définition du loisir devrait faire intervenir trois éléments : un temps *objectivement* libre, un temps qui soit *subjectivement* vécu comme tel, des activités qui, psychologiquement, seraient perçues comme des activités de loisir » (1982, p. 96).

Avant d'aller plus loin dans l'inventaire, arrêtons-nous sur ces tentatives et surtout sur la première qui a conditionné les autres et engagé la sociologie des loisirs dans des voies bien singulières. Ce texte fondateur définit le loisir en termes d'activités dont la finalité se résume dans les fonctions de délassement, de divertissement et de développement. Le thème de la liberté y apparaît doublement à travers, d'une part, le libre arbitre exprimé par le « plein gré » de l'individu et, d'autre part, « sa libre capacité créatrice » contrastant avec les contraintes du travail et autres obligations familiales ou sociales. L'inconvénient majeur d'une telle orientation avancée comme sociologique est de renvoyer l'idée de liberté non à des facteurs sociaux mais à l'individu lui-même d'où le reproche de psychologisme souvent et justement articulé à l'encontre de cette conception (Pronovost, 1994, p. 13 ; De Coster et Pichault, 1985, pp. 7-8 ; Lalive d'Epinay *et al.*, 1982, pp. 20-21 ; Gras, 1975, pp. 216-217).

Dans un ouvrage plus récent, Dumazedier persiste et signe en quelque sorte dans la mesure où les motivations et les sentiments personnels prédominent dans la définition et l'explication des loisirs lorsqu'il introduit l'idée d'un « temps social ipsatif ». Ce temps social à soi ou ipsatif renvoie tantôt certes à des facteurs sociaux, tels le poids des institutions ou celui du travail, mais aussi et surtout aux sentiments de l'individu lui-même et à ses motivations, soit autant d'attributs psychologiques. Glissant cette fois de la notion d'activités à celle du temps, il considère le loisir comme « une libération personnelle plus profonde de sensations, de sentiments, de désirs, de rêves autrefois réprimés, *refoulés* [...] (1988, pp. 46-48). On n'est plus très loin de la psychanalyse... Et la même dimension psychologique articule les définitions de Sue lorsqu'il renvoie, à son tour, le libre choix des activités à la seule subjectivité de l'individu ou à son vécu.

L'origine de ce psychologisme qui teinte le thème de la liberté dans le loisir doit être notamment recherchée chez un sociologue ou plutôt, un psychosociologue du travail – dont Dumazedier était le disciple – Georges Friedmann qui, dans le domaine de sa spécialité, référait l'aliénation aux sentiments que le travailleur éprouve plutôt que de s'en tenir plus sociologiquement sans doute à des conditions objectives de travail, suivant la voie classiquement tracée par Marx. On ne doit, dès lors, pas s'étonner de voir le même auteur transposer dans le domaine des loisirs la même problématique lorsque, reprenant tel quel le discours des travailleurs, qualifiés de « bons juges en la matière », il définit le loisir comme une situation où l'on se sent libre, libre surtout de choisir et le moment et l'endroit où l'on aura du plaisir à éprouver, et un certain épanouissement de la personnalité à en attendre (Friedmann, 1967 [1956], pp. 192-195).

En adoptant le point de vue subjectif de l'individu par une réflexion presque exclusivement basée sur ses sentiments et ses motivations personnelles, on se prive bien entendu d'une analyse objective des loisirs et, paradoxalement, d'une distinction entre ceux-ci et le travail alors que l'on prétend les opposer : en effet, dans cette optique, une même activité peut être ressentie comme laborieuse ou comme ludique par l'individu selon les cas. Il en résulte, à suivre cette logique, qu'une définition cohérente des loisirs ne pourrait être imaginée en dehors d'une approche psychologique du phénomène (Javeau, 1970, p. 49).

Il ne s'agit pas de nier ici l'intérêt du point de vue psychologique sur la question à travers la notion de liberté qui la sous-tend : nous critiquons le pavillon, non la marchandise dans la mesure où des considérations de type psychologique se présentent sous le couvert de l'analyse sociologique. Il est, au surplus, intéressant de savoir ce que les acteurs sociaux pensent et ressentent dans le contexte en cause, mais une théorie sociologique ne peut se satisfaire de reprendre tel quel un objet qui lui est livré empiriquement, en faisant l'économie d'un travail spécifique de déconstruction et de reconstruction dans un cadre conceptuel et méthodologique approprié. Cela signifie, à titre d'exigence minimale, de rapporter les faits et les données recueillies empiriquement, qu'ils relèvent de l'ordre des sentiments latents ou exprimés par l'acteur social, peu importe, à des facteurs sociaux et non à celui-ci :

« Eprouver le sentiment d'une *certaine* liberté, écrit Alain Gras, veut-il dire que l'on est libre ? Cette libération à heures fixes revient souvent à choisir, le samedi soir par exemple, entre la télévision et le cinéma, c'est-à-dire entre des éléments d'un ensemble socioéconomique plus vaste où la liberté prend une tout autre signification. Le travail du sociologue est de décrire le champ social dans lequel se produit la décision d'un acteur, et non la manière dont l'acteur perçoit ce champ social » (1975, p. 217).

Les sociologues du travail qui se sont intéressés aux loisirs, parce que l'approfondissement de leurs domaines d'investigation les y entraînait immanquablement, n'ont pas manqué de rectifier la perspective en ce sens.

« [...] Il est indispensable, au départ, écrit notamment Alain Touraine, de trier les activités de loisir et de distinguer les diverses fonctions qu'elles remplissent. Mais, ce travail préliminaire une fois accompli, il est dangereux de mener l'analyse à l'aide de notions qui relèvent purement de la psychologie individuelle. [...] C'est seulement à partir d'une définition sociologique de la situation considérée que l'on peut utiliser pour l'étude des conduites dans cette situation, des notions relevant de la psychologie individuelle ou même de la psychologie sociale » (1969, pp. 276-277).

Ces préalables posés, Touraine reprend le thème central de la liberté dans la définition qu'il propose :

« Ils [les loisirs] constituent, au moins apparemment, un saut hors des règles qui commandent la vie morale et sociale, ou, selon le ton que l'on préfère adopter, une fuite des obligations ou une libération des contraintes » (*op. cit.*, p. 284). Plus loin : « Ce dégagement de règles et de modèles de conduite reconnus ou imposés socialement est la vraie mesure de l'existence des loisirs. Matériellement, le temps libre s'est développé aux dépens du temps de travail, au niveau de la semaine comme au niveau de la vie. Mais plus important encore est le progrès de l'activité libre, le passage de la culture aux loisirs et plus spécialement du folklore aux loisirs. Cette transformation est si profonde que le terme de loisir, si utile et si révélateur qu'il soit, semble parfois insuffisant. Il serait préférable de parler de *conduites orientées et non réglées* » (*op. cit.*, p. 287).

L'opposition factice entre travail et loisir

Il est clair que les définitions à dominante psychologique rappelées précédemment, c'est-à-dire essentiellement celles de Friedmann, de Dumazedier et de Sue, avalisent par le stéréotype plusieurs fois séculaire, une opposition radicale entre l'univers du travail et celui de loisir, le premier relevant du domaine de la nécessité et, par conséquent, de la contrainte, le second relevant de celui de la liberté. Cette opposition héritée, comme on l'a vu dans le chapitre précédent, de la plus haute antiquité, se trouve confirmée, mais avec des contenus différents, bien entendu, par l'ancienne sociologie du travail formalisée dans le célèbre traité de Friedmann et Naville (1961-1962) dans les termes d'une valorisation du loisir au détriment du travail. En effet, l'atmosphère ouvriériste qui environne les analyses de cette première sociologie met l'accent sur les formes dégradantes d'une condition humaine assujettie au travail parcellaire et à la chaîne de fabrication. Dans cette conjoncture, le travail est bien évidemment considéré très négativement comme facteur essentiel d'aliénation.

Pour retrouver sa véritable nature, l'individu doit se contenter d'une échappée sur le loisir, une bouffée de liberté… C'est précisément le vieil argument de nature, dont on connaît toute la charge spécieuse, qui vient nourrir subrepticement les termes de l'opposition. En retrouvant la liberté dans le loisir, l'homme redécouvre sa véritable nature et révèle sa personnalité, notamment à travers l'instinct ludique qui revient sans cesse affleurer la surface de son quotidien : « On remarque que dans le loisir, il est possible de poursuivre ou de reprendre cent fois un rêve *d'enfance ou de jeunesse* que la vie ordinaire a dû interrompre » (Dumazedier, 1988, p. 50). Obsédé par le travail, l'homme a refoulé le plaisir naturel d'une enfance non encore socialisée par la vie industrielle et le loisir est la force créatrice de l'enfant qui sommeille en nous (*ibid.*). Sans devoir recourir au mythe rousseauiste du bon sauvage, des ethnologues ne nous disent-ils pas que la notion même de travail, au sens où nous l'entendons, est tout à fait étrangère à l'entendement de peuples qu'en termes peu élégants on dit primitifs ? Loisir naturel et travail artificiel : une certaine façon d'opposer ces deux univers mais qui contredit la thèse dominante des ethnologues selon laquelle l'homme naturel n'a pas d'existence face à l'homme culturel (Chamoux, 1992, pp. 21-25 ; Sapir, 1967, t. 1, p. 58).

Une autre façon de rencontrer l'argument de nature nous est proposée par David Riesman qui, dans son célèbre essai intitulé *La foule solitaire*, cherche à dépasser, en fin de compte, l'opposition entre travail et loisir.

« C'est au travail, écrit-il, que s'attache le plus grand prestige. En outre, tout le monde est persuadé que le travail est étranger à l'homme ; il constituerait plutôt un sauvetage, obtenu par la discipline, et destiné à préserver un produit social éminemment utile – l'homme – du chaos et des conséquences de sa paresse congénitale. A l'époque de la croissance transitoire de la population, c'est-à-dire l'époque des plus étonnantes victoires de l'homme sur la nature, on considérait comme un axiome, faisant ainsi écho à toute une série d'auteurs, de Malthus à Freud et Summer, que l'homme devrait être forcé au travail par les nécessités économiques. Aujourd'hui, nous en savons quand même un peu plus long. Cependant, nous acceptons toujours l'hypothèse psychologique selon laquelle le travail et la production seraient des contraintes imposées à la nature humaine. Nous ne voyons pas encore très bien – mais on y arrive – que l'apparente paresse n'est peut-être qu'une réaction contre le genre de travail que le « paresseux » est forcé d'accomplir » (1968 [1948], p. 332).

En conclusion, les définitions – ou ce qui en tient lieu – à dominante psychologique relèvent davantage d'un humanisme et de l'idéologie que de l'analyse scientifique, lorsque ces définitions opposent un travail investi presque exclusivement par des significations négatives à un loisir créateur, seul capable d'épanouir la personnalité humaine. Réduire ainsi le travail en contrepartie d'un loisir triomphant, pour reprendre les termes de Pronovost (1994, p. 85) a engendré dans les années soixante un mythe, celui de la civilisation des loisirs, laissant présager une ère de liberté sans doute jamais connue et renaissant encore dernièrement, alimenté par les perspectives de réduction du temps de travail et de partage de cette dernière activité.

« LES FAUSSES AURORES DE LA LIBERTÉ »

L'hypothèse d'une ère des loisirs est avancée à mi-parcours de ce que l'on a appelé à la suite de Fourastié, les « trente glorieuses », c'est-à-dire une période s'étalant de 1945 à 1975 qui témoigna d'une croissance économique sensible et constante. En 1962, Dumazedier publie effectivement un ouvrage intitulé *Vers une civilisation des loisirs ?* et Fourastié confirme l'hypothèse trois ans plus tard avec *Les 40.000 heures*, laissant augurer le prochain avènement d'une semaine de trente heures et d'une vie professionnelle réduite à 35 années. Aux Etats-Unis, le célèbre rapport Clawson abonde en ce sens, chiffres à l'appui (1960, pp. 1-20). Toutefois les prévisions n'ont éveillé, selon l'expression de Riesman que de « fausses aurores de liberté ».

Les mêmes espérances resurgissent néanmoins vingt ans plus tard mais, bien entendu, dans un contexte nouveau. Celui-ci se définit moins dans le sens d'une meilleure qualité de vie que dans le cadre d'un loisir contraint ou forcé par le chômage ou encore dans les perspectives des mises à la retraite prématurées et autres réductions du temps de travail plus ou moins imposées, avec pour conséquence une dévalorisation supposée du travail.

« Notre vie n'est plus objectivement consacrée au travail, écrit Sue. Même si qualitativement, cela reste un temps fort de l'existence, le travail ne constitue plus, loin s'en faut, l'essentiel de notre vie [...]. Une chose est sûre, le travail ne fera plus figure de temps dominant, imposé à un âge déterminé de l'existence. Il deviendra un temps parmi les autres sur lequel chacun pourra retrouver une certaine maîtrise dans son aménagement et dans sa durée » (Sue, 1982, pp. 68-69).

Un des reproches essentiels que l'on peut articuler contre cette prévision se fonde sur l'erreur visant à donner un contenu qualitatif à des valeurs purement quantitatives. En effet, peut-on sérieusement se contenter de tirer argument des réductions successives du temps de travail (*critère quantitatif*) pour conclure logiquement à la dépréciation de l'activité qui l'occupe en tant que valeur centrale de la société (*critère qualitatif*) ? D'ailleurs, reconnaît le même auteur, « un temps *minoritaire* socialement peut rester *dominant* dans la structuration sociale dans les consciences individuelles » (Sue, 1992, p. 123 ; *cf.* aussi *id.*, 1994, pp. 197-198). Au surplus, l'identification du temps de non travail avec le temps de loisir est tentante, ce qui incline à croire que les réductions du temps de travail engendrent automatiquement un surplus d'activités de loisir. C'est, bien entendu, faire peu de cas de circonstances et de modalités directement liées au travail professionnel et inscrites au registre du temps libre : ainsi des heures supplémentaires du personnel employé et surtout celui de cadre ne donnant pas droit à un sursalaire ; ainsi également des activités d'études, de formation et de perfectionnement qui suppléent ou complètent les nécessaires recyclages ou reconversions ; ainsi enfin de l'allongement du temps de déplacement dans le contexte d'une urbanisation croissante ou galopante. C'est également négliger un grand nombre d'activités domestiques qui ne sont pas nécessairement couchées sur le registre des obligations familiales (Schor, 1991 ; De Grazia, 1962). La critique des sociologues américains est d'autant plus nette qu'aux Etats-Unis, l'accroissement de la productivité aurait dû générer un temps libre compensatoire très substantiel. Si l'on sait que cet accroissement a presque doublé depuis 1948, les Américains ne devraient plus travailler aujourd'hui qu'un jour sur deux : « il y a loin de la coupe aux lèvres ! ».

On voit, dès lors, que porter au crédit de la liberté toutes activités extérieures à la profession et aux obligations familiales, religieuses et socio-politiques, comme l'entend Dumazedier, par exemple, est nettement abusif et repose sur la subjectivité des déclarations, des sentiments et des représentations des seuls acteurs sociaux. L'identification de l'activité domestique au loisir et, partant, à la sphère de la liberté tient également à la primauté du travail rémunéré dans la société capitaliste et se traduit, notamment, par son omission systématique de toute comptabilité nationale. Bien avant que toute une littérature féminine et féministe ne dénonce cette carence, Riesman écrivait ces lignes peu après la seconde guerre mondiale :

« Nos définitions du travail signifient aussi que la ménagère, bien qu'elle produise des valeurs socialement importantes, ne trouve nulle part une appréciation juste et chiffrée de son effort, ni en heures de travail ni en valeur d'argent, pas plus dans les statistiques nationales que dans l'esprit des gens. Si bien qu'à la fin de la journée, la ménagère, bien que réellement fatiguée, n'ose même pas se reconnaître le droit à la fatigue. A l'opposé, l'ouvrier de Détroit qui accomplit son pensum quotidien en trois heures, pour passer le reste de la journée à traîner dans les ateliers, est considéré par tout le monde comme soumis à un travail effectif de huit heures – par lui-même, par sa femme, par les statistiques » (1968 [1948], pp. 332-333).

Pour objectiver la question, Chadeau et Fouquet proposent le critère du *substitut marchand* pour bien discriminer dans l'activité domestique le travail du loisir : « Si l'on peut acheter sur le marché un bien ou un service équivalent à celui qui a été produit dans la famille, alors on déclare qu'il s'agit de travail domestique (...). Ce critère du substitut marchand remplace la subjectivité des individus par une convention précise » (1981, p. 31).

A suivre ce point de vue, la sphère du travail domestique ne correspond pas au domaine d'activité des gens de maison, auquel cas l'ensemble des activités effectuées à domicile pourraient trouver en cette catégorie sociale un substitut marchand. Pour sortir d'embarras, ne sont seulement retenues comme travail domestique que les activités rencontrant un équivalent *spécifique* sur le marché des biens et des services, telle l'activité culinaire par exemple. Que celle-ci puisse apparaître agréable à certains, contraignante à d'autres, elle entre bien dans le cadre du travail domestique puisqu'elle trouve dans la fréquentation du restaurant son substitut marchand. En sorte qu'en conclusion du point de vue qui nous occupe, celui de la liberté, celle-ci n'est pas toujours là où l'on prétend l'y loger, à considérer les activités sur un plan plus objectif que celui des seuls sentiments de l'acteur social.

Que faut-il enfin penser, respectivement, du temps de chômage et de celui de la retraite souvent considérés par la sociologie des loisirs comme des moments privilégiés de la liberté ? Voyons successivement ce qu'il faut penser de ces deux temporalités.

L'argument selon lequel une banalisation du chômage relativise l'importance du travail et le déprécie sur le plan des valeurs fortes, ménageant ainsi de meilleures opportunités pour se consacrer « en toute liberté » aux loisirs (Sue, 1982, p. 69) est largement démenti par la réalité des faits. Le chômage créateur et la liberté qui occuperait sa temporalité partagent le statut mythique de la civilisation des loisirs. La vie du chômeur se déroule dans une désorganisation du temps dans la mesure où le travail définissait *a contrario* le temps libre et lui donnait ainsi sa vraie signification. Le chômage est trop souvent vécu comme une épreuve parce qu'il est avant tout une exclusion sociale prioritaire et dans cette conjoncture, celui qui doit le subir se définit en fonction du marché du travail dans la perspective d'un nouvel emploi (Schnapper, 1994, p. 120).

La retraite mérite davantage que l'on s'y attarde car, souvent négligée par la sociologie des loisirs, elle incarne pourtant le temps de la liberté si souvent vanté par les tenants de la discipline. La retraite n'est-elle pas le temps où, enfin, on peut faire ce que l'on veut, à l'abri des contraintes de la vie ordinaire ?

La retraite n'en présente pas moins une tranche ultime de vie où la liberté n'est pas nécessairement vécue positivement, mais peu ou prou comme un vide ou une situation anomique – la retraite ayant perdu ses points de repère traditionnels – quand elle ne bute pas sur le heurtoir des contraintes rigoureuses : contraintes qui rappellent que la liberté s'interprète aussi comme une capacité d'agir conditionnée par le niveau de revenus de substitution ou liée à la précarité de la santé qui en limite l'usage. La retraite, bien qu'elle s'ouvre sur des horizons de liberté n'est plus l'âge de tous les possibles. Au surplus, cette liberté-capacité ne s'interprète pas seulement en termes de moyens financiers et physiques mais aussi en termes de capital culturel et de capital de relations, en sorte que, à l'instar du chômage vécu différemment selon les catégories sociales (Schnapper, 1981, p. 203), la retraite n'est pas vécue de la même manière sur le mode de la liberté selon les mêmes répartitions.

En réalité, la retraite plonge directement les individus dans une aventure pour laquelle la société industrielle et post-industrielle les a bien peu préparés. C'est en effet le travail professionnel qui a surtout scandé le rythme de la vie sociale et lui a donné le principal de sa signification. Or, voici que cette référence cardinale leur est, en quelque sorte, ôtée brutalement et, parfois, plus tôt que prévue lorsque la mesure des retraites anticipées cherche à masquer un chômage qui n'ose pas dire son nom.

« L'usage de la liberté, écrit Lalive d'Epinay précisément à propos de la retraite, n'est certes pas aisé. Celle-ci a été distribuée trop parcimonieusement au cours de la vie pour que son mode d'emploi ne soit pas resté secret La liberté, on le sait, fait peur : choisir, se décider, c'est prendre le risque de se tromper, c'est accepter d'être responsable de ses choix. La liberté se prête à tant de confusion ; mot magique, qui évoque un absolu, une fulgurance, un infini [...]. La liberté humaine est réelle, mais toujours relative : aux possibilités et limites fixées par la condition humaine, par la condition sociale, par la culture » (1991, p. 276).

Pour retrouver un cadre de référence « occupationnel », les uns s'efforcent soit de le reconstituer dans un continuum de la vie de travail en recréant des liens avec la vie active de naguère mais en revivant le travail sur un mode mineur et donc moins contraignant : « faire la même chose mais plus doucement ». Ainsi le temps se nourrit d'occupations qui réveillent des savoirs et des savoir-faire de la vie professionnelle. Ne plus se sentir socialement inutile, n'être plus un poids pour les siens, garder autant que faire se peut la santé et le moral sont autant de motivations qui justifient ces activités.

D'autres, au contraire, tentent l'aventure d'une vie plus neuve, plus imaginative, en totale rupture avec leur passé professionnel. Ce n'est pas que le travail soit totalement évacué de leurs occupations : on en imagine de nouvelles formes, mieux adaptées aux circonstances et aux altérations que « l'irréparable outrage des ans » leur fait subir. Aventuriers en quelque sorte d'un âge nouveau parce qu'expérimentateurs de formules nouvelles, ils parviennent encore à transformer des conduites visant à tuer le temps en projet d'activités diverses, grâce aux capitaux culturels et relationnels accumulés durant la vie active. Ainsi s'éclaire la possibilité de convertir une liberté formelle ou idéelle en réalité vécue.

La retraite peut être le temps de la solitude et de l'ennui ou celui de l'imagination ou encore celui de la réactivation du passé à travers la perpétuation du modèle professionnels vécu sur un mode mineur. Ces considérations nuancent l'idée de liberté dans le temps libre en montrant, une fois de plus, que le loisir n'est pas par définition une rupture ni avec le travail ni avec la contrainte dans la mesure où il s'en accommode. On arrive à des conclusions similaires, comme on va le voir à l'examen, de manifestations privilégiées de loisir.

LA LIBERTÉ DANS LES ACTIVITÉS DE LOISIR

Si l'on a jusqu'ici traité le loisir surtout en termes de temporalités, nous allons le considérer cette fois en termes d'activités en mettant en relief, bien entendu, le discours sur la liberté à travers trois formes qui en illustrent bien la quintessence : le jeu, la fête et le tourisme.

Le jeu

Activité libre inscrite dans le temps libre, le jeu remplit les conditions de délassement et de divertissement que l'on attribue sans conteste aux loisirs. Cependant, le jeu n'échappe pas nécessairement à la logique du travail dans la mesure où il est considéré comme contrepartie ou compensation que celui-ci permet. De plus, le jeu s'insère dans un temps certes réellement libéré, mais qui ressemble, parfois, à s'y méprendre, au temps occupé du travail ou de la formation et des soucis qui les accompagnent. Veblen observait à propos de la classe bourgeoise qu'il qualifiait d'oisive que celle-ci « travaillait »à ne rien faire (1970 [1889]. Riesman constate à son tour que la sphère des plaisirs s'est muée en une sphère des soucis : « On travaille à avoir du bon temps » (1968 [1948]. Le jeu est cette occupation qui permet de se soustraire à l'effort du temps libre : l'ennui. L'analyse sociologique du jeu est intéressante parce qu'elle met bien en évidence le rapport original qui lie la liberté à la contrainte, comme on va le constater.

La notion de jeu est très équivoque puisqu'elle s'applique au caractère lâche d'un mécanisme ou d'un engrenage, au style d'un interprète, à la série plus ou moins complète d'objets semblables, à un système de règles et de conventions à respecter, à l'appareillage symbolique de l'activité ludique elle-même, etc., etc. Aussi, pour éviter de confondre le jeu avec l'une de ses multiples projections métaphoriques, une définition liminaire s'impose, telle que celle proposée par Huizinga, parmi les plus classiquement citées :

« Le jeu s'entend d'une activité volontaire accomplie dans les limites fixées de temps et de lieu, selon des règles librement consenties mais néanmoins impérieuses, pourvue d'une fin en soi, qui s'accompagne de sentiments, de tensions et de joie, et d'une conscience d'être autrement que dans la vie courante » (1949, p. 28).

De façon plus systématique, on dira que le jeu apparaît comme une activité 1° libre, 2° circonscrite, 3° réglée et 4° fictive. Des sociologues y ajoutent un caractère gratuit ou improductif en ce sens que le jeu ne crée par lui-même ni bien ni richesse mais, tout au plus, un déplacement de valeurs (Duvignaud, 1980, p. 49 ; Caillois, 1967, p. 35). Ce dernier ajoute très opportunément le caractère incertain du jeu, qui rejoint par ce trait le pari auquel il est souvent associé, parce que ni son déroulement ni son issue ne peuvent être connus à l'avance (Caillois, *op. cit.*, p. 43).

La liberté dans le jeu s'exprime dans l'affranchissement de la vie courante et des distances que le joueur prend vis-à-vis d'elle et peut se traduire par la turbulence de son déroulement ou par la fiction de l'évasion. La turbulence vise les manifestations spontanées ou institutionnelles du jeu :

« Elle intervient dans toute exubérance heureuse que traduit une agitation immédiate et désordonnée, une récréation primesautière et détendue, volontiers excessive, dont le caractère impromptu et déréglé demeure l'essentielle, sinon l'unique raison d'être. De la galipette au grifouillis, de la chamaille au tintamarre, il ne manque pas d'illustrations parfaitement claires de semblables prurits de mouvements, de couleurs ou de bruit » (Caillois, 1967, p. 77).

L'évasion s'assimile dans le jeu à une fuite imaginaire que révèlent la fiction et l'illusion de sa symbolique instrumentale. Ainsi, le monopoly est le simulacre des transactions immobilières et mobilières d'une économie de marché et ouvre la porte au rêve en créant l'illusion dans la facticité de la richesse. Tel est bien le sens de jouer « à faire semblant ».

La turbulence que Caillois appelle « paidia » qui semble contredire l'idée de contrainte, s'en accommode au contraire car le jeu est une activité circonscrite et disciplinée par ce qu'il appelle le « ludus » :

« Le ludus propose au désir primitif de s'ébattre et de se divertir des obstacles arbitraires perpétuellement renouvelés ; il invente mille occasions et mille structures où trouvent à se satisfaire à la fois le désir de détente et le besoin dont l'homme ne semble pas pouvoir s'affranchir, d'utiliser en pure perte le savoir, l'application, l'adresse, l'intelligence dont il dispose, sans compter la maîtrise de soi, la capacité de résister à la souffrance, à la fatigue, à la panique ou à l'ivresse » (*op. cit.*, p. 86).

Dans le même sens, Alain Cotta, un économiste qui s'intéresse à la sociologie du jeu, conclut : « Le jeu est la solution du dehors, celle de l'illusion, de la gratuité, de la voie ouverte aux libertés du songe et de la consomption sans objet ; il institue la licence et la contient dans la norme » (1980, p. 58).

Le mariage de la liberté et de la contrainte, le jeu la réalise ainsi par l'instauration de la norme qui ne peut être enfreinte – sinon par la tricherie parfois durement sanctionnée, car qui prend la liberté de jouer s'engage néanmoins. Pareille accommodation semble rappeler la conception que Durkheim défendait à partir de l'idée d'un contrat social, à savoir : une aliénation volontaire par l'individu d'une partie de sa liberté consentie par cela même que la contrainte est bonne et raisonnable, ainsi qu'on l'a vu dans la première partie du livre. Effectivement, la règle du jeu rappelle cette discipline librement consentie à la différence, toutefois, que l'extériorité de la contrainte n'est pas de la même nature dans les deux hypothèses. Pour Durkheim, la contrainte existe bien en dehors de l'individu, qui se voit obligé, au risque d'une sanction sociale, d'accepter les règles puisque la société a décidé pour lui du bien fondé de celles-ci. En sorte que l'acceptation libre de la contrainte repose sur la fiction du contrat social. Dans le cas du jeu, au contraire, l'individu n'est plus cet agent passif en faveur duquel on décide mais un acteur qui est libre d'accepter ou non le jeu et ses règles. Au surplus, dans ce même cadre ludique, il peut agir sur les règles en cours de jeu, moyennant l'accord de ses partenaires et sa liberté d'action l'autorise même à abandonner la partie, à quitter la table du jeu avant terme, s'il estime que ses chances sont compromises ou, à l'inverse, s'il a suffisamment tiré avantage de la situation. Le jeu ménage donc diverses échappatoires susceptibles de libérer le joueur de la contrainte ludique. En définitive, l'acteur est libre de jouer ou non, tandis que le citoyen est tenu de jouer son rôle social jusqu'au bout.

La fête

S'il est une circonstance dans la vie où l'homme éprouve le sentiment de la liberté, c'est bien à l'occasion de la fête : il lui est permis d'y donner libre cours à son action en s'affranchissant de toute régulation sociale. La fête est en effet souvent décrite comme le temps de la joie exubérante, le temps où l'on « s'éclate », la manifestation par excellence de l'anticonformisme. La sociologie des loisirs dans sa version classique trouve effectivement dans les pratiques festives la confirmation d'une identification du loisir avec la liberté à travers la fonction divertissante qui les unit, par opposition aux travail et autres contraintes que l'ordinaire de la vie quotidienne oblige à endurer.

Cette conception classique de la liberté dans le loisir et, singulièrement dans la fête, ne nie pas l'existence de la contrainte, non pas seulement parce qu'elle la considère dans les limites qui contiennent la fête dans une parenthèse de vie ; elle la reconnaît également dans le rituel qui préside au déroulement d'une cérémonie allant à rebours de cette vie ordinaire et qui traduit son lien avec le sacré. Cependant, la sécularisation de la société a complètement marginalisé ces fêtes rituelles, les laissant subsister au mieux, à titre de survivances du passé ou de folklore. Les contraintes d'un travail sacralisé à son tour, dès l'avènement de la société industrielle, ont remplacé celles du calendrier liturgique et des obligations religieuses qu'il décrétait, et contribué à ménager un nouvel exutoire : une fête moderne aux multiples facettes exploitant toutes les possibilités des loisirs actuels à fonction divertissante et défoulante. Dans ces entractes de la vie quotidienne et de son cortège d'obligations, la contrainte disparaît. La fête devient « un éclatement de l'être hors de l'être » (Cotta, 1980, p. 54). « Elle accumule toutes ses forces ipsatives dans une *autonomie* interstitielle où vivre pour vivre est la finalité première à travers une errance qui n'est pas forcément *anomie*. Une éthique de l'expression plus libre de soi y remplace une éthique de l'intégration répressive » (Dumazedier, 1988, p. 51).

Telle est brièvement exposée la thèse de la conception d'une sociologie traditionnelle qui oppose ainsi une fête rituelle qui s'est sclérosée dans le folklore, perdant ainsi son antique signification, d'une part, et la fête moderne qui tout en la ressuscitant en quelque sorte pour la retrouver dans sa fonction défoulante, rompt néanmoins son lien avec le sacré, d'autre part.

Les manifestations festives n'ont pas seulement éveillé l'intérêt de sociologues du loisir mais aussi celui de quelques pères fondateurs de la discipline mère, comme Durkheim, bien entendu, et de spécialistes venant d'horizons très divers : tels des sociologues de la littérature comme Mikhaël Bakhltine et Jacques Dubois, de la vie quotidienne comme Michel Maffesoli, des phénomènes religieux comme François-André Isambert, etc. Au surplus, le thème de la fête a constitué le lieu de rencontre entre les historiens et les sociologues qui dans un beau souci d'interdisciplinarité ont appuyé respectivement leur point de vue sur la discipline des autres. Cela nous donne une analyse très riche d'un phénomène au sein duquel le thème de la liberté reste central mais ne corrobore pas la sociologie classique des loisirs dans toutes ses assertions principales et notamment celle qui évacue la règle et la contrainte dans l'idée d'une rupture totale, fut-elle interstitielle ou momentanée, avec le quotidien. La fête ainsi considérée en dehors de la sociologie des loisirs proprement dite fait l'objet d'analyses qui s'orientent tantôt dans la perspective de l'intégration tantôt dans celle de l'innovation sociale.

La fête comme facteur d'intégration sociale : le conflit intégrateur

L'école française de sociologie dominée par la figure de Mauss et surtout par celle de Durkheim considère surtout la fête ainsi qu'un phénomène religieux.

Les formes élémentaires de la vie religieuse (1968 [1912]) du second nommé en livre une interprétation particulièrement significative. Loin de nier l'exubérance et les manifestations de défoulement ou d'exaltation qui caractérisent la fête cérémoniale chez les peuples traditionnels ou « primitifs », Durkheim estime qu'elle est du ressort du sacré et que sa célébration a pour effet de renforcer le sentiment d'appartenance au groupe. La cérémonie festive se détache des activités matérielles de subsistance, c'est-à-dire du domaine de la nécessité, pour permettre à ses participants de renouveler leur adhésion à la société qu'ils déifient en cette occasion et qu'ils symbolisent par le totem. Les périodes sacrées vouées à la fête sont plus ou moins délimitées avec précision par référence à des signes naturels. Si l'excès, la démesure, l'effervescence teintent la fête, c'est parce qu'ils sont les traductions mêmes du sacré qui, tout en s'opposant à la normalité et à la sagesse du quotidien, les transcendent et les renforcent :

« Or le seul fait de l'agglomération agit comme excitant exceptionnellement puissant. Une fois les individus assemblés, il se dégage de leur rapprochement une sorte d'électricité qui les transporte vite à un degré extraordinaire d'exaltation [...]. Et comme des passions aussi vives et aussi affranchies de tout contrôle ne peuvent pas ne pas se répandre en dehors, ce ne sont, de toutes parts, que gestes violents, que cris, véritables hurlements, bruits assourdissants de toute sorte qui contribuent encore à intensifier l'état qu'ils manifestent. Sans doute parce qu'un sentiment affectif ne peut s'exprimer collectivement qu'à condition d'observer un certain ordre qui permette le concert et les mouvements d'ensemble, ces gestes et ces cris tendent d'eux-mêmes à se rythmer et à se régulariser ; de là, les chants et les danses » (1968 [1912], pp. 308-309).

Cette exaltation dans la fête, toute désordonnée qu'elle apparaisse, n'en est pas moins régulée par une préparation minutieuse et parfois longue de la cérémonie, comme la mise au point d'un appareillage symbolique dont le port est obligatoire, d'une part, et par les chants et les danses dont le rythme discipline en quelque sorte les cris et les mouvements désorbités ou erratiques, d'autre part. La conception durkheimienne de la fête trouve d'intéressants développements dans un ouvrage plus récent d'Isambert (1982) qui propose une réflexion critique sur la notion de sacré.

Selon ce courant de pensée, l'intégration sociale apparaît dans le tumulte libérateur de la fête comme une conséquence involontaire de la fête. C'est en ce sens que Merton propose la distinction, déjà évoquée dans la première partie du livre entre fonction manifeste et fonction latente du comportement à propos de la cérémonie de la pluie chez les Indiens Hopi :

« Le concept de fonction latente nous incite à poursuivre notre enquête en examinant les conséquences de la cérémonie, non sur les dieux de la pluie ou sur les phénomènes météorologiques, mais sur les groupes qui célèbrent la cérémonie. Et alors on s'aperçoit, comme de nombreux observateurs l'ont noté, que la cérémonie a en fait d'autres fonctions – mais des fonctions qui n'ont pas été voulues, des fonctions latentes. Les cérémonies peuvent remplir la fonction latente de renforcer la cohésion du groupe en offrant une occasion périodique à ses membres disséminés de se réunir pour participer à une activité commune » (1965 [1953], pp. 114-115).

En invitant à ne pas prendre uniquement en compte les seules fonctions manifestes que doivent remplir les éléments du système social, la tradition fonctionnaliste donne au conflit ou aux tendances agressives qui peuvent sourdre de la fête dans ses excès, une signification contraire au sens commun. Tel est le sens du « conflit intégrateur » qui fonctionne comme une soupape de sûreté et donne à la liberté de la fête le sens d'un exutoire. Tous les bouillonnements et les défoulements libérateurs de sentiments trop longtemps contenus s'y évaporent, évitant ainsi de mettre en danger l'existence du système social. En développant cette idée, Coser reprend, au fond, une vieille idée de la sociologie formelle de Simmel et de Vierkandt notamment, selon laquelle les conflits et autres manifestations apparemment irrationnelles comme la fête, le carnaval, la magie représentent autant d'exutoires semblables au lit d'un fleuve torrentueux qui roule le flot des tendances refoulées, protégeant ainsi le reste de la vie sociale de leurs effets destructeurs (Coser, 1982, p. 27). Dans les organisations les plus rigides comme les plus sévères, la fête y remplit cet office comme l'explique Goffman à propos des institutions totales déjà évoquées précédemment :

« Un autre type de rite institutionnel un peu différent des précédents s'exprime à l'occasion de la fête annuelle, qui peut d'ailleurs avoir lieu plusieurs fois par an : au cours des manifestations traditionnelles de la vie en société que sont repas en commun, jeux de société ou danses, le personnel et les reclus sont amenés à se *mélanger*. En ces occasions, ils ont le droit de prendre avec la ligne de partage des castes des *libertés* qui peuvent aller jusqu'aux rapprochements sexuels. Dans certains cas, cette liberté atteint même une inversion des rôles rituels ; on peut voir alors le personnel servir les reclus à table ou leur rendre certains autres menus services [...]. Ces cérémonies ont lieu à intervalles assez espacés et provoquent une certaine excitation collective. Tous les groupes de l'établissement s'unissent, sans considération de rang ou de position sociale, mais la place qui leur est octroyée indique bien leur situation. Ces pratiques rituelles sont tout à fait justiciables d'une analyse de type durkheimien : une société dangereusement scindée en deux groupes, celui des reclus et celui du personnel, arrive à conserver sa cohésion par le truchement de ces rites. Le même genre d'interprétation fonctionnaliste peut s'appliquer au contenu des cérémonies rituelles. Il y a souvent, par exemple, un soupçon de rébellion, voire une rébellion caractérisée dans le rôle qu'assument les reclus en de telles circonstances. Que ce soit par le moyen d'un article perfide, d'un sketch satirique ou par un geste d'une excessive familiarité au cours de la danse, le subordonné profane d'une certaine manière le supérieur » (1968 [1961], pp. 148 et 160). Et Goffman de conclure : « Actualiser la rébellion devant l'autorité lorsqu'on en a le droit, ce n'est plus conspirer mais s'exprimer ».

On voit donc que la règle et même, plus généralement, la contrainte participe de la nature de la fête jusque dans les transgressions que l'autorité impose. Chacun doit y tenir son rôle dans un anticonformisme obligé : c'est la règle du « jeu ». Cette inversion des rôles est caractéristique de certaines manifestations festives comme le carnaval que Maffesoli analyse, apportant sa contribution à une sociologie de l'orgie :

« On ne le répétera jamais assez : l'*hypo* est nécessaire au défoulement et vice versa. L'étude de Gagnebet sur le carnaval, ou mieux encore celle de Le Roy Ladurie, plus circonscrite, montrent qu'avant *d'enterrer sa vie de païen* par le respect du Carême (abstinence sexuelle, alimentaire..., etc.), on explose toujours en ripaille (défoulement sexuel, viol, rapt, etc.). La conjonction de ces deux éléments est considérée comme tout à fait normale et il est intéressant de noter que dans son mécanisme de rationalisation le protestantisme, en supprimant l'ascèse du carême, supprime du même coup les excès carnavalesques. Préfigurant ainsi ce que sera bientôt la police des moeurs, l'esprit de sérieux rabote tous les écarts (en hyper et en hypo) sans voir qu'ils constituent une unité organique dont il est difficile, sinon impossible, de faire l'économie. [...] La perturbation dionysiaque, l'inversion, expriment le conflit des valeurs toujours présent dans le corps social et en même temps le ritualisent, lui donnent une forme acceptable et *passable*. En quelque sorte la fête, c'est le conflit des passions vécu d'une manière homéopathique. Refuser cette procédure, qui peut avoir des formes fort variées, c'est s'exposer à un retour du refoulé, c'est encourager l'explosion brutale et sanguinaire. En résistant ponctuellement au pouvoir, en transgressant les normes établies, l'effervescence, avec une saisie à long terme quasi intentionnelle, permet donc que la trame sociale relâchée se retende, elle rappelle *contre* ce qui en est le garant, tout ce qui fait la spécificité et la caractéristique d'une communauté » (Maffesoli, 1982, pp. 42 et 130).

Elias et Dunning adhèrent à ce même courant d'idées fonctionnaliste lorsqu'ils voient dans l'activité sportive « une violence maîtrisée » (1994 [1986]. Distinguant soigneusement cette activité du jeu proprement dit parce qu'elle comporte une dimension spectaculaire qui la rapprocherait plutôt de la fête, ces deux sociologues la considèrent comme un correctif nécessaire permettant à la société moderne de pallier à l'affadissement et à la folklorisation des carnavals et autres fêtes dionysiaques. L'individu se voit ainsi offrir le substitut du sport à grand spectacle pour y trouver l'occasion de se libérer de la monotonie et des contraintes qui ont gagné toutes les sphères de sa vie et même celle de son existence la plus intime (*op. cit.*, p. 97).

Ces diverses évocations mettent en évidence le caractère intégrateur de la fête, même envisagée dans ses aspects les plus excessifs. En effet, la fête ne se laisse pas concevoir comme une simple rupture avec l'ordinaire de la vie courante ; elle en garantit le fonctionnement, bien qu'elle lui tende le miroir inversé de ses symboles et de ses valeurs. C'est aussi le thème des valeurs inversées qui traverse l'analyse de sociologues rejetant toutefois la perspective fondamentalement conservatrice des conceptions précédentes pour voir avant tout dans la fête un facteur de changement sociétal.

La fête innovatrice

Le thème de la liberté est souvent associé à la capacité et à la possibilité de créer et d'innover (*cf.* par exemple : Gurvitch, 1955, pp. 93-95). C'est dans ce sens que le sociologue russe Mikhaël Bakhtine explique la fête, à la faveur de l'étude d'oeuvres littéraires et notamment celle de Rabelais. Montrant que le genre romanesque prend racine dans la culture du Moyen Age, il y voit une de ses expressions privilégiées dans la fête populaire, surtout incarnée dans le carnaval. La fête populaire représente, au fond, une seconde vie du peuple, une utopie de liberté qui se manifeste par la contestation, l'imprévu, le spontané, bref tous signes témoignant de l'existence d'un secondaire social coexistant avec un primaire organisé et contrôlé.

Chemin faisant, Bakhtine apporte des précisions au phénomène festif, trop souvent confondu avec des manifestations qui lui sont étrangères, tel le spectacle ou la cérémonie officielle. On sait que Dumazedier et Cotta, par exemple, les incluent dans la fête en y surajoutant le rituel des anniversaires, les festivals, les spectacles touristiques, les fêtes officielles consacrées par le calendrier, etc. (Dumazedier, 1988, pp. 54-68 ; Cotta, 1980, p. 55). Or la fête n'est pas le spectacle. Lisons Bakhtine à ce sujet :

« En fait, le carnaval ignore toute distinction entre acteurs et spectateurs. Il ignore aussi la rampe, même sous sa forme embryonnaire. Car la rampe aurait détruit le carnaval (et inversement la destruction de la rampe aurait détruit le spectacle théâtral). Les spectateurs n'assistent pas au carnaval, ils le vivent tous, parce que, de par son idée même, il est fait pour l'ensemble du peuple. Pendant toute la durée du carnaval, personne ne connaît d'autre vie que celle du carnaval [...]. Le carnaval revêt un caractère universel, il est un état particulier du monde entier [...]. Tous ceux qui participent aux réjouissances le ressentent de la manière la plus vive [...]. Pendant le carnaval, c'est la vie même qui joue et interprète alors – sans scène, sans rampe, sans acteurs, sans spectateurs, c'est-à-dire sans les attributs spécifiques de tout spectacle théâtral – une autre forme libre de son accomplissement, c'est-à-dire sa renaissance et sa rénovation sur de meilleurs principes » (1970, pp. 15-16).

Dans le même sens, Paule-Monique Vernes assoit la distinction : « La fête n'est le visible de personne, le spectacle d'aucun voyant. Elle n'est dans le regard de personne puisque sa substance même est mouvement et regards échangés. Si quelqu'un s'en voulait spectateur, il s'en excluerait ou se verrait forcé de s'y intégrer » (Vernes, 1978, pp. 96-97).

Par ailleurs, la fête populaire, bien qu'elle ait ses rites et ses traditions, est étrangère à la cérémonie et autres manifestations officielles. Celles-ci valident la stabilité et la pérennité de l'ordre établi alors que celle-là s'impose comme un affranchissement, momentané sans doute, des hiérarchies reconnues, une libération du pouvoir en place. « Qu'une magistrature, qu'un organisateur y préside et la fête meurt dans la cérémonie patriotique » (Vernes, *op. cit.*, p. 97 ; *cf.* aussi : Bakhtine, *op. cit.*, p. 18 ; De Coster et Pichault, 1985, pp. 180-181). En ce sens, la fête populaire est un inachèvement, un désordre créateur et annonciateur d'un ordre nouveau. Elle est le modèle opposé de la vie courante et la liberté s'y traduit notamment par une inversion généralisée des signes en ce qu'elle s'inscrit dans une logique originale des choses à l'envers par les rabaissements, les travestissements, les profanations, les grossièretés. Bref, elle est par toutes ces disconvenances une parodie de la vie ordinaire, un renversement des valeurs (Bakhtine, *op. cit.*, p. 19).

Si la fête (et surtout la fête populaire) se distingue du spectacle, elle n'est pas non plus assimilable au jeu, bien que prenant racine comme ce divertissement dans la liberté. Cette prise de position nous écarte des définitions proposées par Caillois, Cotta et Duvignaud. Ce dernier inclut dans la *région ludique* « la flânerie, le rêve ou la rêverie, la convivialité, la fête et les innombrables spéculations de l'imaginaire » (1980, p. 26). Or la fête, à l'opposé du jeu, est inversion des signes, des symboles et des valeurs. Par les licences qu'on lui autorise et qu'elle s'autorise, la fête est un transgression de l'ordre social en vigueur dont les dérives ont nourri les aspects subversifs pour dégénérer parfois en révolte, comme le rappelle l'historien Le Roy Ladurie à propos du carnaval de Romans (1979). Ce côté transgresseur se retrouve également dans la grève à travers la négation de la hiérarchie par l'occupation des bureaux ou la prise d'otage de membres de la direction. La grève est « l'expression bruyante des cortèges et des défilés. Elle est aussi un jaillissement de liberté, un moment de défoulement où la vie d'usine se mêle à la vie privée » (Martin, 1994, p. 53).

Les caractéristiques fondamentales de la fête s'évanouissent dans les manifestations festives que la vie moderne multiplie à l'envi et banalise en conséquence. Il faut entendre par là non seulement toutes les fêtes anniversaires ou commémoratives du calendrier et la fête permanente « que les animateurs et les vendeurs de toutes sortes s'ingénient à organiser dans tous les aspects de la vie quotidienne, depuis le lever en musique jusqu'aux fins de soirée dans les allées débordantes de marchandises des centres commerciaux » (Meister, 1975, p. 199). Cette fête-bidon qui nous conditionne à être de bonne humeur dès le lever et que Meister type dans l'ensemble des processus inflationnistes de la société actuelle, rejoint les définitions qui dissolvent la fête dans un tas de significations où le discours sur la liberté perd de sa pertinence : sa banalisation lui fait perdre le caractère exceptionnel qui la rendait critique.

Le tourisme

Le loisir est justiciable d'une analyse non seulement en termes de temps, d'activités et d'état (quoique cette dernière dimension ait été peu investiguée dans la discipline)[1], mais aussi en termes d'espaces. A ce dernier point de vue, le tourisme est particulièrement intéressant à retenir dans la mesure où la liberté rime avec les grands espaces et l'évasion que le voyage entrepris pour lui-même procure : il est une demande de liberté.

La sociologie des loisirs dans sa version classique – déjà suffisamment évoquée jusqu'ici – exploite, bien entendu, le thème de la liberté à travers une appropriation de l'espace par des vacanciers qui vivent le loisir à plein temps. L'accroissement du temps libre inverse selon cette conception, une situation en dépouillant le travail d'un caractère libérateur pour la céder aux loisirs et marquer ainsi « une nouvelle étape de la démocratie, un nouveau pas vers la liberté » (Sue, 1994, p. 201). Le tourisme y assume ainsi une fonction d'évasion en lieu et place d'un ersatz d'échappatoire que l'imagination, le rêve, le cinéma et autres paradis artificiels nous distillent et apporte une compensation plus ou moins substantielle à la grisaille de la vie ordinaire.

A ce discours optimiste répond un autre discours qui le désenchante. Souvent teinté d'ironie, il démystifie l'aventure que la libération vacancière ou touristique laisse augurer, en s'étendant sur le modèle de la vie courante avec lequel le touriste veut rompre et qui, pourtant, le suit inexorablement ; ou encore en ironisant sur l'enrégimentement des voyages organisés à travers le modèle militaire, en soulignant la rigueur des horaires des moyens de transport et des choses à voir, les longues files d'attente, la patiente reconstitution de l'univers que l'on cherche à fuir, par l'asservissement à la programmation télévisuelle ou radiophonique, la fréquentation des campings bruyants, les « lunettes culturelles » selon l'expression de Barthes, que les guides touristiques nous obligent à chausser, etc., etc.

On en conclut que la sociologie du tourisme est peut-être le domaine de la sociologie des loisirs qui souffre le plus d'une carence théorique, tant elle est pétrie de lieux communs. Il reste que des chercheurs, anglo-saxons très souvent, ont tenté d'apporter à ce sujet des contributions un tant soit peu originales, quoique souvent dans une perspective très déterministe. Ainsi Dean Maccannell, empruntant à Goffman tout un vocabulaire « cultuel », conçoit le tourisme comme une suite ininterrompue de cérémonies avec le rituel que celles-ci supposent. Exploitant systématiquement une analogie liturgique, il détermine par exemple toutes les étapes d'une sacralisation touristique par le repérage du site à visiter, sa sauvegarde par des marqueurs appropriés, le baptême du site

1. Sauf par Veblen dans sa célèbre *Théorie de la classe de loisir* (1970 [1899]).

et sa consécration dans les « bibles » touristiques. Il exploite la même analogie à propos des objets touristiques eux-mêmes (Maccannell, 1989 [1976]).

Relevant également d'un mode de pensée très déterministe comme semble l'annoncer le titre de son célèbre essai *Culture ou mise en condition*, Hans Magnus Enzensberger y développe cependant davantage le thème de la liberté. Bien qu'accusant la patine du temps, ses textes restent une référence obligée qui nuance bien davantage que ses épigones, le jeu de la liberté et de la contrainte en conjuguant les aspects historiques et sociologiques de la question. La thèse soutenue y est très simple. La voici en quelques mots.

Guidé par le souci d'échapper à la contrainte du quotidien, les touristes recherchent avant tout un espace de liberté ; mais ce désir porte en lui-même sa propre vanité du fait que le monde industriel a investi cet espace de manière à l'homogénéiser. Car cette homogénéisation couplée avec l'idée de liberté représente les deux conditions indispensables au développement du tourisme. L'homogénéisation se réalise dans le cadre d'un processus marchand qui contrarie cependant ainsi une perpétuelle quête de liberté. Cette thèse s'articule autour de trois grands axes : le caractère résolument moderne du tourisme, la liaison du tourisme à la pensée romantique et, enfin, la marchandisation de cette forme d'évasion. Explicitons ces trois points.

Le tourisme est un phénomène moderne dans la mesure où, avant le XIXe siècle, le voyage était trop rarement entrepris pour lui-même et vécu comme une aventure, mais répondait surtout à des fins utilitaires (santé, affaires, éducation, diplomatie, brigandage, conquêtes, etc.) ou religieuses (pèlerinages). Au surplus, dans ces cas exceptionnels, il était surtout l'apanage d'une élite ou d'une minorité, comme le révèlent les ébauches de ce phénomène dans l'Antiquité romaine. Le premier guide touristique digne de ce nom ne paraît qu'en 1836 : c'est le fameux *Red Book* de John Murray qui recense les curiosités de Hollande, de Belgique et de la Rhénanie en y décrivant les itinéraires les plus pittoresques et les plus romantiques.

Dans un récent ouvrage, l'historien Alain Corbin observe de son côté que dès le XVIIIe siècle, la vocation thérapeutique des séjours balnéaires « s'hédonise » en suscitant progressivement un appétit de villégiature original : le tourisme (1995, p. 81).

Plus intéressant pour notre propos, le deuxième point de la thèse d'Enzensberger révèle les affinités qui apparentent la pensée romantique aux idéaux de liberté et d'égalité de la Révolution bourgeoise de 1789. Celle-ci, par le truchement des philosophes et d'une certaine littérature, a gardé l'idée de liberté sur le mode symbolique dans un univers qui l'étouffait dans sa réalité sous le poids des contraintes de l'industrialisation. Les idéologues du romantisme ont repris toujours sur le mode fictif l'idéal de liberté pour le projeter dans l'espace tout d'abord, sous l'aspect d'une nature lointaine, vierge de toute oeuvre de civilisation, puis dans le temps sous l'aspect du passé historique, de la culture et du folklore traditionnels.

« Il [le tourisme] n'est rien d'autre, écrit Enzensberger, qu'une tentative pour réaliser physiquement le rêve projeté par le romantisme dans des époques et des pays lointains. Plus la société bourgeoise s'est fermée, plus vigoureux a été l'effort du bourgeois pour lui échapper en tant que touriste » (1965, p. 162).

Il ne restait au commerce touristique naissant que d'actualiser dans la réalité concrète ces idéaux romantiques. Mais, dès ses origines, le tourisme contient une contradiction profonde car, dès l'instant où le lointain, l'inaccessible, le non foulé se trouvent atteints, ils en perdent ces qualités mêmes, qui appâtaient l'être animé du désir de fuir la grisaille de son quotidien.

« Cependant, note Enzensberger, les touristes continuent de tenir, avec l'obstination de l'impuissance, aux labels de l'aventure, de la primitivité et des terres vierges. A la fois accessible et inaccessible, éloigné de la civilisation et confortable, voilà ce que doit être l'objectif » (1965, p. 164).

Amirou développe ce point de vue à travers la stratégie de l'évitement du « voyageur » qui veut se distinguer du touriste de masse, mais qui fait le lit de la normalité commerciale :

« Le "voyageur", à l'opposé de ce touriste de masse, tend à faire sienne la démarche d'évitement. Il veut sortir de la célébration grégaire des lieux touristiques, des sentiers battus, pour rendre hommage à l'unicité et à l'intimité des choses et des êtres. Pour "éviter" quelque chose, il faut préalablement en percevoir les contours et les formes et donc faire preuve d'attention et de discernement. Aussi, le "voyageur" va-t-il s'y atteler, et livres, conférences, etc., vont l'y aider [...]. Il prônera une vénération des cultures exotiques qu'il cherchera à connaître de l'"intérieur", comme un ethnologue [...]. C'est un modèle de voyage comme un autre, depuis longtemps entré dans les moeurs du tourisme. Le voyage "hors des sentiers battus" est même devenu un excellent produit commercial, de plus en plus présent dans les brochures de tout bon voyagiste. Ces pionniers ne font jamais, à moyen terme, que créer un espace rituel potentiel, progressivement intégré à la structure stable du tourisme ordinaire, qui le normalisera. Ainsi ce tourisme différent n'est qu'une transgression provisoire du code : une dissidence toujours éphémère » (Amirou, 1995, p. 128).

La pratique du tourisme obéit au surplus à une logique du comportement ostentatoire à la faveur duquel, par un phénomène d'imitation, chaque classe sociale imite celle qui la plafonne. Par ce trait, Enzensberger rejoint les analyses de Veblen où le sentiment de liberté se nourrit d'une nouvelle signification :

« L'hôtel est le château de la grande bourgeoisie. Là, la nouvelle classe usurpe avec ostentation les formes de vie de l'aristocratie. Il y règne un luxe effréné. Tandis que le véritable aristocrate répugne autant que le paysan au voyage pour lui-même, le bourgeois parvenu étale comme voyageur ce qui lui est refusé chez lui. La liberté à laquelle il s'imagine accéder comme touriste n'est pas seulement celle que procure un dépaysement dans le temps ou l'espace, mais aussi le dépaysement social sous la forme du high life » (Enzensberger, 1965, p. 172).

Dans le même sens, le lieu, la durée, la date, le mode ou le type de pratiques vacancières sont autant d'indices qui contribuent à positionner l'individu dans la société (Gras, 1975, p. 234). Par tous ces signes, la bourgeoisie et les cadres très supérieurs retrouvent l'antique signification de l'homme de loisir qui affiche sa libre disposition du temps, tandis que le plus grand nombre est soumis aux rigueurs des migrations estivales.

Le troisième axe de la réflexion d'Enzensberger a trait au processus d'industrialisation du tourisme qui devient lui-même marchandise, comme le donnait déjà à entendre le voyage « hors des sentiers battus ». Ce processus vise à homogénéiser les pratiques par une normalisation des buts de voyage codifiée dans les guides touristiques, par la création et la multiplication d'équipements adéquats pour accueillir les vacanciers et, enfin, par une production en série des formules de voyage. Cette homogénéisation entraîne le développement inéluctable de la contradiction interne du tourisme. Incarnation du rêve d'inconnu et de découverte, fuite libératrice vers la solitude et l'aventure, celui-ci s'invétère dans la reproduction mécanique des mêmes pratiques, dans les mêmes lieux investis par des foules innombrables. Les analyses d'Enzensberger rejoignent ici les considérations traditionnellement développées par les contempteurs de la culture de masse qui dénoncent l'uniformisation culturelle où la liberté, qui est possibilité de choix par essence, n'a plus de place. Seule une élite, qui par l'importance de son capital culturel et la relative maîtrise de son temps, trouve soit à s'échapper de cet univers trop encombré du tourisme organisé, soit à garder ses distances par ses pratiques distinctives. Cette problématique débouche ainsi invariablement sur une analyse en termes de classes sociales qui, à la limite, monte en épingle un racisme fondé sur le style de vie. En 1876 déjà, alors que le tourisme de masse était, pour ainsi dire, inexistant, Arthur de Gobineau, célèbre par son *Essai sur l'inégalité des races humaines*, écrit :

« Savoir voyager n'est pas l'affaire de tout le monde que savoir aimer, savoir comprendre et savoir sentir. [...] A bord du navire qui emmenait Valerio et Lucie et les poussait sur la nappe bleue des flots entre les îles brillantées et l'Archipel, se trouvait un bon groupe de ces excellents animaux, que la mode chasse tous les printemps de leurs étables, pour les emmener faire, comme ils disent, un voyage en Orient et ils en reviennent, ils n'en sont pas plus sages au retour ; ils ne savent ni le comment ni le pourquoi des choses. [...] Gloire infinie à cette toute-puissante et bonne Sagesse, qui a bien donné assurément aux sots et aux méchants l'empire du monde, mais qui n'a pas voulu que ces méchants et ces sots pussent en apercevoir les perfections, en mesurer les douceurs et en posséder les mérites » (1963 [1876], pp. 252-253).

Particulièrement à l'aise dans l'étude des styles de vie et des pratiques distinctives, Bourdieu critique ce racisme de classe en le caricaturant précisément dans le cadre du tourisme :

"[...] « Le style de vie lui-même à travers lequel les plus démunis se dénoncent immédiatement, jusque dans leur usage du temps libre, se vouant ainsi à servir de repoussoir à toutes les entreprises de distinction et à contribuer ainsi, de manière toute négative, à la dialectique de la prétention et de la distinction qui est au principe des changements incessants du goût. Non contents de ne détenir à peu près aucune des connaissances ou des manières qui reçoivent valeur sur le marché des examens scolaires ou des conversations mondaines, et de ne posséder que des savoir-faire dépourvus de valeur sur ces marchés, ils sont ceux qui *ne savent pas vivre* » [...] ceux qui *ne savent pas se reposer, qui trouvent toujours quelque chose à faire*, qui vont planter leur tente dans les campings surpeuplés, qui s'installent pour pique-niquer au bord des nationales, qui s'engagent avec leur Renault 5 ou leur Simca 1000 dans les embouteillages des départs en vacances, qui s'abandonnent aux loisirs préfabriqués conçus à leur intention par les ingénieurs de la production culturelle de grande série, ceux qui, par tous ces *choix* si mal inspirés, confirment le racisme de classe, s'il est besoin, dans la conviction qu'ils n'ont que ce qu'ils méritent » (1979, p. 200).

Bien qu'approchant les lieux communs que nous critiquions au début de ce paragraphe, ce point de vue articulé en termes de classes nous permet de toucher à un aspect intéressant et même fondamental qui va rejaillir dans le chapitre suivant consacré à l'art et à la culture : il s'agit du façonnement des esprits et de l'uniformisation des pratiques que le tourisme, à l'image de l'industrie culturelle, encourage, déterminant ainsi « des choix si mal inspirés », mais des choix tout de même dont l'éventail n'a cessé de s'élargir par la multiplicité des formules de voyage, avec ses effets pervers sans doute, vécues à travers le tourisme social ou collectif, organisé ou non. Et si ces choix sont socialement conditionnés, les choix prétendument mieux inspirés n'échappent guère à l'emprise de la socialité puisqu'ils se moulent dans le modèle d'un anticonformisme qui n'est rien d'autre qu'une conformité à rebours de la normalisation industrielle. On ne peut donc nier l'existence d'une liberté dans un cas comme dans l'autre sous prétexte qu'ils ne sont pas exempts de socialité, comme on l'a vu dans la théorie de l'action sociale. Nous reviendrons plus explicitement sur la question à propos de l'uniformisation culturelle qui met en cause l'art et son industrialisation médiatique.

CONCLUSION

La rencontre du thème de la liberté dans le domaine des loisirs et plus particulièrement dans l'évocation du jeu, de la fête et du tourisme, confirme à tout le moins deux choses essentielles, à savoir : le caractère fallacieux de l'opposition radicale entre la liberté et la contrainte, qui en nourrit une autre, tout aussi spécieuse, celle qui oppose le travail et le loisir, surtout dans les termes où cette dichotomie est trop souvent construite. La sociologie des loisirs dans sa version classique oppose en effet, trop facilement, un « loisir triomphant » à un travail routinier, stressant et dégradant. On ravale au surplus celui-ci à un rôle purement instrumental en ce que le travailleur ne verrait plus dans sa profession qu'un moyen de gagner sa vie et de financer des projets tout à fait étrangers à cette occupation. Or, comme le rappelaient très opportunément Friedmann et Tréanton dans un des tout premiers traités de sociologie, la satisfaction au travail existe à travers des occupations qui recréent et épanouissent, comme il existe des loisirs dégradants (1962 [1958], p. 509 ; *cf.* aussi : Touraine, 1969, pp. 298-299). L'aliénation dans le travail, quand elle existe, trouve aussi son pendant dans un loisir toujours susceptible d'être une source de soucis ou de sécréter l'ennui et l'insatisfaction. L'homme moderne, selon Riesman – toujours à l'affût de petits faits significatifs pour étayer ses thèses – ne parvient plus à établir une distinction nette « entre la production et la consommation, entre le travail et le plaisir ». Le changement de tenue qui marquait autrefois la transition entre les deux types d'activités a disparu progressivement, non comme une concession importante au culte de la nonchalance, mais parce que l'homme ne sait plus changer de rôle, à preuve que les conversations mondaines ou hors travail se perdent en de sempiternelles discussions gravitant autour de la vie professionnelle (1968 [1948], p. 221).

Cette opposition entre les deux univers est d'autant plus superficielle que prétendre loger nécessairement et exclusivement le loisir hors travail est largement démenti par les faits, non pas qu'il faille confondre satisfaction au travail et loisir : le critique d'art qui assiste à un concert pour en rendre compte en tant que journaliste professionnel exerce tout à fait une activité de travail, nonobstant tout le plaisir qu'il en éprouve. Mais le loisir est aussi dans le travail comme notre précédente analyse l'a montré à travers les activités récréatives, festives et sportives organisées par l'entreprise, à travers les pauses officielles et officieuses de toutes sortes entre les plages de travail, à travers toutes les formes de convivialité qui humanisent les lieux de travail, à travers les vies parallèles ou clandestines des organisations, bref tout ce qui est rangé dans la rubrique des adaptations secondaires. Il y a, en fin de compte, entre la sphère du travail et celle du loisir ce que Foucault appelle une *analogie de convenance*, laquelle suggère l'idée de charnière entre les activités ou les comportements de façon qu'en se jouxtant, l'extrémité de l'une se confond avec l'extrémité de l'autre, en sorte que l'une transmet ses propriétés à l'autre instaurant ainsi un régime commun (1966, p. 32). D'où résulte la difficulté de se détacher du modèle professionnel pour en construire un autre, comme l'exemple de la retraite après une vie de travail l'a si bien montré.

« Le loisir est toujours l'envers de la contrainte dont il libère momentanément » (Sue, 1994, p. 112). Cette seconde dichotomie aussi nettement affirmée, qui nourrit d'ailleurs la première, ainsi qu'on l'a dit, est tout aussi fallacieuse et « partisane » comme si la liberté était toujours positive nonobstant les dérèglements auxquels elle peut donner lieu et la contrainte nécessairement négative, malgré son côté sécurisant. Le loisir, envers de la contrainte, laisserait également sous-entendre qu'il échapperait aux déterminants sociaux, révélant ainsi d'autant mieux, comme le suggère Friedmann, la personnalité de l'individu. On a vu ce qu'il fallait en penser et Alain Gras a raison de dire que « le désir ne s'inscrit pas librement dans le temps libre ; c'est au contraire dans cette période laissée à l'individu que se découvrent le mieux les déterminants sociaux de la liberté » (1975, p. 220).

Ce constat, pour pessimiste qu'il puisse apparaître, ne signifie pas que la liberté se réduise à n'être qu'utopie ou illusion. Il signifie que la contrainte n'est ni l'opposé ni la négation de la liberté puisque celle-ci s'en accommode et ne peut, par ailleurs, s'en passer comme l'ont montré les évocations du jeu, de la fête et du tourisme : l'homme lui-même se les impose à l'intérieur de sa sphère de liberté à travers les règles du jeu ou les rites qui conditionnent le déroulement des manifestations festives même les plus débridées.

Si pour une certaine philosophie, il est une liberté pure, exempte de toute socialité et de tout conditionnement, comme le soutenait Sartre par exemple, il ne peut en être de même pour le sociologue, même lorsque la liberté s'identifie au pur hasard ou à l'imprévu, celui que peut rechercher, par exemple, le touriste dans l'aventure du voyage ou le joueur dans le jeu. Ces cas limites révèlent au contraire une régulation par le sens que l'homme, dans l'« anhistoricité » de ces situations y introduit nécessairement. L'aventurier se donne aussi les moyens d'exorciser l'imprévu et l'inconnu en les investissant analogiquement de significations familières ou encore, à l'image de l'enfant qui emporte dans l'inconnu quelques jouets familiers, l'aventurier conditionne librement le hasard de l'imprévu, en ayant soin de garder par devers lui quelques objets fétiches qui lui rappellent l'univers avec lequel il veut néanmoins rompre, le temps de l'aventure. Rapprochant précisément la situation de l'aventurier de celle du joueur, Simmel écrit en substance :

« Certes, le joueur est livré à l'absence de sens du hasard ; seulement tandis qu'il compte sur la faveur de ce dernier, tandis qu'il croit possible et réalise en fait une vie conditionnée par ce hasard, le hasard devient chez lui ce qui donne la continuité du sens. La nature superstitieuse caractéristique du joueur n'est rien d'autre que la forme tangible et sporadique, mais aussi enfantine de ce schéma profond et englobant de sa vie : dans le hasard se trouve un sens, une signification nécessaire en quelque façon – quoique non nécessaire selon la logique rationnelle. Par la superstition avec laquelle il veut enchaîner en son système finalisé le hasard grâce aux présages et aux auxiliaires magiques, le joueur le dispense de son isolement insuffisant, et cherche en lui un ordre qui s'organise selon les lois fantasmagoriques, mais selon des lois quand même. Et c'est ainsi que l'aventurier fait en sorte que le hasard qui se tient à l'extérieur d'une série de la vie unifiée et régie par un sens, soit néanmoins conçu d'une certaine façon par ce sens même. Il apporte une conscience centrale de la vie, qui se fait un chemin au travers de l'excentricité de l'aventure, et instaure dans l'ampleur de l'écart entre son contenu contingent, donné de l'extérieur, et le centre qui maintient et donne sens à l'existence, une nécessité vitale nouvelle et riche de sens. En nous se joue un éternel procès entre hasard et nécessité » (Simmel, 1989 [1922], p. 310).

9

La double autonomie de l'art

INTRODUCTION

En plaçant ce chapitre sous l'intitulé de la double autonomie de l'art, nous visons d'une part, la spécificité de l'activité artistique – à distinguer notamment des activités de loisir proprement dites, dont il vient d'être question – et, d'autre part, la distance, sinon l'affranchissement relatif, vis-à-vis des contraintes extérieures servant à la définir. Explicitons ces deux points avant de justifier l'articulation du chapitre.

La distinction entre l'activité artistique et celle de loisir est importante à établir d'entrée de jeu parce qu'elle permet de contribuer bien évidemment à définir l'art et sa finalité culturelle et, au-delà, de mieux saisir les termes d'un débat où les intérêts idéologiques prennent souvent le dessus sur la seule compréhension et explication scientifiques.

La satellisation, pour ne pas dire l'identification, de l'activité artistique à celle du loisir est souvent justifiée précisément par l'argument de liberté qui, dans une certaine sociologie, sert à les caractériser ainsi pour mieux les confondre. Selon cette perspective, l'art apparaît comme « libération du travail et des soucis familiaux ou sociaux » ou encore comme l'affirmation d'un libre arbitre à la faveur duquel on en fait à sa guise (Dumazedier et Ripert, 1966, p. 124). De plus, à l'instar du loisir, l'art n'est-il pas la manifestation d'une activité désintéressée, génératrice de plaisirs et de satisfactions (*Ibid.*). Enfin, et ceci est plus important, le développement culturel, entendu non pas dans son acception ethnologique, mais en tant que finalité éducative de l'esprit et épanouissante de la personnalité, n'incline-t-il pas à confondre les deux sphères d'activité puisqu'il est présent de part et d'autre ?

Si l'art rappelle par quelques aspects le loisir, il n'est pas sans présenter des similitudes avec le travail. Une telle comparaison a d'ailleurs pour effet de fragiliser le caractère désintéressé qu'on lui prête, non seulement lorsqu'il est exercé dans le cadre d'une profession mais aussi lorsqu'il est pratiqué en amateur : le recours à la notion du substitut marchand, évoqué dans le chapitre précédent (*cf. supra*, p. 144), le confirme. Peintre du dimanche, musicien occasionnel, cinéaste amateur exercent fondamentalement la même activité créatrice que les professionnels de l'art (De Coster et Pichault, 1985, p. 137). D'ailleurs, l'art, à l'instar du travail, est créateur de richesse ou de valeur – que ce soit dans le contexte industriel et professionnel ou dans celui de la sphère strictement privée – tandis que le loisir, qualifié précisément d'activité gratuite ou désintéressée, ne l'est pas. Pareil au jeu qui en est une des manifestations les plus représentatives, le loisir est effectivement réputé désintéressé en ce sens qu'il n'est pas créateur de richesse, ne pouvant engendrer au mieux qu'un déplacement de valeurs (Caillois, 1967, p. 36).

En réalité, la confusion entre l'art et les loisirs, lorsqu'elle n'est pas simplement voulue pour des raisons idéologiques, repose notamment sur celle des points de vue respectifs du producteur (ou créateur) et du consommateur. Sur le plan de la production artistique, on vient d'évoquer les raisons qui justifient la distinction. Sur le plan de la consommation, s'il est incontestable que le loisir, outre ses fonctions délassantes et divertissantes, possède également une fonction de développement, qualifiée aussi de culturelle dans le sens d'une contribution à l'éducation de l'esprit, force est de reconnaître que ce dernier aspect est plus accusé dans l'art que dans le loisir. Les sociologues de la spécialité le reconnaissent volontiers, ainsi qu'en témoigne Roger Sue lorsqu'il écrit :

« Cette dernière fonction du loisir (la fonction de développement) est la plus ambitieuse, la moins souvent présente dans les activités de loisir et la moins bien partagée. La plus ambitieuse car elle suppose qu'après le temps de travail, l'individu ait gardé suffisamment de ressort pour se lancer dans des activités susceptibles de participer à son développement intellectuel, artistique et physique. La plus mal partagée aussi puisqu'il dépend en partie de l'éducation et du niveau d'instruction de poursuivre un développement personnel » (1980, p. 63).

L'annexion de l'art au loisir et, par conséquent, la négation de sa spécificité entraînant sa sujétion à un cadre d'analyse ressortissant à celui-ci, s'inscrit dans un héritage très ancien qui dichotomise le principal de l'activité humaine en deux grandes sphères, travail et loisir, excluant ainsi la possibilité d'y voir s'intercaler une activité culturelle à finalité plus strictement développementale ou éducative. Au surplus, les enquêtes et autres sondages d'opinions reflètent trop souvent les préoccupations de leurs promoteurs qui enferment les sujets enquêtés dans l'alternative travail ou loisir, en sorte que les réponses ainsi obtenues confirment tautologiquement le bien fondé du cadre conceptuel proposé. Et, pour des raisons faciles à deviner, les publications statistiques trouvent dans cet amalgame qui mêle art et loisir l'aubaine de la commodité pour la présentation des données et contribuent ainsi à entretenir la confusion.

Admettre l'existence d'un secteur plus ou moins autonome de l'activité humaine que l'on nomme « art » ne signifie nullement qu'il faille en avaliser les définitions réductrices comme des moralistes ou des contempteurs de la culture de masse s'y entendent, à la faveur d'un débat idéologique dont nous nous limitons à rappeler brièvement l'existence. Distinguer l'art du loisir revient, en effet, aux yeux de certains sociologues à verser dans un élitisme de mauvais aloi. Cela reviendrait à consolider le monopole de la jouissance artistique et, plus largement, culturelle, seul apanage des classes supérieures. A cette idéologie s'en oppose une autre qui dénonce l'entreprise intellectuelle d'un populisme culturel de tout aussi mauvais aloi consistant à noyer l'art dans une culture de masse qui donnerait l'illusion de l'expérience véritablement artistique et esthétique. L'industrie dite culturelle y trouverait son compte en n'offrant que des produits dénaturés et contribuerait ainsi à maintenir les classes les moins favorisées dans un abêtissement financièrement profitable. Le caractère introductif de ce propos nous contraint à ne pas en dire davantage, nous réservant la possibilité de revenir à point nommé sur ce sujet, notamment lorsqu'il sera question de considérer le point de vue de l'Ecole de Francfort dans ce débat.

Venons-en au second point de cette introduction. A l'autonomie qui tient à la spécificité de l'art par rapport au loisir s'ajoute une conception qui en fait un des lieux privilégiés de la liberté. Quel que soit l'objet de sa mise en scène, l'art souvent présenté comme un pur produit de l'imagination, laquelle permet, par exemple, de s'affranchir de toute règle ou de toute contrainte de temps et de lieu. Nous avons vu dans la première partie du présent ouvrage, d'une part, la nature des rapports que la philosophie rationaliste établissait entre la liberté et la raison au point de les identifier et, d'autre part, l'influence d'une telle conception sur la sociologie dominante à la fin du siècle dernier et au début de ce siècle, notamment à travers les oeuvres de Durkheim et de Weber.

Voici qu'à présent, l'imagination « cette partie dominante dans l'homme, cette maîtresse d'erreur et de fausseté..., cette superbe puissance ennemie de la raison, qui se plaît à la contrôler et à la dominer » (Pascal, 1963 [1670], p. 504) devient elle-même une des manifestations essentielles de la liberté au service de l'art. Ne permet-elle pas, par exemple, de remonter dans le temps, de revenir sur le passé, de se projeter dans le futur, d'ignorer les contraintes du temps et de l'espace et d'autoriser ainsi toutes les réversibilités, va-et-vient et autres licences que la nature et la vie sociale ne permettent pas ? De surcroît, la liberté de l'imagination fonde une expérience esthétique unique et indicible, apparemment extérieure au monde de la réalité sociale. Dès lors, que peut dire le sociologue sur ce « mystère de la création artistique », lui qui s'efforce d'expliquer dans un souci de rationalité scientifique l'activité humaine à l'aide de facteurs sociaux ? Comment donc expliquer l'inexplicable ?

Il est un fait que l'analyse sociologique continue à susciter une certaine réticence du monde de l'art parce qu'elle ferait preuve d'irrévérence envers les oeuvres d'art en sous-estimant l'importance du génie créatif de leurs auteurs, à la lumière des déterminations sociales qui en expliqueraient les ressorts les plus secrets. Il est vrai, par exemple, que les analyses structuralistes de Lucien Goldmann en sociologie de la littérature ont pu nourrir quelque peu ces craintes. Rappelons, en effet, que celui-ci réduisait respectivement dans *Le Dieu caché*, les rôles de Pascal, en tant qu'auteur des *Pensées*, et celui de Racine, à travers ses tragédies, à ceux de talentueux « traducteurs » de l'idéologie janséniste dont ils exprimaient « le maximum de conscience possible ». A suivre ce raisonnement, la véritable création de l'oeuvre littéraire était moins le fait de leurs auteurs que celui du groupe social auquel ils appartenaient (Goldmann, 1976 [1955] et spéc. pp. 27-28 ; *cf.* aussi : De Coster, 1978, pp. 86-108). On peut critiquer le côté trop déterministe de cette vision de la littérature mais il reste que toute activité humaine, en ce compris l'art, peut être l'objet d'un regard sociologique et que l'argument d'une liberté irréductible à ce type d'examen n'est guère pertinent puisque c'est bien sous cet angle – est-il besoin de le dire – que nous conduisons notre propos.

L'ethnologue Clifford Geertz dénonce à ce sujet le mythe absurde de l'insularité artistique en faisant allusion à l'expérience esthétique de Matisse :

« Car Matisse, ce n'est pas une surprise, avait raison : les méthodes d'un art et le sentiment pour la vie qui l'anime sont inséparables, et l'on ne peut pas plus comprendre les objets esthétiques comme des enchaînements de forme pure qu'on ne peut comprendre le langage comme un étalage de variations syntaxiques, ou le mythe comme un ensemble de transformations structurales » (1986 [1983], p. 124).

Plus récemment, Pierre Bourdieu, dans son ouvrage *Les règles de l'art*, citant au passage Goethe et Kant, réfute très nettement une prétendue arrogance scientiste susceptible de menacer tout à la fois l'auteur et le lecteur dans leur liberté respective :

« A tous ces défenseurs de l'inconnaissable, acharnés à dresser les remparts imprenables de la liberté humaine contre les empiètements de la science, j'opposerai ce mot, très kantien, de Goethe, que tous les spécialistes des sciences naturelles et des sciences sociales pourraient faire leur : "Notre opinion est qu'il sied à l'homme de supposer qu'il y a quelque chose d'inconnaissable, mais qu'il ne doit pas mettre de limite à sa recherche". Et je crois que Kant exprime bien la représentation que les savants se font de leur entreprise lorsqu'il pose que la réconciliation du connaître et de l'être est une sorte de *focus imaginarius*, de point de fuite imaginaire, sur lequel la science doit se régler sans jamais pouvoir prétendre s'y établir (cela contre l'illusion du savoir absolu et de la fin de l'histoire, plus commune chez les philosophes que chez les savants...). Quant à la menace que la science ferait peser sur la liberté et la singularité de l'expérience littéraire, il suffit, pour en faire justice, d'observer que la capacité, procurée par la science, d'expliquer et de comprendre cette expérience, et de se donner ainsi la possibilité d'une liberté réelle par rapport à ses déterminations, est offerte à tous ceux qui voudront et pourront se l'approprier » (Bourdieu, 1992, p. 12).

Du reste, l'analyse sociologique n'a pas le monopole de l'explication des oeuvres d'art à la lumière de faits sociaux. Non seulement l'histoire de l'art – et l'histoire tout court – mais aussi la critique d'art elle-même y puisent très largement pour éclairer le consommateur – lecteur, spectateur ou auditeur – sans pour cela « profaner »l'expérience esthétique. On pourrait soutenir, au contraire, que celle-ci s'en trouve ainsi enrichie.

Tous ces préalables posés, il nous faut rappeler que l'ambition du présent chapitre se limitera à examiner, de façon critique selon un canevas bien établi à présent, le discours sociologique sur la liberté dans l'activité artistique. A cet effet, on se propose, en premier lieu, de reprendre la problématique fondamentale de Simmel précédemment exposée dans les termes de la sociologie formelle et de voir comment elle trouve à s'appliquer à l'art. En second lieu, nous examinerons le problème de la liberté dans un courant de pensée significatif connu sous le nom d'Ecole de Francfort ayant développé une « théorie critique » de l'art, s'inspirant à la fois d'idées de Simmel et d'une tradition marxiste dont elle rejette cependant les conclusions « prophétiques » sur l'évolution des classes sociales. En troisième et dernier lieu, nous retrouverons une analyse stratégique qui présente quelque analogie avec la thématique antérieurement exposée sur le pouvoir (*cf.* 2e partie), mais qui revêt des aspects originaux dans le domaine artistique. Cette analyse de type stratégique s'efforce de moyenner entre une conception trop absolue de la liberté dans l'art et les déterminations sociétales de la vie moderne en mettant en évidence une autonomisation du champ artistique.

Le choix proposé se justifie, d'une part, parce que le discours sur la liberté est le plus explicité dans les courants de pensée retenus et, d'autre part, parce que ceux-ci rendent compte des grands paradigmes sociologiques.

SOCIOLOGIE FORMELLE ET SOCIOLOGIE DE L'ART

La position de Simmel dans la sociologie de l'art est difficilement évitable dans la mesure où les propos qu'il y tient peuvent en être considérés comme des textes fondateurs. Son influence s'est notamment exercée sur les penseurs de l'Ecole de Francfort, dont il sera bientôt question, et qui se sont taillé également dans la discipline une incontestable réputation. De plus, considérer la sociologie formelle sous l'angle de l'art a l'avantage de corriger, à notre avis, une vision trop pessimiste que l'on prête à son initiateur, du fait notamment de l'intitulé de l'ouvrage souvent cité en l'espèce, à savoir *La tragédie de la culture*. En réalité, les textes que Simmel consacre à l'art sont nombreux et répartis dans divers ouvrages, ainsi notamment du « Christianisme et l'art » dans *Das Individuum und die Freiheit* (1910), de « L'art pour l'art[1] » dans *Philosophische Kultur* (1911) et de l'« Esthétique et sociologie » dans *Brücke und Tür* (1896). Enfin, l'ouvrage en français qui reprend des textes qu'on vient de citer et intitulé *La tragédie de la culture* ne fait qu'emprunter une partie du titre d'une contribution de l'ouvrage *Philosophische Kultur*, c'est-à-dire précisément *Der Begriff und die Tragödie der Kultur* (1911)[2].

L'intérêt de Simmel pour l'analyse sociologique de l'art se manifeste presque exactement à la même époque que celui manifesté par Weber sur le même sujet, soit vers 1910, au moment où ce dernier écrit *Die rationalen und soziologischen Grundlagen der Musik* (Les fondements rationnels et sociologiques de la musique). L'un comme l'autre voyaient dans l'art un moyen intéressant de comprendre les fondements de la culture occidentale dans la perspective de la rationalité. Toutefois, la réflexion de Simmel y est plus développée que celle de son illustre contemporain et s'encadre, bien entendu, dans la thématique de la sociologie formelle.

Pour Simmel, l'oeuvre d'art ne relève plus d'un processus mystérieux initié par on ne sait quel souffle créateur mais elle naît dans la socialité des actions réciproques. Loin d'être engendrée *ex nihilo*, elle est nécessairement marquée par des modèles de référence, même lorsqu'elle se définit par opposition à ceux-ci. Une fois créée, celle-ci devient autonome en s'objectivant dans une forme en sorte qu'une altérité croissante s'établit entre le sujet et sa création. En effet, en se cristallisant dans une forme sociale, l'oeuvre d'art se charge de

1. En français dans le texte allemand.
2. Pour être complet, signalons que les textes les plus généraux de Simmel rencontrés dans la première partie de notre ouvrage, contiennent également des considérations intéressantes sur l'art : par exemple le chapitre consacré au style de vie dans la *Philosophie de l'argent* (1987 [1900]).

significations diverses que l'auteur n'a pas voulu y mettre et, le cas échéant, d'une finalité culturelle tout aussi étrangère à sa volonté :

« Dans presque tous les produits de notre activité spirituelle, il y a une certaine quote-part de signification qui n'a pas été créée par nous. Je ne veux pas dire ici absence d'originalité, valeurs héritées, dépendance vis-à-vis de modèles, car avec tout cela l'oeuvre pourrait cependant, d'après la totalité de son contenu, avoir été engendrée par notre conscience, quand bien même cette conscience ne ferait que transmettre ce qu'elle a reçu tel que. Bien plus, dans le plus grand nombre de nos prestations ayant allure objective, il y a une part de signification qui peut en être tirée par d'autres sujets, mais que nous n'y avons pas introduite nous-mêmes (...). La prestation achevée contient des accents, des relations, des valeurs, uniquement du fait de son existence objective et il est tout à fait indifférent que le créateur ait su que tel serait le résultat de sa création. A une production matérielle – et ceci est un fait tout aussi mystérieux qu'indéniable – peut être lié un sens spirituel, objectif et reproductible pour chaque conscience, un sens qu'aucune conscience n'y a mis, mais lié à la pure, à la plus intime effectivité de cette forme » (Simmel, 1988 [1911], p. 209).

L'altérité entre le sujet et la création rappelle bien entendu, le thème de l'aliénation, non dans une conception marxiste qui fait dépendre celle-ci de conditions extérieures, mais selon la logique hégélienne qui la lie à l'essence même de l'oeuvre et à la condition de l'homme (*op. cit.*, p. 209).

Que devient par conséquent la liberté et, en l'espèce, la liberté de l'artiste dans un tel scénario ? Il importe, à ce sujet, de distinguer le point de vue de la création et celui de la lecture et de l'interprétation de l'oeuvre.

Simmel associe en réalité la liberté à la vie et les oppose à la forme. L'artiste est, par définition, libre de créer en choisissant parmi les multiples possibilités socialement offertes, les combinaisons qui lui paraîtraient les plus originales et qui témoigneraient ainsi de son « génie ». Mais, au fur et à mesure que son projet prend forme, il perd une liberté qui ne résidait que dans ces possibilités de choix. Toutefois, l'oeuvre devenue forme ne signifie pas la mort de l'art, elle est, comme l'explique Dörr-Backes dans une récente exégèse des écrits de Simmel sur le sujet, « l'expression figée d'une vie déjà vécue mais à laquelle collent encore des valeurs que l'individu pourrait acquérir en se penchant sur son étude et qu'il pourrait à son tour introduire dans la création de nouvelles formes culturelles ». Et cet auteur d'ajouter encore : « L'oeuvre d'art se trouverait dans la curieuse situation de venir d'une part de la vie et d'en représenter les valeurs, mais d'être d'autre part confrontée à la vie en tant que forme – une contradiction que l'art moderne a particulièrement bien saisie » (1995, p. 203).

La tragédie de la culture, pour Simmel, se résume dans le passage obligé de l'oeuvre dans la forme, cette non-vie ou cette antithèse de la vie et de la liberté ; mais celle-ci contient en elle-même la promesse et la condition de la vie d'oeuvres nouvelles. Ainsi rend-il compte des contradictions éprouvées par les auteurs vis-à-vis des influences subies, dont ils s'affranchissent tout en prenant appui sur ces modèles de référence et en sachant bien que cette liberté ainsi reconquise finira par s'invétérer dans de nouvelles formes.

Le problème de la liberté dans l'art ne peut être seulement considéré du seul point de vue de son créateur car ce serait se méprendre sur la signification de la sociologie formelle. La forme, rappelons-le, ne se limite pas aux genres artistiques bien connus ni, comme l'évoque Simmel lui-même, à « toutes les reconstructions de ce qu'on appelle le *calcul* de l'artiste : l'exacte séparation des *plans*, la schématisation des horizontales et des verticales, des triangles et des carrés au sein de la composition, l'établissement de l'équilibre interne, les théories de la section d'or, des arts plastiques en tant que *création spatiale*, sans oublier celles des couleurs complémentaires » (1988 [1914], p. 245). La forme se concrétise plus largement dans les actions réciproques et les cadres de sociabilité dans lesquels elles s'inscrivent. L'art est donc inséparable de l'émotion esthétique, c'est-à-dire de la relation de l'oeuvre avec celui qui la « consomme » par la lecture, l'audition, le regard. Aussi, dans un texte intitulé en français « L'art pour l'art », Simmel complète son propos en essayant de résoudre la contradiction surgie à la fois d'une relation esthétique et d'un double isolement, celui de l'artiste qui voit s'échapper son oeuvre en quelque sorte par son objectivation et le consommateur d'art qui l'investit de ses propres significations. Lisons Simmel à ce propos :

« Un pareil sens de l'art en général et de l'oeuvre d'art au singulier : être un tout, et en même temps l'élément d'un autre tout supérieur au premier, telle la vague haute d'une vie globale, ce sens donc agit aussi pour le spectateur, pour le consommateur d'art. La délivrance dans l'abandon à l'oeuvre d'art réside en ce qu'il intéresse un ensemble clos, sans nul besoins du monde, un ensemble souverain et suffisant y compris face au consommateur. L'oeuvre d'art nous entraîne dans un domaine dont le cadre exclut toute la réalité du monde environnant, et donc aussi nous-mêmes pour autant que nous faisions partie de ce dernier. En pénétrant au-dedans de cet univers qui n'a cure ni de notre individu ni des liens avec la réalité, nous nous affranchissons en quelque sorte de nous-mêmes et de notre existence prise dans ces enchevêtrements. Mais en même temps, l'expérience vécue de l'oeuvre d'art est intégrée à notre vie et enveloppée par elle ; l'extérieur auquel nous conduit l'oeuvre d'art pour mieux nous affranchir n'est pourtant qu'une forme inhérente à cette vie même, la jouissance de l'élément libéré de la vie et nous libérant d'elle est à son tour un morceau de vie, qui continuellement se fond avec son avant et son après en une totalité. Aussi paradoxale, aussi contradictoire que soit dans son expression logique la double position de l'oeuvre d'art : elle reste en fait la formation totalement close en soi, soustraite à la vie, et pourtant elle baigne dans le plein courant de celle-ci, accueillant ce flux en elle-même du côté du créateur, le renvoyant du côté du consommateur » *(op. cit.*, p. 250).

L'objectivation de l'oeuvre d'art permet des marges d'autonomie et des chances de « re-subjectivation » par la jouissance esthétique qui ne conduisent pas nécessairement à une perversion culturelle, mais peuvent au contraire déboucher sur un enrichissement, à la faveur de profits imprévus que ménage cette autonomie. De nombreux écrivains au nombre desquels figurent particulièrement Valéry et Gide ont très bien su rendre compte de l'originalité de ces apports. Ce dernier dans l'exergue d'un roman intitulé *Paludes* illustre significativement le propos de Simmel :

« Avant d'expliquer aux autres mon livre, j'attends que d'autres me l'expliquent. Vouloir l'expliquer d'abord c'est en restreindre aussitôt le sens ; car si nous savons ce que nous voulions dire, nous ne savons pas si nous ne disions que cela. – On dit toujours plus que cela. – Et ce qui surtout m'y intéresse, c'est ce que j'y ai mis sans le savoir, – cette part d'inconscient que je voudrais appeler la part de Dieu. – Un livre est toujours une collaboration, et tant plus le livre vaut-il, que plus la part du scribe y est petite, que plus l'accueil de Dieu sera grand. – Attendons de partout la révélation des choses ; du public, la révélation de nos oeuvres ».

Incriminant la philosophie rationaliste qui isolait la morale et l'art de tout contexte relationnel et donc de la vie elle-même, ainsi que l'exprime la devise « l'art pour l'art », Simmel remet les choses en place en concluant dans ces termes : « Porté par cette contradiction et la portant, l'art reste cet univers en soi, tel que le proclame *l'art pour l'art*, bien que et parce que *la vie pour l'art* et *l'art pour la vie* se révèlent comme son interprétation la plus profonde » (*op. cit.*, p. 283).

LA LIBERTÉ DANS LA SUBVERSION ARTISTIQUE

« Tout au long du XIXe siècle et jusqu'à nous encore – de Hölderlin à Mallarmé, à Antonin Artaud –, la littérature n'a existé dans son autonomie, elle ne s'est détachée de tout autre langage par une coupure profonde qu'en formant une sorte de *contre-discours*, et en remontant ainsi de la fonction représentative ou signifiante du langage à cet être brut oublié depuis le XVIe siècle » (Foucault, 1966, pp. 58-59).

« Contre discours », « anti-art », « antithèse des normes existantes » traduisent l'un des thèmes les plus exploités en sociologie de l'art. Explicitant cette approche, Edgar Morin écrit dans *Sociologie* :

« Depuis la fin de l'âge classique, la culture s'est résolument engagée sur la voie de la création permanente. La création, ce n'est pas seulement la liberté et l'art des variations autour de la norme (norme formelle du langage, norme des archétypes ou stéréotypes, etc.), ce n'est pas seulement la singularité d'une parole par rapport à une langue, c'est une relation destructurante-restructurante Parole-Langue. La création signifie que la Parole déstructure le code pour le restructurer de façon nouvelle, que la rhétorique n'est plus la règle à laquelle se subordonnent les oeuvres *géniales*, mais la règle que tue-ressuscite-rénove sans cesse la succession des oeuvres géniales. La notion de génie est ici très révélatrice, non seulement par sa référence à la magie et aux forces obscures, mais par son sens surnaturellement, divinement créateur. D'où l'étrange sort – reconnu comme quasi nécessaire – des oeuvres géniales : elles sont d'abord maudites, parce que incompréhensibles : effectivement, les derniers tableaux de Turner, les derniers *Quatuors* de Beethoven, les premières *Illuminations* de Rimbaud sont des messages que le code préexistant ne permet pas de déchiffrer ; ce sont des paroles avec des gigantesques béances de langue » (1984, p. 358).

La liberté qui s'exprime dans la négation des formes traditionnelles de l'art n'est que provisoire, comme le laissait entendre la sociologie formelle : la vie déstructurante des manifestations artistiques se cristallise à son tour dans les systèmes ou les normes consacrées, mais pour les enrichir et créer ainsi de nouvelles valeurs culturelles. « C'est, poursuit Morin, lentement, grâce aux patientes exégèses et médiations des critiques, que se constitue le contact avec le code, avec la langue, mais dès lors le chef-d'oeuvre n'est pas seulement intégré, il modifie le code, il devient à son tour principe et source. C'est pourquoi les chefs-d'oeuvre révolutionnants de l'art apparaissent d'abord comme de l'anti-art aux yeux des contemporains scandalisés, puis deviennent sources canoniques de l'art » *(op. cit.*, p. 359).

Les thèses de l'Ecole de Francfort

Introduction

On doit à l'Ecole de Francfort et à sa « théorie critique » d'avoir développé toute une réflexion sur la récupération formelle de l'art par l'industrie et sur les possibilités d'échapper à une commercialisation de la culture qui le dénature. La théorie critique, particulièrement illustrée dans le domaine qui nous occupe par Theodor Adorno, Walter Benjamin et Herbert Marcuse, s'en prend à ce que le premier nommé appelle, par dérision, l'*industrie culturelle*, ces deux derniers termes étant, à ses yeux, tout à fait antinomiques. La critique porte sur l'asservissement de l'art aux finalités économiques et financiers de l'exploitation capitaliste et, plus généralement, de la société industrielle avancée avec, comme effet, une dénaturation de ses contenus.

Bien que s'appuyant sur le postulat du matérialisme historique, l'Ecole de Francfort ne trouve pas chez Marx une prise en compte de l'activité artistique, compte tenu, selon l'auteur même du *Capital*, de sa nature spéciale, ainsi qu'il l'annonce dans le livre III de son ouvrage fondamental. En revanche, elle trouve en Simmel l'un des tout premiers grands noms de la sociologie à s'être exprimé sur l'art tout en renonçant à tout compartimentage entre la philosophie, l'esthétique et la sociologie, qui établirait des ruptures dommageables à la connaissance scientifique. De plus, ce courant de pensée voit également en Simmel un chasseur d'illusions, qui rejette à juste titre l'idée naïve souvent véhiculée à son époque selon laquelle l'art est le lieu de la liberté parfaite et, fermé par conséquent, à toute investigation scientifique. Toutefois, Simmel a tort pour la « théorie critique » de réduire le matérialisme historique à une simple hypothèse psychologique (Simmel, 1987 [1900], pp. 592-593 ; *id.*, 1952 [1892], pp. 228-237), et de s'abstenir de rapporter l'aliénation de l'art au développement économique de la société capitaliste. Aussi n'est-on pas étonné de voir, par exemple, Adorno gommer toute référence explicite à Simmel dans ses textes principaux.

Nous allons voir précisément comment l'Ecole de Francfort et sa théorie critique définit l'oeuvre d'art, à partir de la notion de liberté, pour considérer, ensuite, comment s'opère l'aliénation de l'activité artistique et examiner, enfin, dans quelles conditions cette liberté perdue peut être retrouvée.

Adorno s'installe dans l'illustration musicale de la théorie critique en développant particulièrement sa conception sociale de l'art et de la liberté qui lui est attachée dans les quatre textes suivants : *Philosophie de la nouvelle musique* (1962 [1948]), *Théorie esthétique* (1974 [1970]), *Introduction à la sociologie de la musique* (1994 [1962]), et *Sociologie de la musique* (1971 [1966])[3].

Pour Adorno, la composition artistique et particulièrement l'oeuvre musicale ne peuvent renier leur socialité au moins pour les trois raisons suivantes. La libre pensée esthétique et musicale en l'occurrence, n'existe pas, contrairement à ce que pensait Hegel parce ce que l'artiste s'inspire nécessairement *nolens volens* de formes préétablies qui lui ménagent, bien entendu, une liberté entendue comme autant de possibilités de choix. La dimension sociale de la musique apparaît également dans le souci plus ou moins avoué de répondre aux besoins du marché, compte tenu notamment du changement du statut de l'artiste à partir du milieu du XIXe siècle : d'où résulte une aliénation susceptible de rendre l'oeuvre de plus en plus étrangère à l'inspiration originale de l'artiste. Ainsi, le penchant à sacrifier à la virtuosité qui émerge et s'affirme à cette même époque – et que pressentait déjà Hegel – lui semble significatif de cet état d'esprit. Enfin, même lorsque l'artiste (ou le compositeur) veut s'affranchir de ce conditionnement social par une production non conformiste, l'isolement auquel il s'expose est aussi de nature sociale parce que l'antithèse du non-conformisme se définit elle-même par rapport à la normalité sociale et que « le discours le plus solitaire de l'artiste, en effet, vit encore du paradoxe consistant à parler aux hommes

3. Ce dernier texte, très court, reprend, dans ses grandes lignes, la postface de l'ouvrage précédent, lequel rassemble les textes d'une douzaine de conférences tenues par l'auteur.

grâce à la solitude, en renonçant à une communication routinière » (1962 [1948], p. 31). Et concluant sur ce point, il écrit encore par ailleurs :

« Même l'autonomie de la grande musique, par laquelle elle s'oppose avec la plus forte détermination au diktat du marché, se serait difficilement constituée autrement qu'à travers le marché. Les formes musicales, voire les réactions musicales constitutives, sont les intériorisations d'une dimension sociale. Comme tout art la musique est un fait de société autant que quelque chose d'accompli en soi-même, de libéré des desiderata sociaux immédiats. Même ce qui dans la musique n'est pas intégré socialement est d'essence sociale, renforce l'affranchissement du sujet, dont l'idée avait gouverné le mouvement bourgeois d'émancipation. La liberté de l'art, son indépendance vis-à-vis de ce que l'on exige de lui, se fonde dans l'idée d'une société libre et anticipe en un certain sens sa réalisation » (1994 [1962], p. 225).

C'est par conséquent, dans le contre-discours, dans l'antithèse avant-gardiste ou non conformiste qu'Adorno voit le « maximum de conscience possible artistique », à la fois comme négation et comme affirmation du social et de la liberté.

Pour sa part, dans un ouvrage intitulé *La dimension esthétique*, Marcuse définit l'art et les oeuvres culturelles par une nature de contradiction contestataire :

« Dans la mesure où l'homme et la nature sont constitués par une société non libre, leur potentiel réprimé et déformé ne peut être représenté que sous une forme qui *distancie* et *détache*. Le monde l'art est celui d'un *Principe de Réalité* différent, celui de l'altérité ; et ce n'est que par son altérité que l'art remplit une fonction *cognitive* : il communique des vérités qui ne sont communicables dans aucun autre langage, il *contredit* » (1979 [1968], p. 23).

Ainsi, cette contradiction révèle son caractère contestataire et même révolutionnaire en ce que les oeuvres d'art dénoncent « le défaut de liberté régnant et les forces de rébellion existantes, perçant ainsi à jour la mystification (et la pétrification) de la réalité sociale pour ouvrir l'horizon du changement » (1979 [1968], p. 11). L'aspect contestataire qui « dessine l'image extérieure de la libération » ne se confond pas avec le contenu mais concerne aussi la forme en tant que celle-ci brise les cadres traditionnels existants, comme le surréalisme et l'expressionnisme, et renvoie au contenu lui-même. Toutefois, le caractère trop ouvertement politique de celui-ci lui fait perdre de sa valeur subversive :

« Plus une oeuvre est immédiatement politique, plus elle perd son pouvoir de décentrement et la radicalité, la transcendance de ses objectifs de changement. En ce sens, il se peut qu'il y ait plus de potentiel subversif dans la poésie de Baudelaire et de Rimbaud que dans les pièces didactiques de Brecht » (*ibid.*). Reprenant à son compte le propos de son collègue Walter Benjamin, il écrit que « Baudelaire était un agent secret, un agent du mécontentement secret de sa propre classe à l'endroit de sa propre domination » *(op. cit.*, p. 34).

Quant à Benjamin précisément, il retient moins le caractère fondamentalement contestataire de l'oeuvre que son caractère *cultuel*, c'est-à-dire l'oeuvre d'art en tant qu'elle fait l'objet d'un culte et qui est inséparable de son authenticité : une qualité fondamentale absente des reproductions puisqu'elle est « son ici et son maintenant » entendus comme l'unicité de sa présence à l'endroit où elle se trouve et de sa propre histoire. C'est ce qui ressort d'un texte significatif et très souvent cité, consacré à « l'oeuvre d'art à l'ère de sa reproductibilité technique » (1971 [1938], *passim* et notamment, p. 175) Benjamin, en adoptant une définition de l'oeuvre d'art beaucoup plus neutre, en comparaison de celles avancées par Adorno et Marcuse, prend bien soin de distinguer l'oeuvre elle-même de sa reproduction qui, renvoyant cependant à son archétype, en modifie la perception et, partant, le contenu, à l'occasion d'un processus que nous allons évoquer à présent.

Asservissement et libération de l'art

Le caractère unique de l'oeuvre d'art et le potentiel subversif du contre-discours qui contribue à définir son essence sont altérés, selon la théorie critique, par l'exploitation capitaliste. Non contente d'aliéner l'homme au travail, celle-ci étend son entreprise d'asservissement à l'activité artistique par l'entremise de l'industrie culturelle. N'ayant en vue que le profit et son accumulation, indépendamment des besoins des individus, elle fait basculer dans le domaine des loisirs les biens artistiques pour les rendre plus facilement commerçables, sous le couvert d'une démocratisation culturelle. Dans ces conditions, la finalité « authentiquement » culturelle qui vise notamment à l'éducation de l'esprit, s'atrophie au profit des fonctions délassantes et divertissantes du loisir, dénaturant la production artistique par un processus de « désublimation » esthétique. Ainsi Adorno, illustrant surtout son propos par l'exemple de la musique, écrit à ce sujet :

« Elle (la musique) a été l'antithèse de l'industrie culturelle, qui envahissait son domaine. Il a fallu, il est vrai, plus de temps dans la musique pour arriver à une production commerciale de masse que dans la littérature et les arts plastiques. L'aspect aconceptuel et abstrait de la musique qui depuis Schopenhauer lui a servi de référence auprès des philosophies irrationalistes, la rendait rétive à la *ratio* de la vénalité. C'est seulement à l'époque du film sonore, de la radio et des slogans publicitaires mis en musique, que la musique, précisément dans son irrationalité, a été accaparée par la *ratio* commerciale » (1962 [1949], p. 15). Et il conclut : « L'art devient ainsi un simple exposant de la société, et non pas un ferment de sa transformation. Par là est approuvée cette évolution de la conscience bourgeoise, qui rabaisse toute création spirituelle au niveau d'une simple fonction, au niveau de quelque chose qui existe seulement pour autre chose, pour en faire finalement un article de consommation » (*op. cit.*, p. 34).

Marcuse illustre de son côté, sans y faire explicitement allusion, la vieille thèse sociologique du conflit intégrateur initiée par Simmel et formalisée dans le paradigme fonctionnaliste par Lewis Coser, ainsi qu'on l'a vu précédemment (*cf. supra*, pp. 48 et 151). En effet, dans un premier stade, la société se caractérise par sa *bidimensionalité* en raison d'un jeu antagonique entre l'ordre social et sa contestation artistique ou culturelle. Dans un second stade, cette opposition s'affaiblit par l'incorporation progressive de l'art à l'univers marchand. Y voyant une source de profit, l'industrie culturelle s'empare des contenus « oppositionnels, étrangers et transcendants » de l'art pour les reproduire à grande échelle. Il s'ensuit un processus de *désublimation esthétique* qui désamorce le pouvoir subversif et libérateur de l'art en sorte que la société globale devient unidimensionnelle à la faveur de cette intégration anesthésiante :

« Les défenseurs de la culture de masse trouvent ridicule qu'on puisse protester contre l'emploi de Bach comme musique de fond dans la cuisine, contre la vente des oeuvres de Platon, de Hegel, de Shelley, de Baudelaire, de Marx et de Freud au drugstore. Ils insistent sur le fait que les classiques ont quitté le mausolée et sont revenus à la vie, sur le fait que le public est ainsi éduqué. C'est vrai, mais s'ils reviennent à la vie comme classiques, ils revivent comme autres qu'eux-mêmes, ils sont privés de leur force antagonique, de leur étrangeté qui était la dimension même de leur vérité. Le but et la fonction de ces oeuvres ont donc fondamentalement changé. Si à l'origine, elles étaient en contradiction avec le statu quo, cette contradiction a maintenant disparu… » (1968 [1964], p. 89).

Dans un de ses tout derniers ouvrages intitulé très significativement *Vers la libération (An essay on liberation)*, Marcuse confirme cette emprise même sur des oeuvres qualifiées d'anti-art parce qu'elles traduiraient une révolte sauvage de l'art : « … Rapidement absorbée par les galeries de peintures, les collections particulières, les salles de concert, le marché artistique, ces oeuvres décorent aujourd'hui les cours et les vestibules des entreprises prospères » (1970 [1969], p. 82).

C'est un discours analogue que tient Benjamin lorsqu'il souligne les dégâts d'une industrie qui transforme la culture en un élément de détente propre à servir ses buts productivistes. Pour celui-ci, l'orientation marchande vers le divertissement fait perdre à l'art son aura, effacé dans la reproduction massive qui n'est plus qu'un ersatz de culture. Prenant l'exemple du théâtre filmé, il commence par asséner le paradoxe suivant :

« La plus lamentable représentation de Faust dans un théâtre de province, est déjà supérieure à un film sur le même sujet, en ceci du moins qu'elle rivalise idéalement avec la présentation originale de Weimar » (1971 [1936], p. 176).

Et Benjamin de s'en expliquer en mettant en lumière tous les facteurs techniques de médiatisation s'interposant entre le public et l'acteur. En sorte que celui-ci se voit, d'une certaine manière, dépouillé de son propre jeu par les techniciens qui le soumettent à des tests optiques à travers toutes espèces d'effets spéciaux : gros plans, angles particuliers de prise de vue, travelling, etc. Et s'il est donné au comédien de théâtre d'entrer dans la peau du personnage qu'il est censé jouer, pour restituer l'authenticité de l'oeuvre, pareille faculté est refusée à l'acteur de cinéma, qui voit son jeu s'éparpiller en une foule de séquences. Le caractère fictif de la reproduction cinématographique, par la sélection des séquences opérées et la licence adoptée avec la chronologie du déroulement dramatique, ajoutées à la médiatisation technique, aliène l'acteur, le rendant de plus en plus étranger par rapport à son propre jeu, cependant que l'affairisme des producteurs lui reconstitue une personnalité artificielle hors des studios par le culte de la vedette. Le vedettariat « protège cette magie de la personnalité qui, depuis longtemps déjà, se réduit au charme faisandé de sa valeur marchande » (*op. cit.*, p. 207). L'industrie capitaliste inscrit la reproduction artistique massive et le culte de la vedette dans une perspective de loisir, puisque, selon cet auteur, les masses renâclant à l'effort intellectuel de l'attention et du recueillement, cherchent avant tout dans la culture le divertissement. Certes « le public des salles obscures est bien un examinateur, mais un examinateur qui se distrait » (*ibid.*).

La théorie critique ainsi illustrée insiste sur la perte de liberté par le recours au thème de l'aliénation marxiste transposé dans le domaine artistique. Toutefois, alors que Benjamin ne met en cause que la reproduction, Adorno n'hésite pas à envelopper dans sa critique la création elle-même et, dans l'hypothèse de la musique, son interprétation dans la mesure où celles-ci s'accommodent de la logique marchande en cédant à la facilité de la « beauté néfaste » d'une musique de pure consommation, apte à mieux servir les buts mercantiles de l'industrie culturelle (1971 [1966], p. 10). Dans cette perspective, « la musique, comme fonction sociale, s'apparente à l'escroquerie, promesse trompeuse d'un bonheur qui s'installe à la place du bonheur lui-même » (1994 [1962], p. 51).

Après avoir rappelé les conceptions de l'art et mis en évidence sa perte d'autonomie par un asservissement aliénant à la finalité marchande de l'industrie culturelle, selon la théorie critique, voyons à présent comment celle-ci définit les conditions d'une récupération de cette liberté perdue.

C'est surtout chez Adorno et chez Marcuse que le discours sur la liberté est le plus attendu dans la mesure où leur enfermement dans un déterminisme très radical les conduit à une impasse ou, comme disent les philosophes, à une situation « aporétique ».

Pour Adorno, l'art ne devra son salut « que par la résiliation de son contrat social », écrit-il dans sa sociologie de la musique (1971 [1966], p. 10). Cela signifie que l'art dans ses manifestations les plus abstraites et les plus avant-gardistes est seul susceptible de résister à l'emprise de l'industrie culturelle et à ses desseins mercantiles parce qu'il répond mal à des visées divertissantes facilement vendables. En s'avouant comme rigoureusement inutile dans une société qui valorise l'utilitaire, en reconnaissant sa beauté par le rejet de l'apparence du beau, en s'opposant à ce qui est éprouvé comme agréable et, par conséquent, comme trop directement convertible en biens de consommation ludiques et divertissants, l'art évite d'être annexé et dénaturé par les affaires. Ainsi, Adorno voit dans les compositions d'avant-garde, dans les « sorties anticulturelles de la musique de Schönberg », dans les accords dissonants ou « faux à l'oreille ingénue », dans les dessins mal faits de la peinture moderne, dans le flirt esthétique de Stravinsky avec la barbarie, autant de défis nietzschéens à la faveur desquels l'artiste se coupe des formes que l'industrie culturelle domestique pour enrichir sa production de masse et retrouve par là-même sa liberté (1962 [1949], pp. 51-52 et p. 149). Toutefois, en définissant lui-même de nouvelles normes, l'artiste doit s'y soumettre en sorte que la nouvelle technique musicale « asservit la musique en la libérant » *(op. cit.*, p. 27). Développant le paradoxe de ce renversement, il écrit en substance :

« Le sujet règne sur la musique par un système rationnel, pour succomber lui-même à ce système. Comme dans la technique dodécaphonique, la composition proprement dite, c'est-à-dire la productivité de la variation, fut repoussée dans le matériau, il en va de même pour la liberté tout entière du compositeur en général. Alors qu'elle se réalise en disposant du matériau à sa guise, elle en devient une détermination qui, aliénée, s'oppose au sujet, et le soumet à sa propre contrainte (...). Le précepte wagnérien exigeant d'établir les règles soi-même pour les suivre ensuite, dévoile son caractère fatal. Nulle règle ne s'avère plus répressive que celle que l'on s'est donnée soi-même. Son origine subjective devient contingence d'une thèse arbitraire, aussitôt qu'elle s'oppose positivement au sujet, comme ordre régulateur. La violence que la musique de masse inflige aux hommes, subsiste encore à son antipode social, c'est-à-dire dans la musique qui se soustrait aux hommes » *(op. cit.*, p. 77).

Et de conclure qu'il ne reste plus, dès lors, à l'artiste qu'une seule solution : éviter de se perdre dans ses conventions pour récupérer une certaine maîtrise de son art, sans pour cela retomber dans les ornières des formes socialement consacrées (*op. cit.*, pp. 124-126).

Bien que s'appuyant sur la philosophie et l'esthétique de Hegel et, dans une mesure moindre, sur celles de Schopenhauer, Adorno s'écarte très sensiblement de leurs conceptions respectives et opposées, en socialisant la création artistique elle-même et en la replaçant dans la contradiction des mouvements sociaux. Pour Hegel, en effet, la liberté participe de la notion de l'art parce que celui-ci ne peut se définir que par une auto-détermination à la faveur de laquelle l'artiste trouve en lui-même et seulement en lui-même, par son talent, son génie naturel mais aussi par une pensée libre, la forme adéquate qui habillera son idée créatrice (Hegel, 1995 [1820], p. 40 ; *id.*, 1979 [1825], t. 2., pp. 7-9). Rejetant cette conception rationaliste propre à la philosophie des Lumières, Schopenhauer nie la réalité d'une telle ascèse par l'impossibilité d'exclure des déterminations venant du dehors dans l'action humaine, comme on l'a vu antérieurement (*cf. supra,* pp. 67-68). Adorno quant à lui insiste sur le caractère nécessairement social de la création artistique, puisque, bien que l'art soit un fait accompli en soi-même, il est aussi un fait de société et « même ce qui dans la musique n'est plus intégré socialement est d'essence sociale ». Toutefois, si à son avis, Hegel a tort de dire que l'objectivation de l'art dans des formes est strictement personnelle ou auto-déterminée, il a raison de souligner l'aliénation susceptible de résulter de cette objectivation, car, à la faveur de sa mise à disposition, l'oeuvre artistique échappe à son créateur pour être détournée des intentions et des finalités dont celui-ci l'avait investie.

Pour Adorno, la liberté ne s'incarne pas seulement dans la réalité d'un non-conformisme ou d'une subversion culturelle qui s'apparentent à des combats d'arrière-garde ; elle s'identifie aussi à l'utopie d'une société future où celle-ci pourra s'épanouir, comme l'évoque le souvenir de temps très anciens dont il ne subsiste que des traces dans la dissidence sociale. C'est aussi dans cette direction que Marcuse entrevoit des possibilités de sortir de l'impasse.

Il s'en prend également à une philosophie trop rationaliste, comme celle de Kant, de Hegel et même celle de Sartre, parce qu'elle considère la liberté comme une réalité intérieure, détachée de celle du monde en sorte que ceux-ci admettent que dans les pires situations de déterminations sociales, l'homme reste absolument libre par sa raison (Marcuse, 1970 [1948], pp. 227-232). Ce n'est donc pas en se bornant à reconnaître son isolement dans le monde contemporain pour s'enfermer dans le strict individualisme d'une réalité toute intérieure que Marcuse conçoit la liberté ; c'est, au contraire, dans la socialité qu'il faut replacer la raison et l'imagination constitutive de l'art, car il ne fait pas de doute que raison et imagination, loin d'être antinomiques, définissent l'essence de l'art et constituent le ferment ou la force motrice susceptibles de transformer la société et de libérer l'homme.

« L'imagination, en unifiant la sensibilité et la raison, devient "productive" en même temps qu'elle devient pratique : elle devient une force motrice dans la reconstruction de la *Lebenswelt*... » (1970 [1969], p. 63).

Dès lors, la dimension esthétique, considérée non seulement dans sa forme culturelle *sublimée*, c'est-à-dire l'art, mais aussi « sous sa forme politique et existentielle non sublimée » entretient avec la liberté un rapport essentiel. Certes, la liberté semble exister dans la société technologique avancée, qu'elle soit capitaliste ou socialiste, au demeurant, mais les mécanismes ou les appareils que cette société institue la subordonnent au domaine de la nécessité, en raison de ses visées affairistes, comme on l'a vu précédemment. Or l'art devenant une force productive libérant la sensibilité humaine, pourrait mettre un terme à la dissociation entre l'esthétique et la réalité sociale et contribuer à la reconstruction de la société.

On trouve un avant-goût de la réalisation de cet avenir dans l'anti-art, totale déformation de la forme mais art tout de même : peinture, sculpture abstraite, musique dodécaphonique, blues, jazz, etc. Non pas que l'anti-art représente une révolte contre des styles traditionnels, une réorientation des modes anciens, mais parce qu'il signifie une « décomposition de la structure même de la perception, en vue de faire de la place – de la place pour quoi ? » (1970 [1969], p. 77). Et il ajoute :

« Le nouvel objet de l'art n'est pas encore "donné", mais son objet traditionnel est devenu impossible, factice. Illusion, imitation, accord avec la réalité : mais la réalité n'est pas encore "donnée", ce n'est pas celle dont traite le "réalisme". Il s'agit de la découvrir, de l'imaginer. Les sens doivent apprendre à ne plus voir les choses suivant les règles, suivant l'ordre dans lesquels ils ont été formés ; le fonctionnalisme impur qui organise notre sensibilité doit voler en éclats » (*Ibid.*).

Toutefois, ce décalage entre un art en avance sur son temps et une société qui n'est pas encore en place maintient le risque de voir l'industrie culturelle subordonner la liberté que cet art représente à la nécessité de ses finalités affairistes. Trop ouvertement contestataire, la révolte musicale, littéraire, picturale est récupérée, absorbée par le marché et, par là, perd toute sa force libératrice : les *happenings*, le pop-art, le *Living Theater* s'intègrent à l'univers marchand et « reconstituent une *communauté* fallacieuse à l'intérieur de la société » (*op. cit.*, pp. 92-93). C'est, par conséquent, dans une autre société, entièrement reconstruite que ces libertés passagères, trop vite formalisées par le commerce, acquièrent un caractère plus authentique et plus permanent.

« Dans sa négativité, l'art désublimateur, l'anti-art contemporain "anticipe" sur le moment où le pouvoir productif de la société se confondra avec le pouvoir créateur de l'art, et la construction du monde artistique avec la reconstruction du monde réel – union d'un art et d'une technologie libérateurs. Cette anticipation fait de la désublimation artistique de la culture, si désordonnée, grossière et bouffonne qu'elle soit, un élément essentiel des forces politiques radicales : des forces subversives, en cette période de transition » (*op. cit.*, pp. 93-94). Ces forces subversives laissent augurer une société nouvelle et dans cet exposé, Marcuse rejoint l'utopie d'Adorno et, en remontant la filiation spirituelle, celle de Marx, bien évidemment :

« Dans la mesure où l'art conserve, avec la promesse du bonheur, le souvenir des objectifs qui n'ont pas été atteints, il peut entrer en tant qu'"idée directrice" dans la lutte désespérée pour changer le monde. Contre tout fétichisme des forces productives, contre la continuation de l'asservissement des individus par les conditions objectives (qui restent celles de la domination), l'art représente le but ultime de toutes les révolutions : la liberté et le bonheur de l'individu » (1979 [1968], pp. 79-80).

Conclusion

La théorie critique a eu raison, à notre avis, de parier sur la spécificité de l'art. Sur la base de ce postulat, elle a bien mis en lumière les mécanismes par lesquels l'industrie culturelle pouvait influencer la perception sociale de l'art et en modifier, par conséquent, la nature. La thèse devenue très classique de Marshall Mac Luhan doit beaucoup à l'Ecole de Francfort puisqu'elle insistait sur le pouvoir des médias à redéfinir les contenus des messages, sinon à s'y identifier (De Coster, 1975, pp. 255-267). Toutefois, on lui a souvent reproché, non sans raison, l'élitisme de ses conceptions et le caractère idéologique de ses critiques « aristocratisantes » (le mot est de Touraine) qu'elle articule à l'endroit de la culture de masse, ce qui aurait pour effet, de contribuer à asseoir un monopole de classe sur la culture savante ou la haute culture. On pourrait, bien entendu, retourner le reproche en qualifiant d'idéologique une politique visant à annexer les biens hautement culturels pour les offrir en versions vulgarisées et dénaturées – tout en maintenant l'illusion de l'authenticité – à une masse jugée incapable de se satisfaire autrement ; alors qu'il serait mieux approprié d'investir dans l'éducation et la formation pour permettre à quiconque d'avoir accès à l'authenticité.

La distinction entre deux types de culture est un fait social et, comme le souligne Morin, c'est une erreur que d'unidimensionner ces deux « dragons » que sont la « culture cultivée », en tant qu'elle est vécue sur le plan esthétique, et la « culture de masse » vécue davantage sur le mode du loisir (1984, pp. 353-386). Les exemples de la radio et de la télévision confirment la dichotomie à la faveur de programmes qui renvoient à des chaînes spécialisées ou à des horaires de très faible écoute les émissions artistiques. Comme l'écrivent Missika et Wolton à propos de la « folle du logis », la télévision n'a pas créé cette discrimination culturelle mais celle-ci a contribué à donner plus de visibilité à ces inégalités préexistantes (1983, p. 141).

En revanche, le discours sur la liberté que la théorie critique développe en conclusion de ses analyses est par trop négatif parce qu'elle s'en tient à des *a priori* esthétiques et à des prémices marxisants qui ne lui permettent pas de mettre en relief les nouveaux espaces d'autonomie que la dynamique actuelle favorise. Dans sa *Critique de la Modernité*, Touraine soulève justement l'objection qu'il oppose à cette école :

« … La théorie critique n'est plus possible à la fin du XXe siècle parce que, chaque fois, le domaine des pratiques sociales, le champ d'action des acteurs sociaux se sont élargis et qu'il devient de plus en plus difficile de s'adresser à la société du dehors, assis sur la branche de l'arbre de la création, de la raison ou de l'histoire, dont les racines plongent dans le ciel et non dans la terre. Ce dont les intellectuels allemands et français du XXe siècle portent le deuil, c'est du ciel où ils sont nés, dont ils gardent la nostalgie, qui faisait d'eux des hommes différents des autres, d'une essence supérieure, puisqu'ils vivaient dans l'absolu, dans l'être, alors que les êtres humains ordinaires étaient roulés par les vagues de changements accélérés (...). Pourquoi ne pas admettre, avec Edgar Morin, que l'accroissement de la densité sociale, pour reprendre une expression de Durkheim, s'accompagne à la fois de plus de complexité, de plus de contrôle et de plus d'indétermination ou de liberté possible ? » (Touraine, 1992, pp. 186-187).

OÙ L'ON RETROUVE UN MODÈLE D'ANALYSE STRATÉGIQUE

L'Ecole de Francfort insistait sur le rôle de l'industrie culturelle qui, dans la société industrielle avancée, dénature l'art en assujettissant sa finalité culturelle à la logique marchande des biens de loisir. La logique du marché qui condamne ainsi l'oeuvre d'art à n'être plus qu'un bien consommable comme n'importe quel autre bien, est autrement exploitée du point de vue qui nous intéresse, à la faveur d'analyses plus strictement sociologiques. La liberté n'y est plus considérée comme étrangère à la logique économique mais, au contraire, comme en faisant partie intégrante à travers la stratégie des divers acteurs concernés par l'art.

Nul mieux que Pierre Bourdieu n'a illustré ce courant en prenant ses distances par rapport à une réflexion marxiste qui ne voit dans l'artiste qu'un intermédiaire supposé traduire, avec talent sans doute, les intérêts de sa classe ou encore la vision du monde dont il est porteur. Pour bien saisir sa sociologie de l'activité artistique, il faut se reporter à l'explication plus générale de la dynamique des classes qu'il propose. Selon cette explication, tout individu évolue à l'intérieur d'espaces sociaux plus ou moins autonomes que Bourdieu nomme « champs », c'est-à-dire la structuration des interactions sociales qui obéissent à des règles du jeu spécifiques du champ considéré. Ainsi respectivement du champ économique, culturel, artistique, sportif ou religieux se dégage une logique propre déterminée par la spécificité des enjeux et des atouts que l'on peut y faire valoir, compte tenu des règles y prévalant. L'accession à ces champs et la stratégie que les acteurs y déploient se réalisent à l'aide d'atouts ou de ressources catégorisées en *capital économique*, à l'intérieur duquel l'argent occupe une place importante, en *capital culturel*, concrétisé notamment par des titres et, enfin, en *capital social*, c'est-à-dire le réseau de relations que les acteurs entretiennent et cherchent à développer. Ces trois sortes de capital s'appellent et se convertissent réciproquement : ainsi la connaissance d'une bonne relation peut aider à l'obtention d'un emploi bien rémunéré. L'ensemble de ces capitaux détermine l'apparition d'un *capital symbolique*, c'est-à-dire une sorte de charisme qui, à la faveur de la reconnaissance sociale de capitaux particuliers, procure à son détenteur prestige, autorité et notoriété.

Chaque champ particulier se présente ainsi comme le théâtre d'une lutte entre fractions dominantes et fractions dominées et c'est la structure de répartition des capitaux qui y détermine la position sociale dans l'un ou l'autre camp.

A considérer le champ culturel ou plus précisément le champ artistique, celui-ci apparaît tel un microcosme, c'est-à-dire un espace social où s'établissent des rapports de force spécifiques entre artistes – par exemple entre artistes consacrés et artistes « maudits »ou rebelles – et conditionnés par le jeu des instances de légitimation tels que les écoles, académies, critiques et historiens de l'art, maisons d'édition, etc. C'est en étudiant les types de rapports entre ces actions référées à la position que les artistes occupent respectivement dans le champ que l'on est à même de pouvoir saisir les stratégies visant à maintenir, modifier ou subvertir les règles du jeu – qui consacrent ces rapports de force – et, par conséquent, la structure même des formes artistiques, qui sont autant d'instruments ou d'enjeux dans ces luttes.

La liberté se traduit dans le champ par le degré d'autonomie dont disposent les différents acteurs en présence face aux règles du jeu qui en déterminent les contours. Bourdieu développe à ce propos une théorie que nous qualifierons de « prismatique » en ce qu'elle établit le lien entre, d'une part, la société globale et les conditionnements sociaux qu'elle imprime et, d'autre part, le microcosme social de l'art qui réfracte ces conditionnements. Lisons-le à ce propos :

« Les déterminants externes qu'invoquaient les marxistes – par exemple l'effet des crises économiques, des transformations techniques ou des révolutions politiques – ne peuvent s'exercer que par l'intermédiaire des transformations de la structure du champ qui en résultent. Le champ exerce un effet de *réfraction* (à la faveur d'un prisme) : c'est donc seulement à condition de connaître les lois spécifiques de son fonctionnement (son « coefficient de réfraction », c'est-à-dire son *degré d'autonomie*) que l'on peut comprendre les changements dans les rapports entre écrivains, entre les tenants des différents genres (poésie, roman et théâtre par exemple) ou entre différentes conceptions artistiques (art pour l'art et art social par exemple), qui surviennent par exemple à l'occasion d'un changement de régime politique ou d'une crise économique » (Bourdieu, 1994, p. 68 ; *cf.* aussi : *id.*, 1966, pp. 905-906).

La liberté s'interprète, par conséquent, dans le cadre d'une logique des possibilités, c'est-à-dire « l'espace des possibilités héritées des luttes antérieures qui tend à définir l'espace des prises de position possibles » (1994, p. 711), à la faveur duquel chaque acteur réinterprète la contrainte exercée par une instance extérieure en vertu de sa position dans le champ artistique. En sorte que l'autonomie du champ et l'originalité de sa structure résultent d'un effet de système déterminé par l'ensemble du jeu où « chacun est dans son rôle : d'un côté le ménage, de l'autre le remue-ménage » (1966, p. 895).

« La relation, écrit-il encore par ailleurs, qui s'établit entre les positions et les prises de position n'a rien, on le voit, d'une détermination mécanique : chaque producteur, écrivain, artiste, savant, construit son propre projet créateur en fonction de la perception des possibilités disponibles que lui assurent les catégories de perception et d'appréciation inscrites dans son *habitus* par une certaine trajectoire et en fonction aussi de la propension à saisir ou à refuser tel ou tel de ces possibles que lui inspirent les intérêts associés à sa position dans le jeu » (1994, p. 71).

Cette conjoncture ne fait, par ailleurs, qu'accentuer le caractère mythique de la création artistique pure, c'est-à-dire produite *ex nihilo*. Sociologiquement, on ne peut admettre, en effet, l'existence d'une pensée libre, au sens absolu d'une exemption de toute influence sociale comme on l'a montré dans la première partie (*cf. supra*, pp. 69-70). La vision romantique de l'art pour l'art pouvait entretenir l'illusion d'une liberté à la faveur de laquelle l'artiste se retrouve seul, face à face avec son oeuvre. Mais l'insertion de plus en plus profonde de l'art dans le circuit économique, puisque l'artiste doit bien vivre et se résoudre à commercialiser son oeuvre, le subordonne à des valeurs esthétiques qu'il n'est plus le seul à définir. Ces valeurs sont définies parce que le sociologue américain Howard Becker appelle « les mondes de l'art », ceux-ci incluant outre les instances de légitimation ou de consécration évoquées plus haut, les publics d'art, les artistes eux-mêmes et ceux qui, dans le cadre d'une division du travail, participent à la mise au point définitive de l'oeuvre (1988 [1982] ; *cf.* aussi : Dubois, 1978, pp. 81-102). Tout artiste ne crée qu'en essayant, au moins partiellement, de prévoir la réaction affective ou intellectuelle d'acteurs relevant des mondes de l'art jugés importants, ce qui a pour résultat d'infléchir les choix esthétiques (Becker, *op. cit.*, pp. 212-214).

L'artiste semble cependant retrouver une liberté perdue dans la mesure où les règles du jeu se sont modifiées, donnant la priorité plutôt à l'auteur qu'à son oeuvre. Raymonde Moulin, dont les travaux intéressants sur l'art et les professions artistiques se positionnent en quelque sorte dans une même logique d'analyse stratégique, écrit justement à ce propos :

« "Tout ce que crache l'artiste est art" comme l'avait proclamé Schwitters, et c'est l'intention de l'artiste, matérialisée dans sa signature et authentifiée par sa "vertu" qui confère à l'art son existence en tant qu'oeuvre d'art. L'art, "c'est le fait du prince, le fait du peintre" et, dans la mesure où il est identifié au jaillissement spontané, à l'émergence, au hasard, à la subjectivité de l'artiste, il se prête, plus que jamais, à la rationalisation démiurgique » (1971, p. 196).

Ainsi s'élargit le champ des possibles et, conséquemment, l'art moderne évolue vers le « n'importe quoi » pour autant que le n'importe quoi ne soit pas produit par n'importe qui (Moulin, *op. cit.*, p. 199). L'introduction du hasard, le degré d'abstraction le plus élevé et les formes de théâtralité qui entourent, par exemple, la destruction immédiate de l'oeuvre à peine achevée, encouragent à opposer à l'art consacré sa propre négation ou son degré zéro : les *Silent Pieces* du compositeur américain John Cage font de la musique un silence complet. Mais comme le statut de l'oeuvre devient indissociable de celui de son auteur, cette liberté de définir lui-même l'oeuvre d'art ne lui est octroyée que dans l'hypothèse où il a été préalablement reconnu et « adoubé » par les instances de consécration du marché de l'art.

On voit en définitive que l'analyse sociologique, dans une version paradigmatique qui n'est pas sans rappeler l'analyse stratégique évoquée dans la première partie, ne nie pas la part d'originalité ni le génie de l'artiste, en cherchant dans la socialité des facteurs explicatifs de la création et de la diffusion artistiques.

« Si la sociologie, conclut Pierre-Michel Menger, dans la préface qui introduit l'ouvrage de Becker, s'attache en effet à démontrer que l'artiste n'est pas ce dieu solitaire de l'idéologie romantique, écartelé entre les contraintes de l'existence sociale et la souveraine liberté de sa vie intérieure, elle n'entend pas dissoudre pour autant l'identité de son principal sujet d'analyse à mesure qu'elle révèle l'épaisseur collective de la production de l'art » (1988, p. 12).

10

La mode ou le défi à la norme

POURQUOI LA MODE ?

On peut s'étonner à plus d'un titre de l'opportunité de parler de la mode dans la perspective qui est la nôtre, surtout après avoir traité de domaines aussi essentiels de l'activité humaine que le travail, le loisir et l'art. Il est vrai que la mode ne se situe pas sur le même plan que ces autres types d'activités parce qu'elle les rappelle chacune respectivement, mais elle y ajoute une valeur d'analyse complétant utilement le propos sur la liberté. La mode évoque, en effet, le travail car elle est productrice de biens et de services ; elle évoque aussi le loisir par la consommation ludique qui contribue à la caractériser ; elle comporte enfin une dimension esthétique qui la rapproche de l'art. Toutefois, la prise en considération du discours sociologique sur la mode nous permet d'aborder plus franchement la consommation sociale. Un autre sujet d'étonnement tient au caractère très uniformisant et très contraignant du phénomène, ce qui y réduirait par définition l'intérêt d'une réflexion approfondie sur la liberté.

« Quelque chose nous fait toujours résister à l'idée de considérer la mode comme un instrument de liberté, écrit le philosophe Gilles Lipovetsky. Outre l'uniformité apparente qu'elle réalise, ne conduit-elle pas à décourager l'effort réflexif des particuliers dans la recherche du vrai et du juste, elle qui opère par séduction et repose sur la facilité mimétique ? » (1987, p. 311).

On a dit et redit que la mode était un phénomène essentiellement sociologique notamment parce qu'elle représente une des formes les plus significatives de contrainte dont l'ignorance entraîne inévitablement une sanction sociale : quiconque ne se soumet pas à ses variations, quels que soient, au demeurant, l'inconfort ou la laideur qu'engendrent ses décrets, s'expose au rire, à la moquerie, à la déconsidération ou la mise à l'écart. L'objet même de notre ouvrage commande de nous y intéresser parce que des sociologues, au nombre desquels figurent le nom de quelques pères fondateurs de la discipline, y ont trouvé prétexte à développer des considérations intéressantes sur la liberté. En revanche, dire que la mode est un sujet essentiellement sociologique n'est guère exact puisque, très tôt, elle fut étudiée très légitimement sous d'autres éclairages : philosophiques, psychologiques, historiques, économiques et, plus tard, sémiologiques. Que l'on songe, par exemple, entre autres ouvrages célèbres, à celui de l'économiste Paul Nystrom intitulé *Economics of fashion* (1928) ou à celui du sémiologue Roland Barthes intitulé *Système de la mode* (1967).

Cela dit, même si ce sujet a été traité par de grands noms, il ne représente guère un des thèmes les plus choyés dans la littérature sociologique. A l'instar de la liberté, la mode – dont on verra qu'elle peut en être une des expressions significatives – ne recueille plus la faveur ni des index de matières clôturant les ouvrages généraux ni celle des dictionnaires de sociologie. Est-ce en raison de son côté labile ou changeant que les sociologues renâclent d'ordinaire à investir ce que Lipovetsky appelle « l'empire de l'éphémère » (1987), estimant que le propre du métier est de s'intéresser à des phénomènes sociaux plus durables et, par conséquent, mieux saisissables ? Ou serait-ce encore en raison de ses connotations de frivolité, de légèreté ou de son côté jugé trop féminin que le sujet n'a pas le crédit qu'il mériterait d'avoir, pour nourrir l'analyse scientifique des faits de société ? Autant de questions à résoudre pour la sociologie de la connaissance.

Pour ce qui nous regarde, observons que les anciens étaient davantage conscients de l'importance de la mode et les traités ou les ouvrages de ce type dont ils étaient les auteurs comportaient nécessairement un chapitre consacré à ce sujet. Tel est, par exemple, le cas de Spencer dans le troisième tome de ses *Principes de sociologie* (1908[1874] et celui de Tarde dans *Les lois de l'imitation* (1921 [1882-1884]. Ce dernier, comparant la coutume à la mode justifie d'ailleurs ainsi son intérêt :

« L'imitation, engagée dans les courants de la mode n'est donc qu'un bien faible torrent à côté du grand fleuve de la coutume ; et il faut nécessairement qu'il en soit ainsi. Mais si mince que soit ce torrent, ses ravages ou ses irrigations sont considérables et il importe d'étudier les périodicités de ses crues ou de ses dessèchements, qui se produisent suivant une sorte de rythme très irrégulier » (*op. cit.*, p. 266).

Werner Sombart (1902), Thorstein Veblen (1970 [1899] et Georg Simmel (1989 [1911] et, pour citer un nom actuel, Pierre Bourdieu (1979 et 1970 [1965], ne sont pas moins insistants quant à l'importance du phénomène.

Outre cet appoint de notoriété, on ajoutera que les textes sociologiques trop peu nombreux consacrés à la mode figurent sans doute parmi les mieux écrits : non pas seulement parce que les auteurs prennent souvent plaisir à y exercer leur verve – parfois, faut-il le dire, au détriment des exigences de la rigueur scientifique – mais aussi parce qu'ils ont soin de nourrir leurs réflexions d'exemples nombreux et significatifs : un fait qui n'est pas tellement courant dans la discipline et qui mérite d'être souligné.

Parler de la mode dans la perspective de la liberté exige préalablement que l'on s'entende bien sur la définition de la chose et à ce point de vue, le secours des ethnologues est bien utile, qui, très paradoxalement, s'y sont intéressés alors que la mode est réputée être un phénomène moderne et occidental lié au développement de la société industrielle (*cf.* par exemple : Kroeber, 1919 et Sapir, 1978 [1948]. Cette particulière attention nous confirme dans la conviction qu'il n'existe pas de différence fondamentale entre les deux disciplines en cause (De Coster, 1992 [1987], pp. 46-48). Au chapitre des définitions, Edward Sapir, qui tient la rubrique « fashion » dans l'édition de 1931 de l'*Encyclopedia of the social sciences*, distingue la mode respectivement de la coutume, du goût et de l'engouement. La distinction entre la mode et la coutume paraît évidente en ce que celle-ci présente un caractère de permanence faisant défaut à celle-là. La coutume est une mode qui s'invétère ou, selon l'expression de Sapir, « la mode est une coutume qui se renie ». Le goût, sans être nécessairement opposé à la mode, implique cependant une pluralité de choix que celle-ci n'autoriserait pas, compte tenu des aspects uniformisants. Et si la mode apparaît comme un défi lancé au goût, l'homme de goût peut y trouver des accommodements pour tenter de concilier des exigences différentes. Quant à l'engouement, sa sphère d'influence est beaucoup plus réduite que celle de la mode car elle ne concerne que des coteries et des personnes ; ses côtés d'inattendu, d'irréfléchi et de cocasse le rendent encore plus éphémère que la mode elle-même (Sapir, 1978 [1948], pp. 163-164.

Poser le problème de la mode sous l'angle de la liberté permet d'essayer de répondre aux questions principales que des sociologues se sont souvent posées à son propos. Pourquoi la mode est-elle liée au monde occidental et au développement de la société industrielle ? Comment expliquer sa grande variabilité ou par quelles interventions une mode en chasse vite une autre ? Pourquoi, enfin, la femme a-t-elle toujours joué un rôle prédominant dans ce que la mode a de plus apparent, c'est-à-dire le vêtement ? La réflexion sociologique s'est engagée à ce propos dans deux voies principales : la première considère la mode comme une expression de la liberté dans le conformisme social et la seconde, plus neuve, relie la mode aux idéaux de la démocratie. Examinons successivement ces deux grandes orientations.

LA LIBERTÉ DANS L'UNIFORMITÉ

La mode est une forme de vie où se résout la tension entre l'individualisation et l'uniformisation sociale, entre la liberté de la personnalité singulière et l'égalité sociale : telle est l'idée centrale qui émerge de thèses classiques sur la mode (Simmel, 1989 [1911], pp. 165-213), Koenig (1969, pp. 85-86), Goblot (1967 [1925], pp. 46-50). Avant que d'y cerner l'emprise ou le territoire de la liberté, voyons d'abord en quoi consiste la nature et l'importance des contraintes que la mode impose.

C'est particulièrement dans le domaine du vêtement, parce qu'il est la marque la plus apparente de son expression, que les sociologues ont illustré leurs propos sur une uniformisation sociale génératrice d'une contrainte souvent assimilée à une forme de tyrannie sociale. La contrainte peut être de nature physique puisqu'elle oblige par exemple à porter des vêtements aussi anti-hygiéniques qu'inconfortables : hauts talons, corsets, pantalons serrants, décolletés trop accusés, etc.

La mode est aussi une contrainte sociale qui expose, comme on l'a dit, à la moquerie, à la gêne ou à l'exclusion quiconque ne s'y conforme pas. On a même avancé que le vêtement fait partie du corps en sorte qu'il le prolonge naturellement d'où l'importance de ne pas négliger sa mise (Bell, 1992 [1945], p. 18). La contrainte de la mode fait sentir tout son poids lorsqu'en général, elle offense les canons de l'esthétique en général et, lorsqu'en particulier, ses décrets obligent d'aucuns à exhiber des défauts ou des caractéristiques physiques disgracieuses :

« Les choses à la mode, notait Simmel, sont parfois horribles et rebutantes comme si la mode voulait montrer sa puissance en nous faisant mettre sur nous ce qu'il y a de plus affreux » (1989 [1911], p. 170).

Sur ce chapitre de l'esthétique, on doit surtout à Veblen d'y avoir vu matière à une réflexion très engagée quand il prétend expliquer les changements rapides de mode par la futilité et la laideur *immanente* de la mode. Connaissant sans doute le propos ironique d'Oscar Wilde selon lequel « la mode est une forme de laideur si intolérable qu'il faut en changer tous les six mois », Veblen y acquiesçait en ajoutant à la laideur, le gaspillage et l'inutilité :

« Même dans ses plus vifs accès de liberté, la mode ne s'écarte guère ou pas du tout du faux-semblant d'utilité. Cette valeur pratique pour rire, cette feinte dont nul n'est dupe, cette foncière vanité imposent si platement à notre attention les détails innovés, qu'ils nous deviennent insupportables et que nous courons nous réfugier dans un autre style : un autre style qui obéit, lui aussi, aux injonctions de la prodigalité et de la futilité honorables. Cette futilité nouvelle est aussi détestable que la précédente ; et le seul remède autorisé par la loi du gaspillage, c'est de chercher le soulagement dans quelque façon inédite, non moins futile et non moins intenable. Voilà d'où vient que l'accoutrement à la mode est essentiellement laid sous sa continuelle vicissitude » (Veblen, 1970 [1899], p. 116).

Derrière ces propos excessifs et un peu courts pour expliquer la variabilité de la mode dans le contexte général de la contrainte, Veblen avait sans doute raison à son époque de lier la mode à un phénomène de classe et plus précisément à celle qu'il dénomme *classe de loisir*, c'est-à-dire une bourgeoisie qui a besoin d'affirmer son statut par l'ostentation et quoi de plus ostentatoire que la mode elle-même, surtout considérée dans ses apparences vestimentaires. Très curieusement, pour notre propos, Veblen trouve dans la rigueur de la contrainte l'expression de la liberté de cette classe et, par le fait même, une tentative d'explication du rôle de premier plan de la femme dans ce type d'expression. La femme affiche, en fait, la liberté du mari par délégation en exhibant une mise coûteuse mais invalidante. Le coûteux atteste la valeur du train de vie du couple et l'aspect invalidant de la toilette de la femme l'exempte de toute besogne. Mais la liberté de ne rien faire d'autre que de parader maintient celle-ci dans un rapport de servitude vis-à-vis du mari qui, pour sa part, n'est pas tenu de revêtir des habits aussi gênants ou aussi incommodes. Il lui suffit d'attester sa liberté par l'office délégataire de sa femme et par une domesticité portant la livrée de leur maître, laquelle est tout aussi évidemment conçue au mépris du confort physique à l'instar des toilettes féminines. L'analogie rappelle, selon Veblen, le rôle fondamentalement ancillaire de l'épouse mais, prend-il soin d'ajouter, « en culture pécuniaire, la dame de la maison, c'est la domestique en chef » (*op. cit.*, p. 119).

Le discours sociologique sur la liberté s'est exprimé, bien sûr, moins dans les contraintes que dans les licences autorisées dans le cadre général des uniformisations sociales. Ainsi Simmel qui retient également l'idée que la mode est avant tout une mode de classe, est l'un des tout premiers à formuler la thèse la plus acceptée dans la discipline, soit une mode dynamisée par la dialectique de la logique de l'imitation et celle de la différence ou de la distinction. Toutefois, c'est moins dans son essai sur la mode que dans son très substantiel ouvrage sur la philosophie de l'argent qu'il la synthétise le mieux :

« La mode est une de ces figures sociales qui joignent, selon un dosage particulier, le charme de la différence et de l'alternance à celui de la similitude et de la convergence. Toute mode est dans son essence une mode de classe, elle caractérise à chaque fois une couche sociale qui, par l'uniformité de son apparition, se groupe intérieurement tout autant qu'elle se ferme à l'extérieur, en s'isolant d'autres classes. Dès que la couche inférieure, qui cherche à imiter la supérieure, adopte à son tour la mode, cette mode est abandonnée par la couche supérieure et une nouvelle se crée » (1987 [1900], pp. 590-591 ; *cf.* aussi : *id.*, 1889 [1911], p. 172).

Cet extrait met en évidence le rôle prépondérant de la classe « supérieure » dans la dynamique de la mode puisque c'est bien elle qui donne le ton. De plus, le sociologue allemand y donne une explication du changement bien différente de celle de Veblen. En effet, c'est parce que la classe supérieure se voit imitée dans ses pratiques et notamment dans ses usages vestimentaires qu'elle les abandonne pour adopter des marques distinctives inédites. La thématique ainsi résumée sera reprise, actualisée et développée par Goblot (1967 [1925]), Koenig (1969) et surtout Bourdieu (1979 et 1970 [1965], pp. 31-106 ; 1966, pp. 117-129).

Ce dernier développe, en effet, à travers diverses pratiques de consommation – dont les usages de la mode – ce qu'il appelle tantôt « le jeu de la divulgation et de la distinction », tantôt « la logique de la différence de la recherche de la différence pour la différence » (1966, p. 128 ; 1970 [1965], pp. 73-74). Aux différences propement économiques tenant à la possession des biens s'ajoute une recherche de la distinction symbolique ouverte de plus en plus à de nouvelles couches de la société, soucieuses de s'écarter des pratiques considérées comme trop communes et la mode vestimentaire offre, bien entendu, dans cet esprit, une possibilité d'ostentation particulièrement exploitable (Bourdieu, 1966, pp. 128-129). Dans une contribution consacrée à la haute couture, le même auteur, associé à Yvette Delsaut, accentue la problématique de classe en décelant dans la dialectique de la distinction et de la prétention « la forme douce, continue et interminable de la lutte des classes » (Bourdieu et Delsaut, 1974, p. 36). A s'en tenir à cette logique de la différence et de la distinction, la mode est surtout initiée par la classe supérieure ou bourgeoise qui donne le ton parce qu'elle est supposée être détentrice du bon goût et disposer des moyens pécuniaires de souscrire régulièrement à ses coûteux décrets. Si la mode est associée à l'idée d'extravagance, d'excentricité, de provocation, d'irrationalité, c'est qu'elle traduit bien une autonomie individuelle qui exprime la liberté à l'égard des conventions sociales par l'originalité de l'apparence.

Mais comment concilier liberté et conformisme social, individualisme et mimétisme social ? En réalité, la mode est une forme essentielle de permissivité sociale qui autorise le sujet à jouer des variations à l'intérieur des contraintes que le milieu impose.

« La grande originalité de la mode, écrit Lipovetsky, est d'avoir allié le conformisme d'ensemble à la liberté dans les petits choix et petites variantes personnels, le mimétisme global à l'individualisme des détails » (1987, p. 51).

Ainsi, la mode peut jouer sur les formes, les coloris, les matières, les accessoires mais la norme impose « la structure impérative du costume ». C'est surtout Edmond Goblot dans son célèbre ouvrage *La barrière et le niveau* (1967 [1925] qui a particulièrement bien mis en relief les marges de permissivité liées à la distinction de la bourgeoisie. Pour celui-ci, la mode est incontestablement une manifestation importante de la liberté par les multiples possibilités que possède tout un chacun de varier à son gré les formes et les couleurs que la mode présente. Mais parce qu'étant mode de classe et, plus précisément, mode de classe bourgeoise, l'invention que le processus encourage peut-elle aller jusqu'à l'excentricité ou l'extravagance la plus débridée à la faveur des surenchères ainsi générées ? L'ethos de classe oblige à ne pas heurter les convenances ni le bon goût. Il faut être original sans être un original. A preuve que la mode, au départ souvent excentrique dans sa nouveauté, n'est pas lancée par la bourgeoisie. Celle-ci l'adopte dès qu'elle n'étonne plus. Toutefois, comme elle est imitée par les classes dites inférieures, elle oblige à donner dans la singularité jusqu'à épuisement des possibilités innovantes, l'excentricité n'étant admise que comme cas limite de la tolérance sociale de classe. Il devient dès lors nécessaire que la mode change et le cycle recommence (Goblot, *op. cit.*, pp. 40-50)[1].

L'importance du rôle de la femme n'a pas échappé aux sociologues intéressés par la mode, comme on l'a déjà évoqué à propos de Veblen. Comment expliquer que, pourvue d'un statut social inférieur à celui de l'homme, elle puisse jouir dans la mode d'une liberté d'action beaucoup plus grande, en sorte que les extravagances permises à celle-ci soient refusées à celui-là ? A ce propos, Sapir reprend, dans les grandes lignes, la thèse de Veblen lorsqu'il écrit que « dans les classes riches et, par imitation, dans les classes pauvres, la femme est devenue une denrée de luxe pour qui l'on *fait des folies* ; elle devient de ce fait le symbole du statut économique et social de son conjoint » (*op. cit.*, p. 170).

Reprenant plus finement l'idée de l'infériorité statutaire de la femme, Simmel estime que c'est précisément dans la faiblesse de sa position sociale que l'on trouve la raison de son leadership dans la mode. Faute, en effet, de pouvoir contester l'autorité maritale dans les domaines de la culture, de la politique et des affaires, la femme trouve dans la mode à la fois une forme d'obéissance sociale bien reçue par ce qu'elle rappelle la soumission au mari. Mais elle est aussi comme une « soupape d'échappement » à la faveur de laquelle il lui est permis de satisfaire son besoin d'affirmer sa personnalité de la façon la plus voyante qui soit. Les femmes trouvent ainsi dans la mode le moyen de compenser librement ce qui leur est refusé par ailleurs (Simmel, 1989 [1911], pp. 184-188). Bourdieu y voyait également un signe important d'émancipation féminine (1966, p. 122).

La mode envisagée du point de vue de la femme n'est pas seulement cet exutoire à ses besoins ou à ses désirs d'affirmation sociale mais elle revêt un aspect plus libérateur encore dans la vie moderne, contribuant à expliquer le traitement inégal sur ce chapitre en défaveur de l'homme : la femme peut s'y autoriser des licences refusées à l'autre sexe.

1. Dans un autre registre, Besnard et Desplanques soulignent « "l'affinité élective" entre le choix d'un prénom et la mode. On y retrouve la dialectique d'un individualisme visant à personnaliser l'enfant en évitant de tomber dans le commun ou le vulgaire d'un prénom trop couru et l'excentricité ou l'extravagance d'un prénom excessivement rare » (1987, p. 10).

En effet, il est incontestable qu'il existe une masculinisation de la mode féminine et, inversement, une féminisation de la mode masculine. En adoptant non seulement les attributs vestimentaires de l'homme (pantalon, cravate, bonnet, casquette, etc.) et ses habitudes tabagiques, la femme manifeste par l'apparence son souci d'être l'égal de l'homme. L'un des prototypes les plus célèbres de cette attitude était incarné au XIXe siècle par Aurore Dupin qui, adoptant un prénom masculin pour devenir George Sand, n'hésitait pas à apparaître en société vêtue d'habits masculins et fumant la pipe. Toutefois, la licence qui permet à la femme d'investir la mode masculine ne l'empêche pas d'élargir sa marge d'autonomie dans la parure qui lui est spécifiquement reconnue, au point de faire accepter en public des tenues négligées ou osées, telle la mode des seins nus, que l'on trouverait très choquantes dans des colloques singuliers ou particuliers.

La féminisation de la mode masculine s'est traduite seulement par l'usage de matières vestimentaires plus soyeuses, par la mise de coloris plus vifs, par le port de cheveux longs, etc. Mais la coutume se montre, à son égard, intransigeante, qui lui interdit de se farder ou de porter la robe et la jupe, celles-ci étant séculairement associées dans le monde occidental à l'éternel féminin. Les rares tentatives de grands couturiers en ce sens, comme celle des pantalons-jupes pour hommes, se sont soldées par un échec : à ce point de vue, « le masculin est condamné à jouer indéfiniment masculin » (Lipovetsky, *op. cit.*, p. 156).

Considérer ainsi la mode, non plus dans la seule logique de classe mais du point de vue des catégories sociales et, au surplus, dans la perspective de l'égalité, n'oblige-t-il pas à repenser la mode dans le contexte plus large de la démocratie ?

LA MODE COMME EXPRESSION DE LA DÉMOCRATIE

Les théories ou, plus simplement, les réflexions que l'on vient d'évoquer ont manifestement pris la patine du temps en liant trop exclusivement la mode à des phénomènes de classes par le recours au vieux thème de l'imitation. On peut facilement comprendre l'importance de la stratégie de classe à une époque où les barrières sociales étaient nettement plus visibles qu'aujourd'hui. Or, à s'en tenir à des explications de ce type, on saisit mal l'émergence de modes concurrentes ou de phénomènes d'anti-modes, ainsi que le caractère incessant et rapide des variations, les à-coups et la surenchère dans les fantaisies ou les extravagances.

La mode actuelle n'est plus l'apanage d'une classe sociale supérieure qui donne le ton et déclenche un processus d'imitation selon lequel une classe inférieure imite celle qui la plafonne et ainsi de suite, selon une dynamique ascendante. La démocratisation des styles de vie favorisée par la conquête d'un pouvoir d'achat plus substantiel et la labilité subséquente des classes ont contribué à engendrer une mode ouverte où la liberté individuelle trouve davantage à s'exprimer en dépassant le jeu continu d'une simple variation au sein d'une uniformité connue et contraignante.

Cette nouvelle façon d'appréhender le phénomène ne signifie pas que la problématique des classes devienne tout à fait hors de propos ; elle apporte encore des éléments d'éclairage sans rendre compte, toutefois, de la complexification actuelle de la mode. Si, par exemple, la logique de classe doit être prise en considération pour rendre compte de la diffusion et l'expansion de la mode, elle révèle ses insuffisances lorsqu'il s'agit d'en dévoiler les ressorts et expliquer la légitimation de la nouveauté pour elle-même. C'est en inventoriant tous ces manques que Lipovetsky propose une vision plus « démocratique » de la mode qui s'éloigne de l'orbite trop déterministe de la logique de classe et de ses conflits pour faire la part plus belle à l'initiative créatrice et individualiste :

« L'imitation de mode obéit désormais à des logiques complexes, elle ne s'ordonne plus "mécaniquement" selon le principe du rattrapage social. Plus généralement, on adopte un article non parce qu'il est en usage au sommet de la pyramide sociale, mais parce qu'il est nouveau, on s'habille mode non plus tant pour se distinguer des couches subalternes ou pour afficher un rang que pour changer, être moderne, plaire, exprimer une individualité. (...). Ce à quoi nous assistons, c'est à la recomposition de l'espace des motivations de mode. La dimension distinctive de classe ne disparaît pas, elle perd de son importance et de son poids au bénéfice des désirs de nouveautés, de séduction et d'individualité. De nos jours, on aime le Nouveau pour lui-même, il n'est plus un alibi de classe, il est une valeur en soi permettant de surcroît d'afficher une individualité esthétique, moderne, changeante » (Lipovetsky, 1987, pp. 178-179).

Ainsi renouvelée, l'analyse de la mode met en évidence l'attrait d'une valeur forte de la société moderne, la nouveauté, qui devient le moteur du processus de la mode. « Tout nouveau, tout beau » dit la devise et Sombart dans l'étude qu'il proposait du « bourgeois » notait déjà, dans le premier quart du XXe siècle, à propos de la mode que « la nouveauté attire l'homme moderne uniquement en tant que nouveauté » (1926 [1920], p. 212)[2]. Toujours dans cet ordre d'idées, la mode n'est plus un processus seulement disséquable selon la logique de classe ni selon la catégorie du sexe. En effet, c'est davantage du côté des jeunes que du côté strictement féminin que la mode trouve un nouveau ferment mieux apte à la dynamiser.

2. Le même Sombart consacrait à la mode tout un livre intitulé *Wirtschaft und Mode* publié chez Bergman à Wiesbaden en 1907. Malgré nos recherches, nous n'avons pu mettre la main sur cet ouvrage.

La petite révolution du prêt-à-porter concilie la mode et l'industrie en rendant accessible à tous des vêtements produits en série mais néanmoins à la mode, mettant, si l'on peut dire « la nouveauté, le style et l'esthétique dans la rue ». Après une phase d'imitation prudente, des innovations lancées par la Haute Couture, le prêt-à-porter se tourne davantage vers la nouveauté de l'audace que vers la perfection « classe », parce que jugée mieux seyante à une jeunesse en quête d'auto-affirmation dans une société dépersonnalisante (Lipovetsky, *op. cit.*, pp. 128-129).

Cette première petite révolution en accouche d'une autre qui exalte ou exacerbe ce même souci de s'affirmer en s'affranchissant de modes réputées bourgeoises, pour exhiber un maximum d'extravagance : ainsi des modes hippie, punk, new-wave, rasto, skinhead, etc. Bien que parfois qualifiés d'anti-modes parce qu'on y voit une contestation sinon une hostilité aux canons de la mode bien reçue et bien portée, ces prurits de parures vestimentaires et autres, loin de nier le principe même de la mode, en complexifie l'architecture générale (Lipovetsky, *op. cit.*, p. 149). Ces modes excessives – où le laid, le répulsif le disputent au bizarre ou à l'inattendu – n'ont pas seulement valeur de symboles signifiant le refus des décrets de la mode dominante. Elles expriment très ouvertement la contestation d'un ordre social qui n'accorde pas aux jeunes et plus généralement à l'individu réduit à l'état d'être anonyme toute la considération qu'ils seraient en droit d'attendre. L'analyse de Lipovetsky rejoint celle de Simmel lorsque celui-ci, en dehors de toute problématique de classes cette fois, décèle dans les bizarreries affichées de comportement une réponse à la vie urbaine déshumanisante (*cf. supra*, p. 52).

Ce discours sur la mode n'identifie donc plus la liberté aux seules possibilités de variation plus ou moins sensibles admises au sein d'une conformité contraignante ou rigide, mais à la libre disposition de jouer de la singularité et de bousculer les frontières de plus en plus floues des convenances et des goûts du moment perpétuellement remis en question. La liberté de la mode ne rejoint pas seulement celle du jeu, mais s'ouvre également sur les horizons plus vastes de la liberté inclue dans l'idéal de la démocratie :

« Originalité et ambiguïté de la mode : discriminant social et marque manifeste de supériorité sociale, la mode n'en est pas moins un agent particulier de la révolution démocratique. D'un côté, elle a brouillé les distinctions établies et permis le rapprochement et la confusion des qualités. Mais de l'autre, elle a reconduit, fût-ce d'une autre manière, l'immémoriale logique de l'exhibition ostentatoire des signes du pouvoir, l'éclat des symboles de la domination et de l'altérité sociale. Paradoxe de la mode : la démonstration affichée des emblèmes de la hiérarchie a participé au mouvement d'égalisation du paraître" (Lipovetsky, *op. cit.*, p. 47).

Et, dans l'histoire, on peut soutenir que l'autonomie individuelle dans les usages de la mode a sans doute précédé l'individualisme démocratique de la société moderne en sorte que « la liberté en acte, même circonscrite, a devancé les déclarations de principe des droits de l'homme » (*id.*, p. 54). Ce discours apparemment nouveau sur la mode rappelle et rejoint celui d'un des pères fondateurs de la sociologie, Spencer, qui risquait, à ce propos, à la fin du siècle dernier, une analogie selon laquelle « la mode est dans le régime social l'analogue du gouvernement constitutionnel dans le régime politique » (1908 [1874], pp. 288-289). Les inévitables compromis entre les contraintes de l'ordre établi et la liberté des initiatives innovantes qui caractérisent les deux ordres de réalités sont essentiellement variables et leurs remises en question vont toujours dans le sens d'un accroissement de la liberté (*ibid.*).

« La mode a toujours tendu, conclut Spencer, à produire de l'égalité. Servant à rejeter dans l'ombre, et à la fin, à effacer les marques de distinction de classes, elle a favorisé le développement de l'individualité… » (*ibid.*).

Voilà qui tranchait avec le discours d'un de ses célèbres contemporains, Tarde qui ne voyait dans la mode qu'une illusion de liberté dans la mesure où le libre choix dans les pratiques de la mode ne répondait, en dernière analyse, qu'à des besoins inscrits dans la logique de la conformité coutumière.

Pour conclure

En commençant cet ouvrage, nous avons affirmé que la sociologie ne pouvait ignorer le thème de la liberté en raison même de sa définition ou de son objet, puisqu'elle n'a d'autres buts fondamentaux que d'expliquer les actions humaines, individuelles ou collectives au demeurant, par référence aux contextes sociaux dans lesquels elles s'inscrivent. Le conditionnement ou la contrainte sociale postulent nécessairement la liberté. Des sociologues l'ont bien compris, qui se sont de plus en plus enhardis à en parler, s'affranchissant ainsi d'une conception territoriale ou domaniale de leur discipline. Le thème de la liberté et ses problématiques n'appartiennent en propre à aucune science ; elles intéressent, certes, la philosophie, mais aussi la morale, la théologie, le droit, l'histoire, la psychologie, la biologie, la sémantique. A chacune de ses disciplines, il revient d'en traiter selon son point de vue et d'y imprimer la marque de son originalité.

Trop longtemps contenu et souvent subordonné à la philosophie, le discours sociologique sur la liberté s'est aussi bien manifesté dans la thématique déterministe que dans les approches plus volontaristes ou actionnistes, traversant ainsi, comme on l'a évoqué, toute l'histoire de la discipline. Née incontestablement dans le giron de la philosophie, si l'on excepte le courant organiciste ou biologiste qui en fait peu de cas ou nie sa réalité purement et simplement, la réflexion sur la liberté a pris consistance dans le cadre d'une dialectique à la faveur de laquelle des sociologues se sont efforcés de mettre à l'épreuve des faits sociaux les idées et les conceptualisations trop générales de la philosophie. Il en est donc résulté des essais intéressants de traduction débouchant sur les perspective originales qui légitiment ainsi un discours sociologique sur le sujet.

□

La liberté est la condition essentielle de l'homme, disait Sartre ; il est, dès lors, impossible de l'en priver sans effacer son humanité. Même emprisonné, poursuivait-il, l'homme est libre car il peut toujours nourrir dans son esprit un projet d'évasion. Et Gurvitch ne disait-il pas que la sociologie est la science de la liberté ? A l'antipode de ces prétentions, Schopenhauer affirmait bien auparavant que la liberté n'existait pas sinon en tant qu'illusion. Ces propos déjà évoqués et explicités dans notre texte sont relayés par le discours plus actuel du biologiste Henri Laborit qui, dans son *Eloge de la fuite*, n'arrête pas de parler de la « sensation fallacieuse de la liberté » et de justifier ainsi cette assertion :

« Comment être libre quand une grille explicative implacable nous interdit de concevoir le monde d'une façon différente de celle imposée par les automatismes socio-culturels qu'elle commande ? Quand le prétendu choix de l'un ou de l'autre résulte de nos pulsions instinctives, de notre recherche du plaisir par la dominance et de nos automatismes socio-culturels déterminés par notre niche environnementale ? Comment être libre aussi quand on sait que ce que nous possédons dans notre système nerveux, ce ne sont que nos relations intériorisées avec les autres ? » (1976, pp. 73-74).

Tantôt sublimée, tantôt niée, la liberté, sociologiquement parlant, ne mérite, à notre sens « ni cet excès d'honneur, ni cette indignité ».

Le credo scientiste soutient que la liberté de l'homme, le gré de sa volonté et le hasard de son action ne sont que la mesure de notre ignorance d'où l'impérieux devoir d'évacuer cette notion du champ scientifique. En effet, le progrès de la science aura tôt fait de démonter les mécanismes majeurs des comportements sociaux et de démontrer ainsi que tout ce qui arrive doit nécessairement se produire. Si tant est que la liberté ne soit pas un concept scientifique, cette proposition ne l'est guère non plus : elle est un pari sur l'avenir.

Très déterministe à ses débuts, dans son enracinement organiciste, la sociologie a, au cours de son évolution, assoupli considérablement ce modèle de pensée à l'expérience des faits, à la faveur du développement de la recherche empirique et de l'affinement de ses méthodes que ces investigations ont encouragés. Elle a renoncé en tout cas à l'utopie d'une biologie ou d'une physique sociale et à celle des lois susceptibles de tout expliquer. D'un déterminisme dur ou radical qui niait la liberté en l'attribuant à l'ignorance provisoire de ces lois, on en est arrivé à un déterminisme moins rigide qui en admet, au contraire, le postulat, à la condition de l'envisager dans un rapport de subordination à la contrainte :

d'où se dégage l'idée durkheimienne d'une contrainte librement consentie en vertu d'un pacte social, idée héritée d'une philosophie consensualiste. Sans faire fi ni du rôle ni de l'importance des contraintes sociales, une perspective plus volontariste ouvre à la discipline de nouveaux horizons, insistant sur le jeu de l'individu en regard des obstacles et sur l'étendue du registre des possibilités que celui-ci est en mesure d'exploiter, même placé dans les conditions les plus restrictives ou défavorables, révélant ainsi un pouvoir du faible.

□

L'on s'accorde généralement à dire que la liberté n'est pas un concept scientifique en raison d'une signification trop générale ou trop absolue qui l'empêche d'être utilisable dans la procédure théorique de mise à l'épreuve des faits. Or, la sociologie n'a jamais pu faire l'économie de cette notion, comme on l'a maintes fois montré dans le cours de son histoire et dans celui de ses investigations les plus empiriques, que celles-ci concernent le travail, le loisir, l'art ou la mode. Il faut bien en conclure que ce concept entre dans le champ scientifique – quitte à discuter de son statut épistémologique – en se basant au moins sur l'évidence d'une impossibilité actuelle, compte tenu de l'état d'avancement des connaissances, de prouver que l'homme est entièrement programmé, de par la structure naturelle de son système nerveux et par les conditionnements sociaux générés par ses environnements culturels[1]. Sur cette base, il est possible et même aisé d'articuler un discours logique prenant appui sur la réalité sociale et se nourrissant des observations de l'ordinaire de la vie humaine, faite d'enjeux, de marchandages, de négociations, de pactes, d'accords, de conventions. Conçue non seulement comme un art du possible, à travers les mille et une façons d'exploiter les zones d'incertitude ou les blancs organisationnels et institutionnels, mais encore comme moyen d'exploiter à son profit les contraintes ainsi considérées à des fins instrumentales, la liberté donne consistance à des représentations collectives de sa réalité conceptuelle ou idéelle et donc à des faits sociaux.

Il en résulte trois conséquences importantes.

En premier lieu, il importe peu, dans les perspectives qu'on vient d'évoquer, que la liberté soit décrétée illusoire par des philosophes ou des biologistes : elle est

1. En opposition avec l'assertion de Laborit citée précédemment, un autre biologiste – et prix Nobel de médecine – Gerald Edelman dans on ouvrage intitulé *Biologie de la conscience* (1992 [1977]), estime que la biologie et les neuro-sciences en général n'ont pas à exclure le principe du libre arbitre. Tout en reconnaissant l'influence de l'inconscient sur le comportement, les minuscules modifications biochimiques susceptibles d'agir sur le développement de l'individu et autres valeurs dérivées de l'évolution, « nous avons au moins, conclut-il, la liberté que nous autorise notre grammaire » (*op. cit.*, p. 263).

et ne peut être, sociologiquement s'entend, que réalité. Elle est faite, en effet, à travers ses multiples formes sociales, de croyances collectives, ouverte, par conséquent, à la recherche empirique. Rêve ou réalité, illusion ou vérité sont ici les termes d'un faux débat. Toute croyance collective est non seulement en elle-même, un fait social mais elle engendre de plus, en quelque sorte, sa propre réalisation. Il s'ensuit, dans la réalité concrète de l'action, que les individus réagissent aux conditions objectives d'une situation, sans doute, mais aussi et peut-être davantage à la signification dont ils l'investissent (Merton, 1965 [1953], p. 141). On ne peut ainsi nier, comme on l'a vu, les effets réels du tourisme vacancier, même si son vécu s'origine dans une utopie ou un semblant de liberté.

En second lieu, l'analyse sociologique de la liberté met bien en relief, en définitive, le caractère très relatif sinon fallacieux de la dichotomie qui oppose celle-ci à la contrainte sociale. En effet, cette dernière peut être non seulement un moyen de l'action mais aussi une source de liberté dans la mesure où elle est doublement habilitante : d'abord pour celui qui dispose de l'autorité, comme le souligne Giddens ; ensuite également, ajouterons-nous, pour celui qui se la voit imposer parce qu'il a la faculté de l'invoquer contre l'arbitraire éventuel d'une hiérarchie susceptible d'être prise à son propre jeu, à travers les règles qu'elle a édictées et qu'elle est tenue aussi de respecter. Au surplus, dans le même ordre d'idées, on associe souvent la contrainte sociale à la règle. Or si l'on admet que la liberté s'exerce davantage là où le nombre d'interdits est plus limité, il n'en résulte pas, pour la cause, que le nombre de règles y soit moins important. On peut même avancer que la multiplicité des règles répondant aux besoins des individus accroît, le cas échéant, la liberté en protégeant contre l'arbitraire du vide organisationnel ou institutionnel : « la nature sociale elle aussi, écrit à ce propos Reynaud, a horreur du vide »(1989, p. 195).

Enfin, ni la contrainte ni les règles qui la concrétisent ne sont naturelles et, par conséquent, immuables. Si l'analyse sociologique dégage des régularités sociales ou des lois probabilistes, il ne s'agit nullement en l'occurrence de lois naturelles entendues comme des contraintes extérieures et donc indépendantes de la volonté des hommes. Même les visions très déterministes de la société ne conduisent pas à considérer celle-ci et ses institutions de manière anthropomorphique, c'est-à-dire en tant que réalités organiquement distinctes des individus qui les constituent. Même une sociologie, aussi accueillante aux postulats du déterminisme que celle de Durkheim, n'admettait pas le principe d'une réification ou d'une « hypostase », comme disent les philosophes, du social, entendu ainsi qu'une abstraction équivalente à une réalité substantielle. Dès lors, si l'action humaine est déterminée ou « structurée » par la régulation sociale, elle est « structurante » parce que les règles représentent également des enjeux sociaux, sujets par conséquent à d'incessantes remises en question.

□

Si l'opposition radicale entre la liberté et la contrainte perd ainsi de sa pertinence, qu'en est-il alors des deux paradigmes fondamentaux qui paraissent la refléter ?

Au seuil de notre réflexion, nous avons tenté de montrer combien l'opposition entre ces deux paradigmes était fragile, en raison notamment de la difficulté d'y loger des grands noms de la discipline et qui pourraient aussi bien illustrer un courant que l'autre : ainsi de Tarde qui, s'installant dans le déterminisme de l'imitation ne renie pas, bien au contraire, l'individualisme du génie inventif de l'homme et « l'originalité tumultueuse des actions sociales mal comptées par les jougs que les uniformisations imposent » (1991 [1882], p. 78) ; ainsi de Tönnies qui fait émerger la volonté libératrice de l'individu d'un contexte social biologiquement et organiquement marqué. On pourrait y ajouter l'actionnalisme de Touraine selon lequel les actions des mouvements sociaux sont elles-mêmes créatrices de valeurs et, par conséquent, de principes normatifs qui les orientent ou les déterminent, avec pour corollaire, le principe selon lequel les hommes font ainsi leur propre histoire.

La tendance actuelle n'est-elle pas, d'ailleurs, à la conciliation des deux grands paradigmes en cause ? On a vu, par exemple, dans la sociologie de l'art, que l'analyse stratégique développée par Becker, Bourdieu et Moulin pouvait bien s'accommoder d'une vision structuraliste d'un marché des biens culturels qui fait sentir aux artistes tout le poids de ses règles du jeu et de ses traditions. On a vu également, à propos de la théorie de l'action sociale que le paradigme constructiviste s'efforce de concilier les deux points de vue, lorsque Giddens démontre que l'action sociale est à la fois structurée et structurante : une façon de dire que celle-ci est à la fois normée et créatrice de normes. C'est aussi dans cette voie, semble-t-il, que Boudon s'engage en rabotant les différences qui justifient l'opposition, décelant par exemple chez Durkheim tous les éléments propres à faire figurer sa problématique dans une sociologie actionniste.

On pourrait même soutenir, dès lors, à la limite, que toute sociologie est nécessairement déterministe dans la mesure où elle affirme pleinement son originalité en allant chercher dans la socialité la raison de l'action humaine, individuelle ou collective, ou en considérant le facteur social comme prépondérant dans l'explication, ce qui ne la dispense nullement de profiter, au passage, des acquis de la psychologie, de l'économie ou de l'histoire. A considérer, par exemple, la typologie classique de l'action telle que la formule Weber, il ne serait pas difficile de la retourner dans le sens des déterminations qui influencent ou orientent l'acteur social, selon le poids de la tradition, celui des valeurs ou celui des finalités, soit autant de facteurs qui participent, bien entendu, de la régulation sociale. Admettre cette prise de position ne signifie pas que le déterminisme soit exclusif de toute croyance et de toute analyse fondée sur le postulat de la liberté. Elle ne signifie pas, non plus, que le but de la sociologie se réduise à la quête systématique de théories très largement couvrantes, de régularités sociales ou de lois, a fortiori lorsque celles-ci sont identifiées à celles de la nature ou à celles des sciences physico-chimiques. Le but de la sociologie, comme celui de toute discipline scientifique est d'expliquer une réalité selon une logique de la preuve et celle-ci, bien entendu, peut-être spécifique à la discipline elle-même et à l'objet de la recherche qu'elle a adopté. Dans cet ordre d'idées, le sociologue ne doit pas nécessairement renoncer à établir des relations générales, tout en gardant à l'esprit que la sociologie n'a pas le monopole de l'étude des comportements humains et que, par conséquent, son explication « causale » ou « normative » est nécessairement partielle. Dans ce cadre, la connaissance de lois, des normes, des régularités sociales, comme le rappelait judicieusement Weber dans ses *Essais sur la théorie de la science*, « seraient manifestement d'un grand avantage comme *moyens* heuristiques, mais uniquement comme tels ; à cet effet, ils sont même tout simplement indispensables »(1965 [1904], p. 159). Le déterminisme sociologique et même celui des sciences humaines en général ont beaucoup souffert des excès qui ont jalonné leur histoire et essuyé, ainsi, un certain discrédit. Qu'il suffise de rappeler les prétentions des sociologues organicistes qui, glissant de la métaphore ou de l'analogie discursive vers un anthropomorphisme qui dépouille les individus de leur attitude volontariste pour en parer un ordre social ainsi incarné. Une autre caricature discréditante est bien connue en géographie humaine, comme le rapportent les Pinchemel lorsqu'on y rapproche les climats tempérés de la densité des téléphones ou lorsqu'on n'hésite pas à dire que la granit « produit » le curé et le calcaire l'instituteur pour opposer la Gâtine vendéenne, conservatrice, et la plaine du Poitou, radicale (1988, p. 25).

Dès lors, un déterminisme qui n'aurait rien à voir avec ces conceptions sur-déterminantes ou sur-socialisatrices ne serait guère incompatible avec l'idée de liberté ni à son intelligence dans la réalité sociale à travers les croyances collectives des individus et la diversité des conduites sociales que celles-ci induisent : notamment par la latitude dans l'interprétation des rôles socialement permise, comme on l'a vu dans le chapitre consacré à cette question. Ecartant le sociologisme des sur-déterminations sociales, il nous resterait un déterminisme bien tempéré à l'intérieur duquel, d'une part, les uns mettent l'accent sur les mécanismes sociaux fondamentaux, autrement dit sur les systèmes, les institutions, les organisations d'où vient la dénomination parfois retenue de *holisme* pour qualifier cette tendance ; et, d'autre part, les autres se préoccupent davantage des actions face à ces mécanismes en tant qu'elles agissent, pactisent, négocient avec ces contraintes et concourent ainsi à les modifier au besoin : telles, par exemple, les actions réciproques qui dynamisent les diverses formes de sociabilité chez Simmel. D'un côté, on est agi, si l'on peut dire ; et de l'autre, on agit. On en revient toujours, par conséquent, à cet éternel balancement inclinant tantôt vers la société, tantôt vers l'homme. Loin de s'opposer véritablement, ces deux modes d'approche, qui nous disent respectivement que la société fait l'homme et que l'homme fait la société, se complètent et se combinent même au besoin. Et puisqu'aucun paradigme ne peut revendiquer le monopole de l'explication, on ajoutera que chacun, à travers les sous-paradigmes qu'il génère – fonctionnalisme, structuralisme, individualisme méthodologique, etc. – n'a pas les mêmes vertus heuristiques selon les sujets considérés. Quelle que soit l'étiquette dont on couvre les deux grands paradigmes, il est donc utile de les garder sans leur donner une valeur absolue.

□

L'analyse sociologique dégage de l'observation de la réalité sociale, à travers la diversité de ses paradigmes, des modèles théoriques de possibilités d'action, indiquant par là, non seulement les limites de la contrainte mais aussi les opportunité de s'en servir. Elle révèle aussi d'autres faces de la liberté. Ainsi, parlant du métier de sociologue, Crozier écrit notamment :

« Nous aidons des groupes humains à être plus conscients de ce qu'ils font ; ce faisant, nous aidons à leur libération. Plus nous leur montrons à quel point ils sont déterminés par un ensemble de facteurs, plus nous leur permettrons d'être libres par rapport à ces facteurs. Nous faisons ainsi une oeuvre de libération »(1971, p. 45).

En réveillant en quelque sorte la conscience des individus à l'idée que des faits de nature qu'on impose comme des évidences pour éviter leur remise en question, tels les systèmes inégalitaires basés sur la race ou le sexe, alors qu'il s'agit de constructions sociales ou d'une culture habillée en nature ; en montrant que le discours idéologique à prétention universelle ou générale masque, en réalité, la quête d'intérêts tout à fait particuliers ; bref, en ayant pour effet de démystifier un certain nombre de valeurs parfois séculairement acquises, par toutes ces raisons, la sociologie est libératrice.

Toutefois cette libération n'est pas sans danger, comme le rappelle Peter Berger qui voit, quant à lui, dans le concept de liberté, un sujet de réflexion oscillant entre une sociologie scientifique et son prolongement humaniste, soit une manifestation moderne et utile de l'esprit critique. La sociologie est dangereuse parce qu'elle dérange et elle dérange parce qu'elle met en cause et remet incidemment en question des projets de société. En démontrant le caractère social ou *construit* des évidences, elle risque, en effet, d'ébranler le fondement d'institutions spécifiques et des intérêts particuliers légitimés par ces croyances collectives stéréotypées. Dès lors, la mise en question de modèles de pensée indiscutables peut se muer rapidement en une menace contre les institutions et leurs membres qui ont parié sur la continuité institutionnelle (Berger, 1977, pp. 12-13). Tout ceci peut expliquer à la fois le succès de la sociologie et les dénigrements qui la fustigent, le caractère scientifique que des autorités responsables de tout bord lui accordent ou lui dénient au gré de leurs intérêts.

Les conséquences démystificatrices de l'analyse sociologique peuvent ainsi réveiller douloureusement des consciences endormies dans le confort des certitudes officielles. Mais à la narcose de l'inconscience ou de l'ignorance, ne convient-il pas de préférer tantôt ces compléments tantôt ces suppléments de connaissance et ces nouvelles significations que la recherche apporte pour mieux servir l'homme, en accroissant ainsi ses possibilités d'actions et de transformations sociales ?

Introduction à la bibliographie

« L'usage pédant des bibliographies complètes, écrivait Pareto, est devenu maintenant à la mode. Qui traite un sujet *doit* citer *tous* les auteurs en la matière, quelle que soit la valeur de leurs écrits D'habitude, il les cite, mais ne les lit pas, et les étudie encore moins, ne serait-ce que par manque de temps pour cette entreprise ; mais il en transcrit les titres dans un bel index, et plus il en met, plus il est admiré des pédants et des gens naïfs » (1968 [1916], pp. 285-286).

Au vu de la bibliographie qui suit, le lecteur avalisant ce point de vue aura ainsi le sentiment d'y voir un étalage d'érudition facile ou gratuite, quoique l'on puisse comprendre qu'un sujet comme celui de la liberté exige un certain luxe de références. Mais Pareto n'avait pas lu Pascal ou plus exactement l'un des propos qui lui sont attribués et ainsi libellé :

« On me demande si j'ai lu moi-même tous les livres que je cite. – Je réponds que non : certainement, il aurait fallu que j'eusse passé ma vie à lire de très mauvais livres ; mais j'ai lu deux fois Escobar tout entier ; et, pour les autres, je les ai fait lire par mes amis ; mais je n'en ai pas employé un seul passage sans l'avoir lu moi-même dans le livre cité, et sans avoir examiné la matière sur laquelle il est avancé, et sans avoir lu ce qui précède et ce qui suit, pour ne point hasarder de citer une objection pour une réponse, ce qui aurait été reprochable et injuste » (1963 [1670], p. 640).

C'est dans cette logique de lecture que nous nous reconnaissons. Il est clair, par conséquent, que tous les ouvrages cités n'ont pas fait l'objet d'une égale attention, d'autant que certains d'entre eux situaient leur propos à la lisière du nôtre et n'ont été mentionnés, pour cette raison, que pour mémoire. Par contre, on ne trouvera pas dans la bibliographie quelques rares ouvrages pourtant mentionnés dans le cours du texte et réputés introuvables à l'heure actuelle : ainsi en est-il de quelques titres ayant pour auteurs Glumpowicz (que nous citons à travers Durkheim et Leclercq), Schäffle, Oppenheimer, Nystrom et un des deux ouvrages de Sombart, celui qui est spécifiquement consacré à la mode.

□

Comme nous l'avons rappelé au début du livre, les dates insérées entre crochets renvoient à la première édition originale. L'usage s'est, en effet, répandu de mentionner, le cas échéant, entre crochets, la date de la première édition du livre cité. Il était curieux, en effet, de voir citer une date d'édition très récente pour un auteur très ancien. Au surplus, la mention de la date de la première édition, lorsqu'elle est fort éloignée de la date de la dernière parution, peut fournir au lecteur un point de repère intéressant pour l'aider à mieux saisir le sens des propos tenus. C'est pour ces raisons que nous avons systématiquement souscrit à cet usage. C'est aussi dans cet esprit que, lorsqu'une édition reprend un ensemble de contributions d'un auteur publiées à des époques différentes, nous avons préféré citer la date afférente à la publication inédite de chacune de ces contributions : ainsi, par exemple, des *Textes* de Durkheim, des essais de Simmel ou de ceux d'Elias.

Par ailleurs, la double mention des dates respectives d'édition, soit l'originale et la dernière, permettra de mieux identifier les ouvrages d'un auteur publiés à la même date dans leur dernière édition.

□

Bon nombre d'ouvrages de psychologie et surtout de philosophie, de philosophie morale ou religieuse pourtant consacrés essentiellement ou principalement au problème de la liberté n'ont pas trouvé place dans nos références : nous songeons particulièrement aux travaux de Nabert, à ceux d'Ellul respectivement pour la philosophie morale et la philosophie religieuse, aux ouvrages plus spécifiquement philosophiques de Nietzsche, à ceux de Fromm pour la psychologie, etc. Sans nier pour autant l'influence respective de ces penseurs sur la réflexion sociologique, nous avons pris le parti de ne retenir, à cet égard, que des exemples d'auteur particulièrement significatifs pour éviter d'encombrer inutilement notre propos ou de trop déborder de notre sujet.

Bibliographie

ADORNO Theodor W.

1994 *Introduction à la sociologie de la musique.* Trad. de l'allemand par V. Barras et C. Russi. Genève-Mésigny [1962], 237 pp.

1974 *Théorie esthétique.* Trad. de l'allemand par M. Jimenez (d'après la 2e éd.). Paris, Klincksieck, [1970], 347 pp.

1971 « Sociologie de la musique ». Trad. de l'allemand par S. Deutschbein et D. Jameux. *Musique en jeu*, n° 3, [1966], pp. 21-28.

1962 *Philosophie de la nouvelle musique.* Trad. de l'allemand par H. Hildenbrand et A. Lindenberg. Paris, Gallimard, [1949], 222 pp., coll. « Bibliothèque des idées ».

AMIROU Rachid

1995 *Imaginaire touristique et sociabilités du voyage.* Paris, Presses Universitaires de France, 281 pp., coll. « Le Sociologue ».

ARENDT Hannah

1992 *Condition de l'homme moderne.* Préface de P. Ricoeur. Trad. de l'anglais par G. Fradier. 3e éd. Paris, Calmann-Lévy, [1958], XXXII-406 pp.

ARON Raymond

1967 *Les étapes de la pensée sociologique. Montesquieu. Comte. Marx. Tocqueville. Durkheim. Pareto. Weber.* Paris, Gallimard, 659 pp., coll. « Bibliothèque des Sciences humaines ».

1965 *Essai sur les libertés.* Paris, Calmann-Lévy, 235 pp., coll. « Liberté de l'esprit ».

1950 *La sociologie allemande contemporaine.* 2e éd. Paris, Presses Universitaires de France, [1936], 176 pp., coll. « Nouvelle encyclopédie philosophique ».

AUBERT Nicole

1994 « Relations de pouvoir et leadership » *in* M. De Coster et F. Pichault (sous la direction de) : *Traité de sociologie du travail* (*cf.* cette référence), pp. 421-452.

BAECHLER Jean

1975 *Les suicides.* Paris, Calmann-Lévy, 650 pp.

BAKHTINE Mikhael

1970 *L'oeuvre de François Rabelais et la culture populaire au Moyen Age et sous la Renaissance.* Trad. du russe par A. Robel. Paris, Gallimard, 471 pp.

BALLE Francis

1990 *Médias et sociétés.* 2e éd. Paris, Montechrestien, [1980], 689 pp.

BARTHES Roland

1967 *Système de la mode.* Paris, Seuil, 331 pp., coll. « Points ».

BECKER Howard S.

1988 *Les mondes de l'art.* Préface de P.-M. Menger. Trad. de l'anglais par J. Bouniort. Paris, Flammarion, [1982], XIX-380 pp., coll. « Art, Histoire, Société ».

BELBENOIT Béatrice et ZYLBERBERG André

1977 « Projets autogestionnaires, organisation des entreprises et équilibre économique » *in Varii Auctores : L'organisation du travail et ses formes nouvelles.* Paris, La Documentation Française, 292 pp., pp. 195-217.

BELL Quentin

1992 *Mode et société. Essai sur la sociologie du vêtement.* Trad. de l'anglais par I. Bour. Paris, Presses Universitaires de France, [1945], 262 pp., coll. « Sociologies ».

BENJAMIN Walter

1971 « L'oeuvre d'art à l'ère de sa reproductibilité technique ». 2 t. Trad. de l'allemand et préfacé par M. de Gandillac, *in Oeuvres.* Paris, Denoël, 2 t., coll. « Dossiers des Lettres nouvelles », t. 2 « Poésie et révolutions », 288 pp. [1936], pp. 171-210.

BERGER Peter L.

1977 *Comprendre la sociologie. Son rôle dans la société moderne.* Trad. de l'américain par J. Feisthauer. 2e éd. Paris, Resma, [1963], 263 pp., coll. « Connaissance du présent ».

1971 « Sociology and freedom ». *The American Sociologist*, vol. 6 (February), pp. 1-5.

BERGER Peter L. et LUCKMANN Thomas

1986 *La construction sociale de la réalité.* Trad. de l'américain par P. Taminiaux. Paris, Méridiens-Klincksieck, [1966], 288 pp., coll. « Sociétés ».

BERLIN Isaiah

1990 *Eloge de la liberté.* Trad. de l'anglais par J. Carnaud et J. Lakana. Paris, Calmann-Lévy, [1969], 282 pp.

BERNARD Claude

1934 *Introduction à la médecine expérimentale.* Intr. par M. Dorolle. Paris, Delagrave, 1ère partie, XLVIII-158 pp.

BERNOUX Philippe

1981 *Un travail à soi.* Toulouse, Privat, 252 pp., coll. « Réflexion faite ».

1979 « La résistance ouvrière à la rationalisation : la réappropriation du travail ». *Sociologie du Travail*, n° 1 (janvier-mars), pp. 76-90.

BERNOUX Philippe et RUFFIER Jean

1974 « Les groupes semi-autonomes de production ». *Sociologie du Travail*, n° 4 (octobre-décembre), pp. 383-401.

BESNARD Philippe et DESPLANQUES Guy

1987 *Un prénom pour toujours. La cote des prénoms hier, aujourd'hui et demain.* Paris, France Loisirs, 327 pp.

BOUDON Raymond

1995 *Le juste et le vrai. Etudes sur l'objectivité des valeurs et de la connaissance.* Paris, Fayard, 575 pp.

1992 « Action » *in* R. Boudon (sous la direction de) : *Traité de sociologie* (*cf.* cette référence), pp. 21-53.

1987 « Idéologie et communciation : le cas du « développementalisme » *in* F. Balle *et al.* : *Le pouvoir des médias.* Paris, Presses Universitaires de France, pp. 69-88.

1979 *La logique du social. Introduction à l'analyse sociologique.* Paris, Hachette, 275 pp., coll. « L'esprit critique ».

BOUDON Raymond (sous la direction de)

1992 *Traité de sociologie.* Paris, Presses Universitaires de France, 575 pp.

BOUDON Raymond et BOURRICAUD François

1990 *Dictionnaire critique de la sociologie.* 3e éd., Paris, Presses universitaires de France [1982], 714 pp.

BOURDET Yvon

1974 *Pour l'autogestion.* Paris, Anthropos, 226 pp.

BOURDIEU Pierre

1994 *Raisons pratiques. Sur la théorie de l'action.* Paris, Seuil, 252 pp.

1992 *Les règles de l'art. Genèse et structure du champ littéraire.* Paris, Seuil, 481 pp., coll. « Libre examen ».

1979 *La distinction. Critique sociale du jugement.* Paris, Minuit, 670 p., coll. « Le sens commun ».

1966 « Champ intellectuel et projet créateur ». *Les Temps Modernes*, n° 246 (nov.), pp. 865-906.

1966 « Différences et distinctions » *in* Darras : *Le partage des bénéfices. Expansion et inégalités en France.* Paris, Minuit, 444 pp., pp. 117-129.

BOURDIEU Pierre (sous la direction de)

1970 *Un art moyen. Essai sur les usages sociaux de la phtographie.* 2e éd. Paris, Minuit, [1965], 360 pp., coll. « Le sens commun ».

BOURDIEU Pierre et DELSAUT Yvette

1975 « Le couturier et sa griffe : contribution à une théorie de la magie ». *Actes de la Recherche en Sciences sociales*, n° 1, pp. 7-36.

BOURRICAUD François

1975 « Contre le sociologisme : une critique et des propositions ». *Revue française de Sociologie*, vol. XVI, (supplément), pp. 583-603.

BRETON Philippe et PROULX Serge

1989 *L'explosion de la communication. La naissance d'une nouvelle idéologie.* Paris, La Découverte ; Montréal, Bréal ; 281 pp., coll. « Sciences et société ».

BUCKLEY Walter

1967 *Sociology and modern systems theory.* Englewood Cliffs (N.-J.), Prentice Hall, 356 pp.

BUSINO Giovanni

1993 *Critiques du savoir sociologique.* Paris, Presses Universitaires de France, 237 pp., coll. « Sociologies ».

1986 *La permanence du passé. Questions d'histoire de la sociologie et d'épistémologie sociologique.* Genève, Droz, 348 pp., coll. « Pratiques sociales et théories ».

CAILLOIS Roger

1967 *Les jeux et les hommes. Le masque et le vertige.* 2e éd. Paris, Gallimard, 378 pp., coll. « Idées ».

CASTEL Robert

1995 *Les métamorphoses de la question sociale. Une chronique du salariat.* Paris, Fayard, 491 pp. coll. « L'espace du politique ».

CERTEAU Michel de

1980 *L'invention du quotidien.* 2 t., t. 1 : *Arts de faire.* Paris, Union Générale d'Edition, 375 pp., coll. « 10-18 ».

CHADEAU Ann et FOUQUET Annie

1981 « Peut-on mesurer le travail domestique ? ». *Economie et Statistiques*, n° 136, pp. 29-42.

CHAMOUX Marie-Noëlle

1992 « Sociétés avec et sans concept de travail : remarques anthropologiques ». Actes du Colloque de Lyon : *Travail, recherche et prospective.* Paris, CNRS, *pagin. partic.*, pp. 21-40.

CHAZEL François

1992 « Pouvoir » *in* R. Boudon (sous la direction de) : *Traité de sociologie* (*cf.* cette référence), pp. 195-226.

1974 « Pouvoir, cause et force ». *Revue française de Sociologie*, vol. XV, n° 4 (oct.-déc.), pp. 441-457.

CLAWSON Marion

1960 « How much leisure now and in the future ? » *in Leisure in American blessing or curse ?* Philadelphie, Ed. Leisure in American Charlesnorth, pp. 1-20.

COMTE Auguste

1970 *Plan des travaux scientifiques nécessaires pour réorganiser la société.* Intr. par A. Kremer-Marietti. Paris, Aubier-Montaigne, [1822], LII-170 pp., coll. « La philosophie en poche ».

1970 *Ecrits de jeunesse.* Paris-La Haye, Mouton, [1816-1828], 608 pp., et spéc. [1819], pp. 473-489 : *Fragments. Considérations sur les tentatives qui ont été faites pour fonder la science sociale sur la physiologie et sur quelques autres sciences.*

1928 *Système de politique positive ou Traité de sociologie instituant la religion de l'Humanité.* 5e éd., 4 t. Paris, Mathias-De Ladrange, [1851-1854], 2410 pp.

1928 *Appendice général du Système de Politique positive* (contenant tous les opuscules primitifs de l'auteur sur la philosophie sociale). Paris, Carillan-Goeury et Dalmont, [1854], 228 pp.

1839 *Cours de philosophie positive.* 6 t. Paris, Bachelier, [1830-1842], t. 4 : La partie dogmatique de la philosophie sociale, [1839], 736 pp.

CORBIN Alain (sous la direction de)

1995 *L'avènement des loisirs 1850-1960.* Paris, Aubier, 471 pp.

COSER Lewis

1982 *Les fonctions du conflit social.* Trad. de l'anglais par M. Matignon *et al.*. Paris, Presses Universitaires de France, [1957], 184 pp., coll. « Sociologies ».

COTTA Alain

1980 *La société ludique. La vie envahie par le jeu.* Paris, Grasset, 286 pp.

CROZIER Michel

1977 « L'autogestion n'est pas une solution mais un problème ». *Projet*, n° 114, pp. 402-405.

1971 *Le phénomène bureaucratique. Essai sur les tendances bureaucratiques des systèmes d'organisations modernes et sur leurs relations en France avec le système social et culturel.* 2e éd. Paris, Seuil, [1963], 382 pp., coll. « Points ».

1971 « L'engagement du sociologue ». *Recherches Sociologiques*, vol. II, n° 1, pp. 25-45.

CROZIER Michel et FRIEDBERG Erhard

1977 *L'acteur et le système. Les contraintes de l'action collective.* Paris, Seuil, 437 pp., coll. « Sociologie politique ».

CUSSON Maurice

1992 « Déviance » *in* R. Boudon (sous la direction de) : *Traité de sociologie*(*cf.* cette référence), pp. 339-422.

DAHL Robert A.

1957 « The concept of power ». *Behavioral Science*, n° 2, pp. 201-215.

DAHRENDORF Ralph

1962 « Politique syndicale et structure des entreprises en Allemagne ». *Sociologie du Travail*, n° 2, pp. 159-173.

1958 « Homo sociologicus ». Ein Versuch zur Geschichte, Bedeutung und Kritik der Kategorie der sozialen Rolle ». *Kölner Zeitschrift für Soziologie und Sozialpsychologie*, vol. X, n° 2, pp. 178-208 ; n° 3, pp. 345-378.

DE COSTER Michel

1992 *Introduction à la sociologie*. 3e éd. Bruxelles, De Boeck-Université, [1987], 400 pp., coll. « Ouvertures sociologiques »

1994 « Bilan, actualité et perspectives de la sociologie du travail » *in* M. De Coster et F. Pichault (sous la direction de) : *Traité de sociologie du travail* (*cf.* cette référence), pp. 1-27.

1993 *Sociologie du travail et gestion des ressources humaines*. 2e éd. Bruxelles, Labor, [1987], 416 pp., coll. « Horizon-Humanisme ».

1986 « Le statut de l'analogie théorique ». *Revista internacional de l'Instituto Piaget*, vol. III, n° 9, pp. 41-46.

1985 « Lois, modèles et déterminismes sociologiques ». *Revue de l'Institut de Sociologie de l'Université Libre de Bruxelles*, n° 1-2, pp. 191-206.

1978 *L'analogie en sciences humaines*. Paris, Presses Universitaires de France, 152 pp., coll. « Sociologie d aujourd'hui ».

1975 « L'art mass-médiatisé ». *International Review of the Aesthetics and Sociology of Music*, vol. IV, n° 2, pp. 255-268.

DE COSTER Michel et PICHAULT François

1994 *Traité de sociologie du travail*. Préface d'A. Touraine ; Bruxelles, De Boeck-Université, XII-551 pp., coll. « Ouvertures sociologiques ».

1985 *Le loisir en quatre dimensions. De la critique des théories à la formulation d'une sociologie*. Bruxelles, Labor, 221 pp., coll. « Dossiers Média ».

DEFOURNY Jacques

1988 « Coopératives de production et entreprises : une synthèse du débat sur les effets économiques de la participation ». *Monde en Développement*, n° 141, pp. 139-153.

DEGENNE Alain et FORSE Michel

1994 *Les réseaux sociaux. Une analyse structurale en sociologie.* Paris, Colin, 288 pp., coll. « U ».

DE GRAZIA Sebastian

1962 *Of time, work and leisure.* New York, The Twentieth Century Fund, 559 pp.

DE GREEF Guillaume

1893 *Les lois sociologiques.* Paris, Alcan, 181 pp.

DEUTZ Karl

1975 « Communication models in the social sciences ». *Public Opinion Quarterly*, Automne 1952, pp. 367-370.

DÖRR-BACKES Felicitas

1995 « Analyse culturelle à l'instar de l'art chez Georg Simmel ». *Sociétés. Revue des Sciences humaines et sociales*, n° 48, pp. 197-205.

DUBOIS Jacques

1978 *L'institution de la littérature.* Bruxelles, Nathan-Labor, 188 pp., coll. « Dossiers média ».

DUMAZEDIER Joffre

1988 *Révolution culturelle du temps libre. 1968-1988.* Paris, Méridiens-Klincksieck, 312 pp., coll. « Sociétés ».

1974 *Sociologie empirique du loisir. Critique et contre-critique de la civilisation du loisir.* Paris, Seuil, 270 pp.

1962 *Vers une civilisation des loisirs ?* Paris, Seuil, 320 pp., coll. « Esprit ».

DUMAZEDIER Joffre et RIPERT Aline

1966 *Loisir et culture.* Paris, Seuil, 398 pp.

DUPREEL Eugène

1949 « La cause et l'intervalle ou ordre et probabilité » *in Essais pluralistes. Mélanges offerts à M. Eugène Dupréel.* Paris, Presses Universitaires de France, [1933], pp. 196-235.

1906 *Essai sur les catégories.* Bruxelles, Martin, 140 pp.

DURAND Gilbert

1963 *Les structures anthropologiques de l'imaginaire. Introduction à l'archétypologie générale.* 2e éd. Paris, Presses Universitaires de France, [1960], 518 pp., coll. « Bibliothèque de Philosophie contemporaine ».

DURKHEIM Emile

1987 *La science sociale et l'action.* 2e éd. Intr. par J.-C. Filloux. Paris, Presses Universitaires de France, [1888-1914), LXVIII-334 pp.

1975 *Textes.* 3 t. Paris, Minuit, t. 1 : *Eléments d'une théorie sociale*, [1885-1907], 511 pp., coll. « Le sens commun ».

1973 *Les règles de la méthode sociologique.* 18 éd. Paris, Presses Universitaires de France, [1895], 149 pp., coll. « Bibliothèqe de Philosophie contemporaine ».

1968 *Les formes élémentaires de la vie religieuse. Le système totémique en Australie.* 4e éd. Paris, Presses Universitaires de France, [1912], 647 pp., coll. « Bibliothèque de Philosophie contemporaine ».

1967 *Sociologie et philosophie.* 2e éd. Préface de C. Bouglé. Paris, Presses Universitaires de France, [1906], XI-109 pp.

1967 *De la division du travail social.* 8e éd. Préface de l'auteur. Paris, Presses Universitaires de France, [1893], XXXVI-426 pp.

1963 *L'éducation morale.* 2e éd. Paris, Presses Universitaires de France, [1902-1903], 242 pp., coll. « Bibliothèque de Philosophie contemporaine ».

DUVIGNAUD Jean

1980 *Le jeu du jeu.* Paris, Balland, 159 pp., coll. « Le commerce des idées ».

EDELMAN Gerald M.

1992 *Biologie de la conscience.* Trad. de l'anglais par A. Gerschenfeld. Paris, Odilon Jacob, [1977], 426 pp., coll. « Points ».

ELIAS Norbert

1991 *La société des individus.* Préface de R. Chartier. Trad. de l'allemand par J. Etoré. Paris, Fayard, [1939-1987], XXIX-301 pp.

ELIAS Norbert et DUNNING Eric

1994 *Sport et civilisation. La violence maîtrisée.* Intr. par R. Chartier. Trad. de l'anglais par J. Chicheportiche et F. Duvigneau. Paris, Fayard, [1986], XXIV-392 pp.

ENZENSBERGER Hans Magnus

1965 *Culture ou mise en condition ? Et autres essais.* Trad. de l'allemand par B. Lortholary, Paris, Julliard, 324 pp.

FISCHER Gustave-Nicolas

1994 « Espace de travail et appropriation » *in* M. De Coster et F. Pichault (sous la direction de) : *Traité de sociologie du travail* (*cf.* cette référence), pp. 453-474.

1980 *Espace industriel et liberté. L'autogestion clandestine.* Paris, Presses Universitaires de France, 223 pp., coll. « Espace et liberté ».

FOUCAULT Michel

1966 *Les mots et les choses. Une archéologie des sciences humaines.* Paris, Gallimard, 400 pp., coll. « Bibliothèque des Sciences humaines ».

FOURASTIE Jean

1965 *Les 40.000 heures.* Paris, Laffont-Gonthier, 246 pp., coll. « Inventaire de l'avenir ».

FREUND Julien

1966 *Sociologie de Max Weber.* Paris, Presses Universitaires de France, 256 pp., coll. « Le Sociologue ».

FREYSSENET Michel

1984 « La requalification des opérateurs et la forme sociale actuelle d'automatisation ». *Sociologie du Travail*, n° 4, pp. 428-433.

1977 *La division capitaliste du travail.* Paris, Savelli, 226 pp., coll. « Techniques et méthodes de l'exploitation capitaliste ».

FRIEDBERG Erhard

1993 *Le pouvoir et la règle. Dynamique de l'action organisée.* Paris, Seuil, 405 pp., coll. « Sociologie ».

FRIEDMANN Georges

1967 *Le travail en miettes. Spécialisation et loisirs.* 2e éd. Paris, Gallimard, [1956], 374 pp., coll. « Idées ».

1961 « L'objet de la sociologie du travail », *in* G. Friedmann et P. Naville (sous la direction de) : *Traité de sociologie du travail.* Paris, Colin, 2 t., t. 1, 467 p., pp. 11-34.

1956 *Problèmes humains du machinisme industriel.* 3e éd. Paris, Gallimard, [1946], 426 pp., coll. « Machine et Humanisme ».

FRIEDMANN Georges et TREANTON Jean-René

1962 « Vie de travail et vie hors travail. Industrie et société », *in* G.Gurvitch (sous la direction de) : *Traité de sociologie.* 2e éd. Paris, Presses Universitaires de France, [1958], 2 t., t. 1, 514 p., pp. 499-514.

GEERTZ Clifford

1986 *Savoir local, savoir global. Les lieux du savoir.* Trad. de l'anglais par D. Paulme. Paris, Presses Universitaires de France, [1983], 293 pp., coll. « Sociologie d'aujourd'hui ».

GERARD-VARET Louis-André et PASSERON Jean-Claude (sous la direction de)

1995 *Le modèle et l'enquête. Les usages du principe de rationalité dans les sciences sociales.* Paris, Ecole des Hautes Etudes en Sciences Sociales, 580 pp.

GIDDENS Anthony

1987 *La constitution de la société. Eléments de la théorie de la structuration.* Trad. de l'anglais par M. Audet. Paris, Presses Universitaires de France, [1984], 474 pp., coll. « Sociologies ».

GOBINEAU Arthur de

1963 *Nouvelles asiatiques*, suivi de « Gobineau et l'Orient » par R. Gérard-Dascot. Paris, Union Générale d'Editions, [1876], 309 pp., coll. « 10-18 ».

GOBLOT Edmond

1967 *La barrière et le niveau. Etude sociologique sur la bourgeoisie française moderne.* Préface de G. Balandier. Paris, Presses Universitaires de France, [1925], VII-108 pp., coll. « Le Sociologue ».

GOFFMAN Erving

1973 *La mise en scène de la vie quotidienne.* Trad. de l'américain par A. Accardo et A. Kihm. Paris, Minuit, 2 t., [1956], 255 et 374 pp.

1968 *Asiles. Etudes sur les conditions sociales des malades mentaux et autres reclus.* Trad. de l'américain par L. et C. Lainé. Intr. par R. Castel. Paris, Minuit, [1961], XXXV-447 pp.

1961 *Encounters. Two studies in the sociology of interaction.* 2e éd. New York-Indianapolis, Bobbs-Merrill, 152 pp.

GOLDMANN Lucien

1976 *Le Dieu caché. Etude sur la vision tragique dans les « Pensées » de Pascal et dans le théâtre de Racine.* 2e éd. Paris, Gallimard, [1955], 454 pp., coll. « Tel ».

GRAFMEYER Yves et JOSEPH Isaac (sous la direction de)

1984 *L'Ecole de Chicago. Naissance de l'écologie urbaine.* Textes trad. et présentés par eux-mêmes. Paris, Aubier, 335 pp., coll. « Champ urbain ».

GRAS Alain

1975 « Le monde des loisirs » *in* F. Balle (sous la direction de) : *Encyclopédie de la sociologie. Le présent en question.* Paris, Larousse, 536 pp., pp. 216-247.

GUILLERN Alain et BOURDET Yvon

1975 *Clés pour l'autogestion.* Paris, Seghers, 286 pp., coll. « Clefs ».

GURVITCH Georges

1957 « Philosophie et sociologie ». *Cahiers Internationaux de Sociologie*, vol. XII, pp. 3-14.

1955 *Déterminismes sociaux et liberté humaine. Vers l'étude sociologique des cheminements de la liberté.* Paris, Presses Universitaires de France, 301 pp., coll. « Bibliothèque de Sociologie contemporaine ».

GUSDORF Georges

1974 *Introduction aux sciences humaines. Essai critique sur leurs origines et leur développement.* 2e éd. Paris, Ophrys, [1960], 522 pp.

HALBWACHS Maurice

1968 *La mémoire collective.* Préface de J. Duvignaud. 2e éd. Paris, Presses Universitaires de France, XV-204 pp., coll. « Bibliothèque de sociologie contemporaine ».

1935 *Les cadres sociaux de la mémoire.* 2e éd. Paris, Alcan, 401 pp., coll. « Travaux de l'Année Sociologique ».

HEGEL Georg Wilhelm Friedrich

1995 *Cours d'esthétique I.* Trad. de l'allemand par J.-P. Lefèvre et V. von Schenck. Paris, Aubier, [1820], 573 pp., coll. « Bibliothèque philosophique ».

1993 *Phénoménologie de l'esprit.* Prés. et trad. de l'allemand par G. Jarczyk et J.-P. Labarrière. Paris, Gallimard, [1807], CX-916 pp., coll. « Bibliothèque de philosophie ».

1979 *Esthétique.* Trad. de l'allemand par S. Jankélévitch. 4 t. Paris, Flammarion, [1825], t. 2, 377 pp., coll. « Champs philosophiques ».

HEMPEL Carl G.

1972 *Eléments d'épistémologie.* Trad. de l'anglais par B. Saint-Sernin. Paris, Colin, [1966], 184 pp., coll. « U2 ».

HICKSON D.J. *et al.*

1971 « A strategic contingences theory in intraorganizational power ». *Administrative Science Quarterly*, vol. 16, pp. 216-229.

HUIZINGA J.

1949 *Homo ludens. A study of the plury-element in culture.* London, Routledge and Kegan, 220 pp.

JAVEAU Claude

1987 *Le petit murmure et le bruit du monde.* Bruxelles, Les Eperonniers, [1985], 87 pp.

1970 *Les vingt-quatre heures du Belge.* Bruxelles, Institut de Sociologie de l'Université Libre de Bruxelles, 146 pp.

KANT Emmanuel

1994 *Théorie et pratique. D'un prétendu droit de mentir par humanité. La fin de toutes choses. Et autres textes.* Intr. et trad par F. Proust. Paris, Flammarion, [1794-1797], XL-190 pp.

1965 *Critique de la raison pratique.* Trad. de l'allemand par J. Gibelin. Paris, Vrin, [1788], 186 pp., coll. « Bibliothèque des textes philosophiques ».

KÖNIG René

1969 *Sociologie de la mode.* Trad. de l'allemand par L. Jospin. Paris, Payot, 187 pp., coll. « Petite Bibliothèque Payot ».

KROEBER Alfred L.

1919 « On the principle of order in civilization as exemplified by changes of fashion ». *American Anthropologist*, n° 21, pp. 235-263.

KUTY Olgierd

1994 *Innover à l'hôpital. Analyse sociologique d'une unité de dialyse rénale.* Paris, L'Harmattan, 207 pp., coll. « Santé et sciences humaines ».

LABORIT Henri

1976 *L'éloge de la fuite.* Paris, Fayard, 186 pp., coll. « Folio-Essais ».

LAFARGUE Paul

1935 *L'éloge de la paresse. Réfutation du « Droit au travail de 1848 »*. 2e éd. Paris, Bureau d'Edition, [1880], 59 pp., coll. « Classiques français du socialisme ».

LALIVE d'EPINAY Christian

1991 *Vieillir ou la vie à inventer.* Paris, L'Harmattan, 303 pp., coll. « Logiques sociales ».

1990 « La notion de champ du possible en sociologie » *in* A. Van Haecht (sous la direction de) : *Volontarisme et déterminisme dans les sciences sociales* (*cf.* cette référence), pp. 45-60.

LALIVE d'EPINAY Christian *et al.*

1982 *Temps libre. Culture de masse et culture de classes aujourd'hui.* Lausanne, Favre, 255 pp., coll. « Regards sociologiques ».

LECLERCQ Jacques

1963 *Introduction à la sociologie.* 3e éd. revue par J. Ladrière. Paris-Louvain, Nauwelaerts, [1948], 292 pp.

LE ROY LADURIE Emmanuel

1979 *Le carnaval de Romans. De la Chandeleur au Mercredi des Cendres 1579-1580.* Paris, Gallimard, 431 pp., coll. « Bibliothèque des Histoires ».

LILIENFELD Paul von

1879 *Die soziale Physiologie.* Mitau, Behre, 496 pp.

LINHART Robert

1978 *L'établi.* Paris, Minuit, 180 pp.

LINTON Ralph

1968 *De l'homme.* Trad. de l'américain par Y. Delsart. Paris, Minuit, [1936], 533 pp.

1961 « Status and role » *in* T. Parsons *et al.* : *Theories of societies of modern sociological theory.* 2 t. Glencoe (Ill.), The Free Press, t. 1, 622 pp., pp. 202-208.

LIPOVETSKY Gilles

1987 *L'empire de l'éphémère. La mode et son destin dans les sociétés modernes.* Paris, Gallimard, 345 pp., coll. « Bibliothèque des Sciences humaines ».

MACCANNEL Dean

1989 *The tourist : a new theory of the leasure class.* 2e éd. New York, Schocken Books, [1976], 248 pp.

MAFFESOLI Michel

1982 *L'ombre de Dionysos. Contribution à une sociologie de l'orgie.* Paris, Méridiens-Anthropos, 281 pp., coll. « Arguments ».

1978 « Dynamique de la dissidence ». *Cahiers Internationaux de Sociologie*, vol. LXIV, pp. 103-111.

MARCH James G. et SIMON Herbert

1969 *Les organisations.* 2e éd. Préface de M. Crozier. Trad. de l'américain par J.-C. Rouchy et G. Prunier. Paris, Dunod, [1958], XIV-253 pp., coll. « Organisation et sciences humaines ».

MARCUSE Herbert

1979 *La dimension esthétique. Pour une critique de l'esthétique marxiste.* Trad. de l'anglais par D. Coste. Paris, Seuil, [1977], 83 pp.

1970 *Vers la libération. Au-delà de l'homme unidimensionnel.* Trad. de l'anglais par Jean-Baptiste Grasset. Paris, Denoël-Gonthier, [1969], 169 pp., coll. « Médiations ».

1970 *Culture et société.* Préface de l'auteur. Trad. de l'allemand par G. Billy, D. Bresson et J.-B. Grasset. Paris, Minuit, [1948-1965], XVIII-387 pp.

1968 *L'homme unidimensionnel. Essai sur l'idéologie de la société industrielle avancée.* Trad. de l'américain par M. Wittig et l'auteur. Paris, Minuit, [1964], 281 pp., coll. « Arguments ».

MARTIN Dominique

1994 *Démocratie industrielle. La participation directe dans les entreprises.* Paris, Presses Universitaires de France, 327 pp., coll. « Sociologies ».

MARX Karl

1976 *Le capital. Critique de l'économie politique.* Trad. de l'allemand par J. Roy. 3 t. Paris, Editions Sociales, [1867], t. 1, 762 pp.

1972 *Les manuscrits de 1844.* Trad. de l'allemand par E. Bottigelli. Paris, Editions sociales, [1844], 174 pp.

MAURICE Marc

1994 « Du paradigme du progrès technique à celui de la société post-industrielle » *in* M. De Coster et F. Pichault (sous la direction de) : *Traité de sociologie du travail*(*cf.* cette référence), pp. 233-251.

MEISTER Albert

1975 *L'inflation créatrice. Essai sur les fonctions socio-politiques de l'inflation.* Paris, Presses Universitaires de France, 310 pp., coll. « Economie en liberté ».

MENDRAS Henri

1975 *Eléments de sociologie.* 6e éd. Paris, Colin, [1967], 262 p., coll. « U ».

MERCIER Pierre-Alain *et al.*

1984 *La société digitale. Les nouvelles technologies au futur quotidien.* Paris, Seuil, 214 pp., coll. « Sciences ouvertes ».

MERTON Robert K.

1965 *Eléments de théorie et de méthode sociologique.* 2e éd. Paris, Plon, [1953], 509 pp., coll. « Recherches en sciences humaines ».

1936 « The unanticipated consequences of purposive social action ». *American Sociological Review*, vol. 1, pp. 894-904.

MIEGE Bernard

1989 *La société conquise par la communication.* Grenoble, Presses Universitaires de Grenoble, 226 pp.

MILL John Stuart

1877 *La liberté.* Trad. et introd. par M. Dupont-White. 3e éd. Paris, Guillaumin, CV-321 pp., coll. « Bibliothèque des Sciences morales et politiques ».

MIRONESCO Christine

1982 *La logique du conflit. Théories et mythes de la sociologie politique et contemporaine.* Lausanne, Favre, 185 pp., coll. « Regards sociologiques ».

MISSIKA Jean-Louis et WOLTON Dominique

1983 *La folle du logis. La télévision dans les sociétés démocratiques.* Paris, Gallimard, 338 pp.

MORIN Edgar

1984 *Sociologie.* Paris, Fayard, 466 pp.

MOULIN Raymonde

1971 « Champ artistique et société industrielle capitaliste » *in Varii Auctores : Mélanges en l'honneur de Raymond Aron.* Paris, Calmann-Lévy, 2 t., t. 2 : *Science et conscience de la société*, 559 pp., pp. 181-204.

NADEL Siegfried F.

1970 *La théorie de la structure sociale.* Trad. de l'anglais et présenté par G. Favret. Paris, Minuit [1957], XX-229 pp.

NAVILLE Pierre

1963 *Vers l'automatisme social ? Problèmes du travail et de l'automation.* Paris, Gallimard, 258 pp., coll. « Problèmes et documents ».

NISBET Robert A.

1984 *La tradition sociologique.* Trad. de l'américain par M. Azuelos. Paris, Presses Universitaires de France, [1966], 409 pp., coll. « Sociologies ».

PARETO Vilfredo

1968 *Traité de sociologie générale.* Préface de R. Aron. Trad. de l'italien par P. Boven. Genève, Droz, [1916], XXVIII-1818 pp.

1966 *Manuel d'économie politique.* Préface de R. Dehem. Trad. de l'italien. Genève, Droz, [1907], VII-695 pp.

PARSONS Talcott

1991 *The social system.* London, Routledge, [1951], 640 pp., coll. « Classics in sociology ».

PASCAL Blaise

1963 *Oeuvres complètes.* Préface de H. Gouhier et présentation de L. Lafuma. Paris, Seuil, [1670], XI-676 pp., coll. « L'intégrale ».

PASSERON Jean-Claude

1995 « Weber et Pareto : la rencontre de la rationalité dans l'analyse sociologique » *in* L.-A. Gérard-Varet et l'auteur (sous la direction de) : *Le modèle et l'enquête* (*cf.* cette référence). pp. 37-137.

PICHAULT François

1993 *Ressources humaines et changement stratégique.* Bruxelles, De Boeck-Université, 187 pp., coll. « Management ».

1990 *Le conflit informatique. Gérer les ressources humaines dans le changement technologique.* Bruxelles, De Boeck-Wesmael, 259 pp., coll. « Ouvertures sociologiques ».

PIEMME Jean-Marie

1975 *La propagande inavouée. Approche critique du feuilleton télévisé.* Paris, Union Générale d'Editions, 443 pp., coll. « 10-18 ».

PINCHEMEL Philippe et Geneviève

1988 *La face de la terre. Eléments de géographie.* Paris, Colin, 519 pp., coll. « U ».

PRONOVOST Gilles

1994 « Loisir et travail » *in* M. De Coster et F. Pichault (sous la direction de) : *Traité de sociologie du travail* (*cf.* cette référence), pp. 83-102.

PROUDHON Pierre-Joseph

1846 *Système des contradictions économiques ou philosophie de la misère.* 2 t. Paris, Guillaumin, t. 1, 436 pp.

QUETELET Adolphe

1869 *Physique sociale ou essai sur l'homme et le développement de ses facultés.* 2 t. Paris, Baillère ; Bruxelles, Musquardt ; Saint-Petersbourg, Issakof, [1835], t. 1, 503 pp. ; t. 2 : 485 pp.

1848 *Du système social et des lois qui le régissent.* Paris, Guillaumin, 360 pp.

1832 *Sur la possibilité de mesurer l'influence des causes qui modifient les éléments sociaux.* Bruxelles, Hayez, 28 pp.

1831 *Recherches sur le penchant au crime aux différents âges.* Bruxelles, Hayez, 87 pp.

1829 *Recherches statistiques sur le royaume des Pays-Bas.* Bruxelles, Tarlier, VII-70 pp.

1827 *Recherches sur la population, les naissances, les décès, les prisons, etc. dans le royaume des Pays-Bas.* Bruxelles, Tarlier, 147 pp.

REYNAUD Jean-Daniel

1992 Préface à : Terssac G. de : *Autonomie dans le travail* (*cf.* cette référence).

1989 *Les règles du jeu. L'action collective et la régulation sociale.* Paris, Colin, 306 pp., coll. « U ».

RIESMAN David

1968 *La foule solitaire. Anatomie de la société moderne.* 5e éd. (écrit avec la collaboraiton de R. Denney et N. Glazer). Préface d'E. Morin. Trad. de l'américain. Paris, Arthaud, [1948], XIII-379 pp.

ROSANVALLON Pierre

1976 *L'âge de l'autogestion ou la politique au poste de commandement.* Paris, Seuil, 185 pp., coll. « Points-Politique ».

ROUSSEAU Jean-Jacques

1947 *Du contrat social.* Précédé d'un essai sur la politique de Rousseau par B. de Jouvenel. Genève, Editions du Cheval ailé, [1762], CLX-398 pp., coll. « Oeuvres immortelles ».

ROY Donald

1954 « Efficiency and « the fix » : Informal intergroup relations in a piece work machine ship ». *American Journal of Sociology*, vol. LX, pp. 254-266.

SAINSAULIEU Renaud

1988 *L'identité au travail. Les effets culturels de l'organisation.* 3e éd. Paris, Presses de la Fondation Nationale des Sciences Politiques, [1977], 477 pp.

SAPIR Edward

1978 *Anthropologie.* Trad. de l'américain par Ch. Baudelot et P. Clinquart. 2 t. Paris, Minuit, [1949], t. 1, 207 pp. et t. 2, 224 pp., coll. « Le sens commun ».

SARTRE Jean-Paul

1982 *L'être et le néant. Essai d'ontologie phénoménologique.* Paris, Gallimard, [1943], 692 pp., coll. « Tel ».

SAY Jean-Baptiste

1844 *Traité d'économie politique ou simple exposition de la manière dont se forment, se distribuent et se consomment les richesses.* 6e éd. Paris, Guillaumin, 640 pp.

SCHNAPPER Dominique

1994 « Travail et chômage » *in* M. De Coster et F. Pichault (sous la direction de) : *Traité de sociologie du travail* (*cf.* cette référence), pp. 115-125.

1981 *L'épreuve du chômage.* Paris, Gallimard, 222 pp., coll. « Idées ».

SCHOPENHAUER Arthur

1992 *Essai sur le libre arbitre.* Préface et notes de D. Raymond. Trad. de l'allemand par S. Reinach et D. Raymond. Paris, Rivages, [1841], XV-171 pp., coll. « Rivages poche-Petite Bibliothèque ».

SCHOR Juliet

1991 *The overworked American. The unexpected decline of leisure.* New York, Harper Collins, 247 pp.

SCHÜTZ Alfred

1987 *Le chercheur et le quotidien. Phénoménologie des sciences sociales.* Trad. de l'allemand par A. Noschis-Gilliéron *et al.* Paris, Méridiens-Klincksieck, 286 pp., coll. « Sociétés ».

SIMMEL Georg

1991 *Sociologie et épistémologie.* 2e éd. Intr. de J. Freund. Trad. de l'allemand par L. Gasparini d'après la 3e éd. en allemand. Paris, Presses Universitaires de France, [1894-1917], LXXVIII-238 pp., coll. « Sociologies ».

1989 *Philosophie de la modernité. La femme, la ville, l'individualisme.* Intr. et trad. de l'allemand par J.-L. Vieillard-Baron. Paris, Payot, [1903-1957], LXVI-331 pp., coll. « Critique de la politique ».

1988 *La tragédie de la culture. Et autres essais.* Intr. par V. Jankélévitch. Trad. de l'allemand par S. Cornille [1895-1914], LXXXVII-253 pp., coll. « Petite Bibliothèque Rivages ».

1987 *Philosophie de l'argent.* Trad. de l'allemand par S. Cornille et Ph. Ivernel. Paris, Presses Universitaires de France, [1900], 662 pp., coll. « Sociologies ».

1986 « Disgressions sur le problème : comment la société est-elle possible ? » *in* P. Watier *et al.* : *Georg Simmel. La sociologie et l'expérience du monde moderne.* Préface de J. Freund. Trad. de l'allemand par J.M. Rabot. Paris, Méridiens-Klincksieck, [1908], XX-292 pp., pp. 21-45.

1984 *Les problèmes de la philosophie de l'histoire. Une étude d'épistémologie.* Intr. et trad. par R. Boudon (d'après la 5e éd. all. de 1923). Paris, Presses Universitaires de France, [1892], LII-244 pp., coll. « Sociologies ».

1984 « Digressions sur l'étranger », *in* Y. Grafmeyer et I. Joseph (sous la direction de) : *L'école de Chicago. Naissance de l'écologie urbaine* (*cf.* cette référence), [1908], pp. 53-59.

1984 « Métropoles et mentalité », *in* Y. Grafmeyer et I. Joseph (sous la direction de) : *L'Ecole de Chicago. naissance de l'écologie urbaine* (*cf.* cette référence), [1903], pp. 61-77. Autre trad. : *cf.* G. Simmel : *Philosophie de la modernité*, 1989, pp. 233-277.

1922 *Soziologie. Untersuchungen über die Formen der Vergesellschaftung.* 2e éd. München-Leipzig, von Dunken et Humblot, [1908], 578 pp.

1904 « The sociology of conflict ». Trad. de l'allemand. *American Journal of Sociology*, vol. IX, n° 4, pp. 490-526, n° 5, pp. 672-689 et n° 6, pp. 798-811.

1896-1897 « Comment les formes sociales se maintiennent ». *L'Année Sociologique*, 1896-1897, pp. 71-109, repris dans : G. Simmel : *Sociologie et épistémologie* (*cf.* cette référence), pp. 171-206.

SIMON Herbert A.

1983 *Administration et processus de décision.* Présenté par X. Greffe. Trad. de l'américain par P.E. Dauzat. Paris, Economica, [1945], XI-321 pp.

SMITH Adam

1800 *Recherches sur la nature et les causes de la richesse des nations.* Trad. de l'anglais par le Citoyen Blavet. 4 t. Paris, De Laran, [1776], t. 1, 500 pp.

SOMBART Werner

1926 *Le bourgeois. Contribution à l'histoire morale et intellectuelle de l'homme économique moderne.* Trad. de l'allemand par S. Jankélévitch. Paris, Payot, [1920], 486 pp.

SPANN Othmar

1930 *Gesellschaftlehre.* 3e éd. Leipzig, Quelle et Meyer, [1923], 592 pp.

SPENCER Herbert

1891-1898 *Principes de sociologie.* 3e éd. Trad. de l'anglais par H. de Varigny. Paris, Guillaumin, [1874], 5 t., 2668 pp.

STURZO Luigi

1949 *La societa. Sua natura e leggi.* Bergamo, Istituto Italiano Edizioni Atlas, [1935], 348 pp.

1935 *Essai de sociologie.* Trad. de l'italien par J. Bertrand. Paris, Blud et Gay, 251 pp.

SUE Roger

1994 *Temps et ordre social. Sociologie des temps sociaux.* Paris, Presses Universitaires de France, 313 pp., coll. « Le Sociologue ».

1990 « Significations sociales du travail » *in* R. Racine (sous la direction de) : *L'Europe au-delà du chômage.* Préface de M. Hansenne. Genève, Presses Universitaires Européennes, XI-236 pp., pp. 118-129.

1982 *Vers une société du temps libre ?* Paris, Presses Universitaires de France, 175 pp., coll. « Sociologie d'aujourd'hui ».

1980 *Le loisir.* Paris, Presses Universitaires de France, 128 pp., coll. « Que sais-je ? ».

TARDE Gabriel

1921 *Les lois de l'imitation. Etude sociologique.* 7e éd. Paris, Alcan, [1882-1884], 428 pp.

1913 *La logique du social.* 4e éd. Paris, Alcan, [1895], 466 pp.

TERSSAC Gilbert de

1992 *Autonomie dans le travail.* Préface de J.-D. Reynaud. Paris, Presses Universitaires de France, XVI-279 pp., coll. « Sociologie d'aujourd'hui ».

THEVENOT Laurent

1995 « Rationalité ou normes sociales : une opposition dépassée ? » *in* L.-A. Gérard-Varet et J.-C. Passeron (sous la direction de) : *Le modèle et l'enquête* (*cf.* cette référence), pp. 149-189.

THOMPSON J.-D.

1949 *Organization in action.* New York, Mac Graw Hill, 360 pp.

TOCQUEVILLE Alexis de

1981 *De la démocratie en Amérique.* Paris, Garnier-Flammarion, [1835], 2 t., t. 1, 569 pp. ; t. 2, 414 pp.

TÖNNIES Ferdinand

1977 *Communauté et société. Catégories fondamentales de la sociologie pure.* Trad. de l'allemand et intr. par J. Leif. Paris, Retz [1887], XLII-285 pp., coll. « Les classiques des sciences humaines ».

1922 *Kritik der Öffentlichen Meinung.* Berlin, Springer, 583 pp.

TOURAINE Alain

1992 *Critique de la modernité.* Paris, Fayard, 462 pp.

1969 *La société post-industrielle. Naissance d'une société.* Paris, Denoël-Gonthier, 313 pp., coll. « Bibliothèque Médiations ».

VALADE Bernard

1992 « Culture » *in* R. Boudon (sous la direction de) : *Traité de sociologie* (*cf.* cette référence), pp. 461-490.

VALERY Paul

1938 *Regards sur le monde actuel.* Paris, Gallimard, 204 pp.

VAN HAECHT Anne (sous la direction de)

1990 *Volontarisme et déterminisme dans les sciences sociales.* (Actes du Colloque de l'Association des Sociologues belges de langue française). Bruxelles, Les Eperonniers, 112 pp., coll. « Sciences pour l'Homme ».

VEBLEN Th.

1970 *Théorie de la classe de loisir.* Précédé de « Avez-vous lu Veblen ? » de R. Aron. Trad. de l'anglais par L. Evrard. Paris, Gallimard, [1899], XLI-278 pp., coll. « Bibiothèque des Sciences humaines ».

VERNES Paule-Monique

1978 *La ville, la fête, la démocratie. Rousseau et les illusions de la communauté.* Paris, Payot, 221 pp., coll. « Traces ».

VIERKANDT Alfred

1928 *Gesellschaftlehre.* 2e éd. Stuttgart, Enke, [1922], 484 pp.

WEBER Max

1992 *Le savant et le politique.* Intr. par R. Aron. Trad. de l'allemand. Paris, Union Générale d'Editions, [1919], LII-185 pp., coll. « 10-18 ».

1971 *Economie et société.* Trad. de l'allemand par J. Freund *et al.* Paris, Plon, [1922], t. 1, 650 pp., coll. « Recherches en sciences humaines ».

1965 *Essais sur la théorie de la science.* Trad. de l'allemand et intr. par J. Freund. Paris, Plon, [1904-1917], CXVI-537 pp., coll. « Recherches en sciences humaines ».

1956 *Wirstschaft und Gesellschaft. Grundiss der verstehende Soziologie.* 4e éd. 2 t. Tübingen, Mohr, [1922], 1033 pp.

1956 *Staatssoziologie.* Berlin, Dunker et Humblot, [1914], 129 pp.

WEICK Karl E.

1979 *The social psychology of organization.* 2e éd. Reading (Mass.), Addison-Wesley, 204 pp.

XENOPHON

1978 *Cyropédie.* 3 t. Trad. du grec par E. Delebecque. Paris, Société d'Edition « Les Belles Lettres », t. 3, 190 pp.

Index des auteurs cités

A

B

C

D

E

F

G

H

I

J

K

S

T

V

W

Z

Table des matières

Imprimerie Duculot, B-6060 Gilly